本书是2013年度国家自然科学基金项目"县域义务教育均衡发展的基于江西省义务教育均衡发展示范县的实证研究"（71363030）的

县域义务教育
均衡发展探究

基于江西省义务教育均衡发展示范县的实证研究

■ 何齐宗 等著

科学出版社

北 京

内 容 简 介

县域义务教育均衡发展是我国中长期教育改革与发展的重要目标，也是现阶段促进义务教育均衡发展的理性选择。

本书以江西省义务教育均衡发展示范县为对象，将理论研究与实证分析相结合、定性研究与定量研究相结合，在深入实际调研的基础上，系统地分析了该省吉安县、铜鼓县和青云谱区等义务教育均衡发展示范县在推进县域义务教育均衡发展过程中所采取的策略、取得的成效及存在的问题，并就进一步推动该省县域义务教育的均衡发展提出了对策建议。本书有助于深化理解县域义务教育均衡发展的内涵、意义、推进机制和面临的困难，同时可以为地方政府和教育管理部门优化县域义务教育均衡发展的政策提供参考和启示。

本书对中小学教育工作者、研究者和管理者有重要的参考价值，同时适合对中小学教育管理与改革感兴趣的读者阅读。

图书在版编目（CIP）数据

县域义务教育均衡发展探究：基于江西省义务教育均衡发展示范县的实证研究/何齐宗等著. —北京：科学出版社，2017.8
ISBN 978-7-03-054026-3

Ⅰ. ①县… Ⅱ. ①何… Ⅲ. ①县-义务教育-教育事业-发展-研究-江西 Ⅳ. ①G522.3

中国版本图书馆 CIP 数据核字（2017）第 180949 号

责任编辑：朱丽娜　刘巧巧 / 责任校对：贾娜娜
责任印制：张欣秀 / 封面设计：润一文化

科学出版社 出版
北京东黄城根北街 16 号
邮政编码：100717
http://www.sciencep.com

北京东华虎彩印刷有限公司 印刷
科学出版社发行　各地新华书店经销

*

2017 年 8 月第 一 版　开本：720×1000　B5
2017 年 8 月第一次印刷　印张：16 1/4
字数：264 000

定价：82.00 元
（如有印装质量问题，我社负责调换）

前　言

本书是笔者主持的国家自然科学基金项目"县域义务教育均衡发展的推进机制及其绩效评价——基于江西省义务教育均衡发展示范县的实证研究"（71363030）最终成果。该项目于2013年8月获准立项，经过近四年的探索现已完成研究任务。

本书以江西省义务教育均衡发展示范县为研究对象，重点选择具有代表性的吉安县、铜鼓县和青云谱区进行实证研究。在深入调查的基础上，系统分析了上述县（区）在推进义务教育均衡发展中所采取的策略、取得的成效及存在的问题，并就进一步推动该省县域义务教育的均衡发展提出了相应的对策建议。

李健、朱重旺、胡新坤等同志在研究中积极参与、认真投入，克服了许多困难，为研究任务的完成付出了艰辛的努力，在此向他们表示衷心的感谢！

本书的内容共分为五章，具体执笔情况如下：何齐宗撰写第一章和第五章、李健撰写第二章、朱重旺撰写第三章、胡新坤撰写第四章。何齐宗负责全书的总体设计和书稿修改与统稿。

本书得到国家自然科学基金委员会及有关评审专家的支持和指导。在研究中，曾水兵、程方生、赵永辉、陈方红、王宏安、汤赛南、何小忠、赵志纯、徐永文等同志曾以多种形式提供了帮助。笔者先后赴吉安县、铜鼓县和青云谱区开展了较长时间的实地调研,调研工作得到吉安县教育局、铜鼓县教育局、青云谱区教育局许多同志的无私帮助。本书的部分内容曾以论文的形式在《中国教育科学》《现代教育论丛》《教育探索》等刊物上发表过。本书的出版得到科学出版社的大力支持,付艳、朱丽娜等编辑付出了许多辛劳。借此机会,笔者一并致以诚挚的谢意!

何齐宗

2017 年 6 月

目 录

前言
第一章　引论 …………………………………………………………1
　　第一节　县域义务教育均衡发展研究的背景 ……………3
　　第二节　我国义务教育均衡发展研究述评 ………………6
　　第三节　江西省义务教育均衡发展示范县评选概述 ……31
　　第四节　县域义务教育均衡发展研究的设计与实施 ……45
第二章　吉安县义务教育均衡发展的调查与分析 ………………51
　　第一节　吉安县概况 ………………………………………53
　　第二节　吉安县推进义务教育均衡发展的策略 …………58
　　第三节　吉安县推进义务教育均衡发展的成效 …………66
　　第四节　吉安县义务教育均衡发展存在的问题 …………104
第三章　铜鼓县义务教育均衡发展的调查与分析 ………………117
　　第一节　铜鼓县概况 ………………………………………119
　　第二节　铜鼓县推进义务教育均衡发展的策略 …………122
　　第三节　铜鼓县推进义务教育均衡发展的成效 …………128
　　第四节　铜鼓县义务教育均衡发展存在的问题 …………153
第四章　青云谱区义务教育均衡发展的调查与分析 ……………161
　　第一节　青云谱区概况 ……………………………………163
　　第二节　青云谱区推进义务教育均衡发展的策略 ………165

  第三节　青云谱区推进义务教育均衡发展的成效…………172

  第四节　青云谱区义务教育均衡发展存在的问题…………196

第五章　县域义务教育均衡发展的总体评价
    与对策思考……………………………………………209

  第一节　县域义务教育均衡发展的总体评价………………211

  第二节　进一步推动县域义务教育均衡发展的对策思考…216

附录　我国义务教育均衡发展研究主要文献
   （1994—2016 年）……………………………………227

第一章 引 论

县域义务教育均衡发展是我国中长期教育改革与发展的重要目标，为了实现这一目标，有必要开展相关的研究。本书以江西省义务教育均衡发展示范县为研究对象，分析该省通过创建义务教育均衡发展示范县以推进县域义务教育均衡发展所采取的策略、取得的成效及存在的问题，并就进一步推动该省县域义务教育的均衡发展提出相应的对策建议。

第一章 引 论

第一节　县域义务教育均衡发展研究的背景

一、社会转型急需义务教育发展方式的转变

2011年，我国所有省（自治区、直辖市）都通过了国家"普九"的验收。从此，我国的义务教育进入了"后普九"时代。同时，随着社会经济的发展，人们的生活水平显著提高，教育观念不断更新。社会公众对义务教育的期待不再局限于"普及"，而是将目光聚焦于"提高"，义务教育发展方式也急需实现从"机会公平"到"质量公平"的转变。另外，户籍制度改革的推进使得学龄人口流动加快，人口生育政策的调整对义务教育的影响也将在今后一段时间内逐渐显现出来。这两个因素与城镇化发展方式的转变缠绕交织在一起，共同推动当前义务教育资源的重新分配和整合。

在社会转型时期，无论城市还是农村，社会结构都发生了剧烈的变化，相对封闭、静止的城乡格局也经历了多重演变。当前的城镇化"虚火"、学校布局调整、城乡教育质量的差距等因素共同推动农村教育的"城镇化"现象。[①]"学校进城"和"文字上移"[②]现象是教育"城镇化"的共同表征，农村学校远离村庄，几乎成了"悬浮的孤岛"。[③]而学龄人口入口端的城镇，流动人口不断加速集聚，给城镇教育带来学校建设、师资配置的巨大压力。农村学校"空心化"现象与城区"大校大班"现象并存，制度化的义务教育呈现出失衡的生态格局。

基于此，义务教育均衡发展的理念在政策话语中凸显出来，政府作为公共利益的代表者，势必成为推进义务教育均衡发展的主导者和推动者。事实

[①] 邬志辉. 2013. 农村教育不能一味城镇化——对农村义务教育学校布局调整的思考. 基础教育论坛, (2): 7.
[②] 熊春文. 2009. "文字上移"：20世纪90年代末以来中国乡村教育的新趋向. 社会学研究, (5): 136-137.
[③] 刘云杉. 2014. "悬浮的孤岛"及其突围——再认识中国乡村教育. 苏州大学学报(教育科学版), (1): 14-16.

上，近几年来国家关于义务教育的关键词依然是"公平""均衡发展""城乡教育一体化"。

当前，我国义务教育的总体水平已处于世界发展中国家前列，但也存在着不少问题，其中发展不均衡的问题尤其值得关注。由于我国各地经济社会发展水平不一，要在全国范围内同步达到义务教育均衡发展困难很大，因此立足县域实现义务教育均衡发展则是当前的现实选择。

2010年，《国家中长期教育改革和发展规划纲要（2010—2020年）》明确提出，要推进义务教育均衡发展，加快缩小城乡差距，并特别强调"率先在县（区）域内实现城乡均衡发展，逐步在更大范围内推进"。可以说，实现县域义务教育均衡发展是实现我国义务教育均衡发展的必经阶段。2012年，国务院发布的《关于深入推进义务教育均衡发展的意见》在阐述推进义务教育均衡发展的基本目标时，再次重申"率先在县域内实现义务教育基本均衡发展，县域内学校之间差距明显缩小"。同时，明确将县域义务教育均衡发展作为考核地方各级政府及其主要负责人的重要内容。几乎同时，教育部又制定了《县域义务教育均衡发展督导评估暂行办法》，为县域义务均衡发展评估提供了指标参照和文本依据。此后，全国范围内正式铺开义务教育均衡发展督导评估工作，截至2015年底，1302个县（区）通过了评估督导。[①]2016年，国务院印发了《国务院关于统筹推进县域内城乡义务教育一体化改革发展的若干意见》。该意见主要指向当前的城乡二元结构壁垒，旨在实现义务教育与城镇化发展的基本协调。

通过梳理这些政策，我们不难发现，政策的制定逐步走向具体可操作化，以县域为主体推动，并制定了督导评估的细则。同时，政策的制定直面现实：虽然当前的户籍制度有所松动，但城乡二元结构壁垒依然没有被打破，义务教育的发展与当前国家推行的新型城镇化路径并不协调。从政府推进义务教育均衡发展的进度来看，截至2016年底，全国尚有37.6%的县域未通过国家评估。由此可见，我国的义务教育均衡发展任重道远，许多问题有待探索和研究。

---

① 截至2015年底，未通过国家评估认定的还有1600多个县（区）。其中，中部和西部地区分别有60%、72.5%的县（区）尚未通过认定。详见：中华人民共和国教育部.2015年全国义务教育均衡发展督导评估工作报告.

二、县域作为推进义务教育均衡发展的突破口

自 2001 年以来，国家确立"以县为主"的义务教育管理体制，县域的教育责任和自主权相对加大，更适合统筹义务教育全局及推行一系列的教育改革。此外，县（区）域相对较小，相对于市域、省域更便于政策的具体运作，并且有利于与中央的政策形成良好的互动，有利于探索符合本地实际情况的义务教育均衡发展推进模式。

事实上，县域一直是观察中国社会发展的重要窗口，是城市与乡村、中央与地方、工业与农业的交合之处。[①]因此，中国社会发展的基本问题也集中在县域层面上，县域几乎起着"显示器"的作用。只有在县域内处理好这些问题，才能逐步破解当前社会的基本难题，包括教育问题。由此可见，县域是推进义务教育均衡发展的突破口。

问题在于，各个县（区）之间经济发展水平不一，义务教育均衡发展推进的境况也不尽相同。中西部部分县域在推进义务教育均衡发展时，依然遇到瓶颈，甚至出现治理"内卷化"的困境。[②]我们不妨转换视角，将目光聚焦于在县域义务教育均衡发展的推动方面取得较好成效的县（区），重点挖掘这些县（区）在推进义务教育均衡发展时所采取的策略，以为其他县域义务教育均衡发展提供参考和借鉴。

基于此，本书以江西省义务教育均衡发展示范县（区）作为研究对象。通过对该省义务教育均衡发展示范县（区）的深入调查，总结其推进县域义务教育均衡发展的经验，剖析其义务教育均衡发展的推进机制及取得的成效，在此基础上就进一步促进县域义务教育均衡发展提出相应的对策建议。

---

① 折晓叶，艾云. 2014. 城乡关系演变的研究路径——一种社会学研究思路和分析框架. 社会发展研究，（2）：37-38.

② "内卷化"一词源于美国人类学家格尔茨（Clifford Geertz）所著《农业内卷化》（*Agricultural Involution*）一书。根据格尔茨的定义，"内卷化"是指一种社会或文化模式在某一发展阶段达到一种确定的形式后，便停滞不前或无法转化为另一种高级模式的现象。我国中西部的部分县域，经济落后，财政力量薄弱，甚至出现"讨饭财政"的经费困境，无法支撑巨大的义务教育开支。

第二节　我国义务教育均衡发展研究述评

义务教育均衡发展既是一个重要的教育理论问题，又是一个与人们的切身利益紧密相关的教育现实问题。正因为如此，近年来它日益成为社会各界共同关注的教育热点话题。20多年前，我国学者开始关注这个研究领域，至今已取得了不少优秀成果。不过，该领域的研究也存在一些不容忽视的问题。本章在分析我国义务教育均衡发展研究的缘起、总结研究取得的进展及剖析存在的问题的基础上，对该领域的未来研究提出了若干建议。

一、义务教育均衡发展研究的缘起

我国义务教育均衡发展的研究始于20世纪90年代中期。这并不是偶然的，与国内公平、平等研究的推动和教育公平与平等研究的兴起，以及义务教育的特殊地位与严峻形势，具有密切的关系。

（一）公平与平等研究的推动

公平与平等既是人类的永恒理想，也是社会和谐的基本要求。同时，公平与平等既是一个紧迫的现实问题，又是一个重要的理论问题。我国关于公平与平等的研究始于20世纪80年代中期。改革开放以后，人们对公平与平等的关注不断升温。到20世纪90年代，这方面的成果与日俱增。至今仍是讨论和研究的热点。学者们关注的主题包括平等观、平等权、平等原则、法律平等、机会平等、收入平等、民族平等、性别平等、平等与效率、平等与公平的内涵，平等与公平的本质、平等与公平的关系、平等与公平存在的问题、平等与公平的机制、平等与公平的路径等。从学科来看，最初主要是政治学和法学对此较为关注，后来社会学、管理学、文化学、经济学、历史学、伦理学等纷纷参与进来。在学术界共同关注公平与平等的大背景下，教育学逐步意识到公平与平等的重要性，开始研讨教育公平与教育平等问题。

(二) 教育公平与平等研究的兴起

教育公平与平等是社会公平与平等的重要内容，是社会公平与平等在教育领域的体现，一直被视为实现社会公平与平等的"最伟大的工具"。在教育公平与平等研究的有力推动下，教育学界有不少学者开始关注教育领域的公平与平等问题。我国关于教育公平与平等的研究始于20世纪80年代后期，兴盛于90年代中后期。研究的主题有教育公平的内涵与本质、教育公平与社会公平、教育公平与教育效率、教育公平的目标、教育公平的机制、教育民族平等、教育地域平等、教育阶层平等、教育性别平等。国外关于教育公平与平等的研究，对我国教育界也有较大的影响。国外的相关观点主要有三种：一是起点均等论。这是指入学机会均等，人人有受教育的机会。第一次世界大战以前，这种观点在西方占主导地位。目前，国际组织对发展中国家教育的期望，首先集中在保障儿童入学机会的公平上，并主要关注贫困地区儿童及女童的入学机会公平问题。二是过程均等论。这主要指教育条件的均等，主张让每个儿童有机会享受同样的教育。这种观点盛行于20世纪50—60年代的西欧和北欧地区。至今不少高福利国家仍然沿用这种观点制定相关制度。这一制度通过强有力的公共财政支持免费的公共教育事业。三是结果均等论。这种观点强调学业成功机会均等，主张向每个学生提供使其天赋得以充分发展的机会。20世纪60年代中后期以科尔曼为代表的这种观点影响至今。目前，不少发达国家把教育公平的一部分重点放在儿童学业成功的机会上。[①]

(三) 义务教育的特殊地位与严峻形势

义务教育是国家用法律手段保证实施的国民教育，在教育体系中处于基础性地位，是整个教育事业的基石。义务教育对人的发展具有基础性和持久性影响。它在很大程度上决定着一个人将来能否接受更高层次的教育，以及接受什么样的更高层次的教育，还将在相当程度上影响一个人未来的发展水平和社会地位。义务教育对国家经济和社会的发展同样具有基础性和全局性的作用。同时，义务教育也是受教育人数最多的一个教育层次，影响面极为广泛。毫无疑问，教育平等首先是指义务教育的均衡发展，没有义务教育的均衡发展就没有

---

① 毕正宇. 2004. 论教师资源合理配置与义务教育均衡发展之关系. 天中学刊，(3)：97.

真正意义上的教育平等。在义务教育的诸多特征中，公平性最为关键。如果失去了公平性，其他特性均会受到影响或破坏。

与此同时，当前我国的义务教育又面临着不平等的严峻形势。在义务教育阶段，地区之间、城乡之间、学校之间、阶层之间都存在着不同程度的差距，违背了义务教育的本质和要求。受教育者由于地域不同、出身不同而接受水平不同且差距明显的义务教育。义务教育的公平性受到了冲击。

正是在上述背景下，我国有不少学者开始关注义务教育的均衡发展问题。对于这个问题的研讨始于20世纪90年代中期，到21世纪初逐渐成为我国教育理论界的热点论题。近十多年来，这方面的研究成果一直保持稳定的增长态势。

二、义务教育均衡发展研究的进展

（一）研究的概况

国内公开发表的关于义务教育均衡发展的研究成果最早见于1994年，但最初几年研究进展很慢，成果很少，进入21世纪以后这方面的研究表现出快速发展的态势。截至2016年，共发表论文近3000篇。20多年来，我国关于义务教育均衡发展的研究大致可以分为起步、缓慢增长和快速发展三个阶段。1994—2001年属于起步阶段。在该阶段，在期刊发表的论文数量很少，总数仅为5篇，其中有5年甚至为0，最高的年份也仅有2篇。2002—2005年为缓慢增长阶段。这个阶段的成果有一定的增长，每年发表的论文由上一阶段的一位数上升到两位数，最高的年份达到51篇。2006年至今为快速发展阶段。平均每年发表的论文由上一阶段的两位数进一步上升到三位数，并从开始的100余篇增加到200余篇，最高的年份达283篇，平均每年195.5篇。除论文外，在此期间还出版了30余部相关的著作。从2003年开始，有不少研究生将义务教育均衡发展作为其毕业论文的选题。截止到2016年底，已有500余篇这方面的硕士与博士学位论文，平均每年达40篇。1994—2016年，关于该研究领域发表的期刊论文2291篇，研究生学位论文559篇，以上两项合计2850篇，平均每年124篇。具体情况见表1-1。

表 1-1 1994—2016 年我国义务教育均衡发展研究论文统计表（单位：篇）

年份	1994	1995	1996	1997	1998	1999	2000	2001	2002	2003	2004	2005
期刊论文	2	0	0	1	0	0	0	2	21	38	25	51
硕博论文	0	0	0	0	0	0	0	0	0	3	7	8
小计	2	0	0	1	0	0	0	2	21	41	32	59

年份	2006	2007	2008	2009	2010	2011	2012	2013	2014	2015	2016	小计
期刊论文	105	128	144	135	249	238	240	207	220	202	283	2291
硕博论文	20	27	37	41	48	77	91	83	55	49	13	559
小计	125	155	181	176	297	315	331	290	275	251	296	2850

综观整个研究过程可以发现，我国关于义务教育均衡发展研究的问题主要集中在内涵界定、发展层次、意义阐释、评估指标、认识误区、非均衡问题、促进原则、推动对策等方面；研究的取向从最初的理论探索逐渐转向实证研究；关注的重点从义务教育的总体均衡转向义务教育的区域均衡及校际均衡。

20余年来，义务教育均衡发展问题已成为我国教育研究中关注度最高的课题。可以预见，随着相关理论研究的逐步深化和实践的不断探索，今后义务教育均衡发展研究仍将继续保持平稳的发展态势。

（二）研究的主题及进展

1. 义务教育均衡发展的内涵

均衡发展是一个资源经济学的概念，指通过合理地配置人类有限的资源，达到市场需求与供给的相对均衡，经济中各种对立的、变动着的力量相当，形成相对静止的状态。资源经济学提出经济均衡发展理论，是基于这样一种认识：人类的资源是有限的，而人类的需求是无限的。要解决这一矛盾，就必须使有限的资源按照一定的比例分配到国民经济的各个组成部分，并使资源得到最充分、最有效的使用。该理论在解决国民经济发展中的不公平、不合理等问题中发挥了重要的作用。同时，这一理论受到了其他学科的青睐。教育均衡发展的理论就是对经济均衡发展理论的移植和借鉴。[①]

本书先就学界对义务教育均衡发展相关的几对概念进行简要的分析，再来看人们对义务教育均衡发展概念本身的理解。

（1）均衡与发展

均衡与发展经常处于一种冲突的状态，不少人采用二元分割的视角来看待两者的关系。由此，学界的争论点集中在义务教育是保障均衡还是注重效率的提高上。不少人将社会经济发展的"发展阶段论"移植到义务教育中，持"先发展再均衡、先经济后教育"的思路。其背后的假设是义务教育注重选拔、筛选功能，注重精英教育。对于这种主张，有学者提出不同的看法，认为义务教育的发展应优先考虑均衡，优先考虑弱势群体，义务教育发展的重心应由"拔高"转向"兜底"。[②]由此观之，其背后的假设是义务教育考虑全民性，注重教育公平。面对以上争论，我们或许可以从一元论或调和论的角度来看待均衡与发展的关系。均衡、发展具有内在的统一性，均衡是发展的基础，义务教育的基本属性决定了应优先考虑均衡。当然，均衡发展不是"削峰填谷"，也不是"平均主义"，最终指向的而是义务教育的发展。

（2）均衡与均等

应该说，均衡与均等有相似之处，均等是均衡的基础性条件。多年前，有研究者提出，从经济学的角度分析，教育均衡最重要的是教育资源配置的均衡。[③]时至今日，不少人仍认为，实现了人、财、物的供需平衡，就等于实现了均衡发展。这实质上是一种经济学思维。因此，不少学者在构建均衡发展的指标体系时，均等配置的物化指标占据核心地位，注重办学条件、经费投入、师资力量等显性要素。在后期的研究中，人们对均衡的认识日趋科学合理。有学者指出，"均衡"是"机会均等"与"发展平衡"的统一体。[④]这样，就区分开了"均等"和"均衡"。还有研究者将均衡发展理解为自身"均衡态"的发展，赋予了均衡动态性。[⑤]

[①] 鲜万标. 2004. 对北京市义务教育均衡发展问题的分析与思考. 北京教育学院学报，（2）：42-43.
[②] 杨启亮. 2011. 转向"兜底"：义务教育优质均衡发展的重心. 教育研究，（4）：31-32.
[③] 翟博. 2007. 中国基础教育均衡发展实证分析. 教育研究，（7）：22.
[④] 阮成武. 2013. 我国义务教育均衡发展政策的演进逻辑与未来走向. 教育研究，（7）：43.
[⑤] 李宜江，朱家存. 2013. 均衡发展义务教育的理论内涵及实践意蕴. 教育研究，（6）：62.

第一章 引　论

（3）教育均衡发展与教育一体化

教育一体化是均衡发展后期研究出现的概念。在实际运用中，不少人将两者混同，认为教育均衡发展就是教育一体化。有研究者认为，均衡是城乡教育一体化的阶段性目标，城乡教育一体化顺应当前的时代特征与城乡教育发展需求，又包含均衡之外的系统整合与良性互动特性，也在政府统筹调控之外，具备独特的城乡教育系统自组织功能。①教育均衡发展与教育一体化既有联系，又有区别。两者都指向义务教育的和谐发展，指向义务教育的公平，旨在缩小教育差距。而教育一体化是均衡发展到一定阶段所呈现出来的新的状态，是城镇化进程中政府为解决新的教育难题而形成的新的治理思路。相对于均衡发展而言，教育一体化是更高级的发展阶段。

（4）教育均衡发展与教育公平

教育均衡发展与教育公平的关系也常常被误读。很多人陷入这样的认识误区：只要实现了教育均衡发展，也就实现了教育公平。事实上，均衡发展只能做到相对和动态的均衡，即使实现了均衡发展，也难以保证实现了教育公平。因此，有研究者认为，教育公平的含义更为复杂，它包括均衡意义上的教育公平，即教育均衡，还包括非均衡意义上的教育公平。②一句话，教育公平的内涵更丰富。教育均衡发展只是教育公平的基础，不是教育公平的全部，即教育均衡发展不等于教育公平。

那么，究竟什么是义务教育均衡发展？有研究者认为，义务教育均衡发展是指实施义务教育单位区域范围内的均衡发展，其核心是要保证区域范围内每一位符合接受义务教育条件的成员都能接受基本均衡的义务教育，即享受均衡的义务教育机会、均衡的义务教育条件、均衡的义务教育过程。③还有研究者提出，义务教育均衡发展是指我国不同地区之间、同一地区不同学校之间、同一学校不同群体之间的义务教育均衡发展。它包括三个层面：区域之间（地区和城乡之间发展的问题）、学校之间（同一个区域内不同学校之间均衡发展的问题，这是实现区域教育均衡发展的基础和前提）和群体之间（不同学生群体之

---

① 李玲，宋乃庆，龚春燕，等. 2012. 城乡教育一体化：理论、指标与测算. 教育研究，（2）：43.
② 苏君阳. 2005. 义务教育均衡发展基本策略分析. 中国教育学刊，（12）：11.
③ 戴亦明. 2003. 论教育法制与区域义务教育的均衡发展. 教育评论，（6）：7.

间，尤其是弱势群体的教育问题）。①有学者指出，义务教育均衡是一个多层次的概念，不仅包含区域义务教育均衡发展、学校均衡发展，而且包含个体均衡发展。区域义务教育均衡发展是指地区间和城乡间义务教育发展水平的大致均衡，主要包括义务教育的普及程度、学校的布局、义务教育的总体质量等，是宏观层次的均衡。学校均衡发展是指一定区域内义务教育学校之间在办学条件和教育教学质量上的大体均衡。个体均衡发展是指个体可以接受大致相同的义务教育，不因所处的环境不同而接受不同的义务教育；同时被赋予个体全面发展的含义，即通过义务教育使受教育者的各种素质得到大致均衡的发展。个体均衡发展是义务教育均衡发展所追求的终极目的，而区域和学校均衡发展则是实现个体均衡发展的条件和途径。②还有研究者进一步从多个角度解释义务教育均衡发展的内涵，认为义务教育均衡发展是全面的、动态的、协调的和特色的发展。义务教育均衡发展应该是满足受教育者对受教育机会、教育资源、教育质量的全面需求的发展。由于人们对义务教育需求的层次、内容，尤其是教育质量的需求，以及教育供给方的提供能力和主观努力均会随着时间的改变而改变，义务教育的供需相应地会出现平衡—不平衡—平衡的螺旋上升，从而呈现出一种动态的发展。由于义务教育供给能力受经济发展水平的影响，不同地方的经济发展水平不同，义务教育发展要与各地的经济发展水平相协调，而不是不顾经济发展水平差异，硬性地进行平均发展、同步发展。义务教育均衡发展不是整齐划一的发展，更不是千校一面。由于各地的文化、习俗等方面存在差异，义务教育可以通过课程设置，主要是通过精心设计地方课程和校本课程，打造地方特色和学校特色。③

2. 义务教育均衡发展的层次

一般都将义务教育均衡发展的水平分为低、中、高三个层次，但具体的内涵有一定的差异。有研究者将义务教育均衡发展分为最低、中间和最高三个层次，并概括地解释了其内涵：最低层次是要确保人人都有受教育的权利；中间层次是要提供相对平等的教育机会和条件；最高层次是要人人达到教育成功机会和教育

---

① 柳海民, 林丹. 2005.本体论域的义务教育均衡发展. 东北师大学报（哲学社会科学版），（5）：11.
② 鲍传友. 2007. 义务教育均衡发展：内涵和原则. 国家教育行政学院学报，（1）：63-64.
③ 王建容, 夏志强. 2010. 我国义务教育均衡发展的内涵及其指标体系构建. 理论与改革，（4）：71.

效果的相对均衡。①有研究者将义务教育均衡发展水平分为低水平均衡、中水平均衡和高水平均衡三个阶段。②低水平均衡阶段，即普及九年义务教育阶段。这个阶段主要以追求教育机会的均等为目的，让每一个适龄儿童都能享有受教育的权利和均等的受教育机会。中水平均衡阶段主要以追求教育资源合理配置为目的，确保教育资源在区域间、城乡间、学校间、群体间优化配置，确保受教育群体和个体的权利平等、机会均等，具体体现为就学平等和受教育条件均等。高水平均衡阶段的重要标志是教育资源丰富，区域之间、城乡之间、学校之间和不同受教育群体之间的差别极大缩小，教育资源在社会和学校得到合理优化的配置，对每一个学生相对均等地教育，充分尊重学生的差异和个性，最大限度地发挥学生的特长和学习潜能，以期实现教育结果的均等。还有研究者将义务教育均衡发展的水平分为低、较高和更高三个层次。低层次的义务教育均衡强调所有的适龄儿童都要"有学上"，主要解决教育机会的均衡。较高层次的义务教育均衡强调所有的适龄儿童都要"上好学"，要全面解决教育机会、资源、过程、结果的均衡。更高层次的均衡强调所有的适龄儿童都要"上好的、有特色的学"。义务教育均衡发展是一个由不均衡到基本均衡，再由基本均衡到更高层面的不均衡的过程，是一个辩证发展、阶段交叉、综合连续、动态推进、螺旋上升的历史过程。③

3. 义务教育均衡发展的意义

有研究者认为，教育公平是和谐社会的重要基石，教育不公是最大的群体歧视和影响最远的社会不公，最终会影响到社会的整体稳定和持续发展。④公正是维系社会稳定发展的前提之一，一旦有更多的人认为社会是公正的，就可以减少整个社会为司法、警察等付出的制度性成本。而教育，尤其义务教育是最应该体现公平理念的。如果政府在义务教育阶段都不能保证每个受教育者权益的平等，那么社会的稳定就得不到保证。⑤有研究者进一步从多个角度阐述了义务教育均衡发展的意义：①有利于更好地维护和保障个体人权的实现。根据人权在维护人类活

---

① 柳海民，林丹. 2005. 本体论域的义务教育均衡发展. 东北师大学报（哲学社会科学版），(5)：11.
② 郑友训，冯尊荣. 2008. 义务教育高位均衡发展的理性解读. 江南大学学报（教育科学版），(4)：42-43.
③ 李继星. 2010. 关于义务教育均衡发展指标体系的初步思考. 人民教育，(11)：10.
④ 黄茵茵. 2006. 均衡发展：义务教育之目标. 公民导刊，(2)：27.
⑤ 李锋亮. 2005. 政府有义务对义务教育资源进行均衡化. 教育科学研究，(12)：9.

动的必要条件方面的重要性来划分，可以把权利分为首要权利和次要权利。从这个意义上看，受教育权不仅是一种人权，更是一种首要的、基本的人权。促进义务教育的均衡发展，就是为了更好地保障每个人的这种首要人权能够顺利地实现。②有利于教育公平的实现。教育均衡能有效地拓展公平作为一种伦理范畴的普世性含义，有利于实现社会上大多数人的最大幸福。促进义务教育均衡发展就是要通过普世伦理含义的建构及个体幸福指数的提高，有效地促进和保障教育公平的实现。③有利于和谐社会的建构。和谐社会必须建立在公平的基础之上，没有公平根本谈不上和谐。教育公平是构建和谐社会的基础性工程，义务教育公平更是"基础中的基础"，是基石。从表面上看，促进义务教育均衡发展是为了缩小区域之间和城乡之间教育发展及学校之间办学水平的差距，但从更深层次的意义来分析，主要是为了解决人类的发展问题，解决社会发展的稳定、公平和公正问题。推进义务教育的均衡发展在一定程度上能够消解社会公众对教育体制所产生的抱怨或抵制心理，这将有利于社会秩序的稳定，促进和谐社会的建构和发展。①

4. 义务教育均衡发展的指标

近年来，我国有不少人探讨了义务教育均衡发展的指标问题，其中代表性的成果见表1-2。

表1-2 义务教育均衡发展评估指标体系代表性成果一览表

研究者	一级指标	二级指标	三级指标
翟博[②]	教育机会	特殊教育学生入学率、城乡学生入学率、男女入学率	
	教育资源配置	教育经费、生均教育经费、生均预算内教育经费、生均校舍面积、危房所占比例、教学仪器达标率、图书资料达标率、教师学历合格率、教师合格以上学历率	
	教育质量	毕业生升学率、学生巩固率、学生辍学率、教师合格率	
	教育成就	教育普及程度、城乡非文盲率、男女非文盲率、人口受教育年限的基尼系数、不同经济收入家庭学生入学率、不同民族学生入学率	

---

① 苏君阳.2005.义务教育均衡发展基本策略分析.中国教育学刊，（12）：9.
② 翟博.2006.教育均衡发展：理论、指标及测算方法.教育研究，（3）：25-26.

续表

研究者	一级指标	二级指标	三级指标
罗明东、潘玉君、华红莲等[1]	教育机会	入学率、辍学率	
	教育投入	生均教育经费、生均公用经费、生均图书册数、生均校舍面积、生均专用设备、危房率	
	教育质量	升学率、巩固率、生师比、任课教师学历达标率	
张惠[2]	学校经费投入	生均教育经费、生均公用经费、生均教育装备值	
	学校资源配置	生均建筑面积、生均占地面积、平均班额数、生师比、中级教师比例、高级教师比例、骨干教师数	
	学校教育质量	学生巩固率、小学毕业考试各科全及格率、初中毕业考试各科全及格率、初中毕业升学率	
高智源[3]	教育机会	城乡入学率、男女入学率、特殊教育入学率	
	教育资源配置	城乡生均教育经费差异、城乡生均预算内教育经费、城乡教师合格率、城乡生均校舍面积、城乡生均图书馆仪器达标率	
	教育质量	城乡学生巩固率、城乡学生辍学率、城乡毕业生升学率、城乡毕业生合格率	
	教育管理	城乡校领导管理能力、城乡班主任管理能力、城乡教师培训机制	
崔慧广[4]	人力资源	生师比、专任教师学历合格率、专任女教师比例	
	物力资源	生均教室面积、生均图书册数、生均学校占地面积	
	财力资源	生均事业费、生均公用经费	

---

[1] 罗明东,潘玉君,华红莲,等.2007.区域教育发展及其差距实证研究.北京：北京大学出版社：5-7.
[2] 张惠.2008.义务教育校际均衡监测指标的研究.宜宾学院学报,（12）：127.
[3] 高智源.2009.县域义务教育均衡发展的评价研究.网络财富,（17）：11.
[4] 崔慧广.2010.县域义务教育均衡发展测度指标与方法的研究.创新,（2）：110.

续表

研究者	一级指标	二级指标	三级指标
于发友、赵慧玲、赵承福[1]	环境均衡	县域内全年国内生产总值、全年财政收入、全年财政总支出、全年人均财政总支出、全年义务教育经费总额、全年人均义务教育经费、预算内财政性义务教育经费、义务教育基建费和事业费、义务教育投入占财政总支出的比例	
	城乡均衡	城乡中小学生入学率和按时毕业率、城乡中小学生均校产、城乡中小学生均教育事业费和预算内生均公用经费、城乡教师学历达标率、城乡小学教师专科以上比例和初中教师本科以上比例、城乡中小学教师工资及城乡中小学校长接受资格培训的比例	
	结果均衡	小学毕业生的按时合格毕业率和初中毕业生按时合格毕业率	
徐露、杨岚清[2]	教育机会	入学率	学龄人口入学率、女生入学率、男生入学率、特殊儿童入学率
		辍学率	学龄人口辍学率、学校原因导致辍学的比例、个人或家庭经济原因导致辍学的比例
	教育资源配置	财力资源投入	生均教育经费、生均教育事业费、生均公用经费
		物力资源投入	危房所占比例、生均教室面积、教学仪器达标率、图书资料达标率、多媒体设备达标率和体育运动场馆面积达标率
		人力资源投入	生师比、专任教师所占比例、专任教师学历合格率、每年接受培训教师所占比例、中高级职称教师所占比例和教师月平均工资

---

[1] 于发友, 赵慧玲, 赵承福. 2011. 县域义务教育均衡发展的指标体系和标准建构. 教育研究, (4): 52.
[2] 徐露, 杨岚清. 2012. 县域义务教育均衡发展指标体系的构建. 科教导刊 (上旬刊), (1): 11.

续表

研究者	一级指标	二级指标	三级指标
徐露、杨岚清	教育质量	学业完成	初中毕业生升学率和学生巩固率
		学业成绩	小学/初中毕业生各科成绩及格率、小学/初中毕业生各科成绩优秀率
	教育成就	学业成就	小学/初中毕业生拥有特长的比例、小学/初中毕业生素质教育达标率
		教育成就	普及率、文盲率
薛二勇[①]	教育资源配置	教育经费	生均教育经费支出、生均专项经费支出、师均工资性支出、师均培训经费
		教育设施	生均建筑面积、生均教育教学设备设施值、生均信息技术设备值、生均卫生健康设备值、生均体育设备设施值、学校网络建设
		教师队伍	班师比、专任教师合格率、学校教师专业对口率、学校教师中区级骨干和学科带头人数、学校教师中市级骨干和学科带头人数
	教育质量	学校管理	学生每周平均在校学习活动小时数、学校他评合格课比例、学校他评优秀课比例、学校学年班均开展社会活动实践次数、家校交流机制的建设、学校班均学科分组实验开课数、学校中层以上干部年均听评课数
		教育效果	学生体质健康达标率、学生学业水平测试合格率、学段巩固率、学生就近入学率、学生家长满意度、学生犯罪率

---

① 薛二勇. 2013. 区域内义务教育均衡发展指标体系的构建——当前我国深入推进义务教育均衡发展的政策评估指标. 北京师范大学学报（社会科学版），（4）：23.

续表

研究者	一级指标	二级指标	三级指标
李宏君、何双梅[①]	办学经费	公用经费	公用经费总量、公用经费生均
		场地场所面积	生均学校占地面积、生均校舍建筑面积、生均普通教学用房面积、生均辅助教学用房面积、生均体育运动场馆面积
	硬件装备	图书配备	生均图书册数
		教育教学设施设备仪器值	生均固定资产值、生均普通教学仪器设备值、生均音体美设备值
		现代信息技术装备	百名学生拥有计算机台数、配备电子白板的班级比例
	师资水平	专任教师数量	专任教师班师比、专任教师生师比、音体美专业教师生师比
		专任教师质量	学历合格率、高于规定学历专任教师比例、45岁以下专任教师比例、市级及以上级别骨干教师比例
	生源状况	生源数量	学生人数
		生源质量	随迁子女学生比例、留守儿童学生比例、单亲家庭学生比例
		学生巩固率	毕业年级学生巩固率
	教育质量	学生综合素质	主要学科毕业考试成绩合格率、学生体质健康合格率、学校特色校本课程学生参与比例、学生参加志愿服务及公益劳动时间
		学生课业负担	学生作业时间

以上所列义务教育均衡发展指标体系大体反映了我国义务教育均衡发展指标体系研究的现状。从内容来看，这些指标体系有详有略；从具体的维度和指标来看，也有多有少。各种指标体系既有共同之处，又各具特色，表现出义务

---

① 李宏君，何双梅. 2015. 县域内义务教育校际均衡发展监测评估指标体系构建. 教育探索，（6）：34.

教育均衡发展指标体系的丰富性与多样性。

5. 义务教育均衡发展的认识误区

有研究者认为，关于义务教育均衡发展的认识误区主要有以下两种：①平均论，认为均衡发展就是平均发展。这种观点认为，均衡发展就是在教育发展中"平均用力"，甚至是"削高就低""整齐划一"。这种认识实际上是降低了教育公平的水准，窄化了教育均衡的含义。均衡发展不能被简单理解为平均发展，更强调一种全面、协调和可持续的科学发展观。②限制论，认为如果没有限制就不能实现均衡。这种认识会导致重点学校"消极发展"，丧失发展惯性；一般学校"等待发展"，形成发展惰性。实际上，均衡发展不是限制发展，不是低水平的静态发展，而是积极发展，不断提升、与时俱进的动态发展。一方面，落后地区、薄弱学校需要发展；另一方面，发达地区、基础好的学校同样需要发展。它们都应在积极发展中互相促进、在互动中不断实现高位平衡。[①]在义务教育均衡发展过程中，应当如何对待"名校"？有研究者提出，寻求教育资源配置的平衡，应主要在如何使薄弱学校变强上做文章，而不能人为地限制或阻碍"名校"的发展。我国现有的"名校"是国家的宝贵财富，它们的成长和发展是历史积淀与政策引导的结果，在引领教育改革与发展方面发挥了重要的作用。虽然客观上这些"名校"与薄弱学校存在较大的反差，反映了教育发展的不平衡，但我们在推进均衡发展中需要发挥它们的作用。否则就有可能会使高水平的学校被拉了下来，从而使教育陷入一种低水平的均衡状态。[②]有研究者明确地指出，教育均衡不是简单盲目地"削峰填谷"，搞绝对的平均主义，应提倡公平竞争，要"造峰扬谷"，提高质量。[③]还有人进一步提出"填谷提升底线，造峰铸造品牌"的理念。[④]

在义务教育均衡发展中，应当如何对待"学校特色"？有人认为，由于学校在地域、民族、传统等方面的不同而形成的特色，不但不应消除，反而应发扬光大，成为学校发展的优势。[⑤]还有研究者认为，教育均衡发展不是划一发展，而

---

① 柳海民，林丹. 2005. 本体论域的义务教育均衡发展. 东北师大学报(哲学社会科学版)，(5)：17-18.
② 郝淑华. 2007. 义务教育的均衡发展不等于"杀富济贫". 理论界，(3)：108.
③ 何金波. 2006-12-11. 胸中有均衡,发展有侧重. 中国教育报，第3版.
④ 冯世春. 2007. 推进义务教育优质均衡发展的实践与探索. 科学咨询(教育科研)，(2)：8.
⑤ 文喆. 2005. 义务教育的均衡与差异发展. 教育科学研究，(4)：1.

是特色发展。均衡发展不能简单地理解为同一化发展。它不是低水平、低层次上的整齐划一发展,而是高水平、高层次上的多元化、多样化、特色化发展。要鼓励不同区域、不同学校、不同类型的教育根据各自的实际情况,创造性地探索有自己特色的发展道路,最终实现优势互补、特色发展、整体提升。教育个性化、办学特色化不仅是国际基础教育发展的大趋势,也是实现更高层次均衡发展,深化教育改革,全面推进素质教育的迫切需要。① 还有研究者指出,学校的多样化实际上是学校对社会发展和家长与学生对学校的多样化要求所作出的反应。②

6. 义务教育的非均衡发展问题

有研究者认为,我国义务教育发展不均衡主要表现在三个层面:区域发展不均衡、同一区域内城乡发展不均衡及校际发展不均衡。③ 有研究者将基础教育的差距分为发展中的差距和生存性差距。发展中的差距是指尽管某些地区教育投入低于发达地区,但这种投入仍然可以保证教育活动的基本需要。生存性差距是指某些发达地区教育资源非常富有,而贫困地区却在生存线上挣扎。④ 还有研究者指出,义务教育的差距主要体现在两个方面:学校基本设施和教学设备、师资力量。在具备了基本的办学条件,拥有够用、实用的教学设施和设备的情况下,区域之间、学校之间教学质量和办学水平上的差异,关键就在于师资水平上的差异。即使是硬件设施相对差一些,如果师资力量比较强,其办学水平同样会提高。因此,相对于教学设施和设备等硬件上的差距而言,师资力量上的差距更具有决定性。⑤

义务教育为何会出现不均衡现象?有学者认为主要有两个原因:经济社会发展不平衡、教育政策取向出现偏差。有研究者指出,义务教育发展不均衡的根本原因是经济社会发展不平衡。首先,我国区域间经济发展不平衡。义务教育发展不均衡是经济社会发展不平衡在教育领域的反映,因为各地经济发展的总体水平直接影响该地区支持教育发展的经济实力,特别是直接影响该地区教育发展的程度。其次,我国城乡之间发展不平衡。我国的城乡二元结构发展路

---

① 翟博. 2006. 教育均衡发展:理论、指标及测算方法. 教育研究,(3):19.
② 梁清. 2006. 均衡发展:义务教育异化的超越. 教育理论与实践,(11):23.
③ 朱家存. 2003. 论我国义务教育发展不均衡的成因及其矫正对策.教育理论与实践,(12):16.
④ 钟宇平,雷万鹏. 2002. 公平视野下中国基础教育财政政策. 教育与经济,(1):5.
⑤ 许云昭. 2006. 把重心放在义务教育资源的均衡配置上. 求是,(17):39.

径造成了城乡之间在发展程度和水平上的巨大差距。改革开放以来,农村经济虽然取得了重大成就,但城市发展相对要快得多,城乡差距进一步拉大。城乡差距的现实存在,影响着我国社会发展的诸多方面,当然也成为我国义务教育发展不均衡的现实原因。[①]教育政策取向的偏差主要体现为重点学校制度。无论是人、财、物的投入,还是管理与服务,有些地方政府都特别偏爱重点学校。出现这种情形的重要原因是有些政府官员追求短期效应,热衷于搞教育形象工程。[②]一些地方把建设重点学校、示范学校、"窗口学校"作为政绩工程。这种制度使重点学校处于优势地位,人为地造成了学校之间的发展差距。而且重点学校绝大多数分布在城市,农村所占比重很小,这又从总体上加大了城乡之间的教育发展差距。[③]

还有研究者认为,我国义务教育发展不均衡既有历史因素又有现实因素,既有客观因素又有主观因素。义务教育的现实差距是其历史差距的延续,其中的影响因素也部分地由历史延续到现实之中。从历史角度来看,我国教育的差距一直存在。这也说明推进义务教育均衡发展是一个长期的历史过程。从客观角度来看,我国义务教育非均衡发展的因素主要有自然地理因素、人口迁移因素、经济及义务教育财政体制因素。从主观角度来看,义务教育非均衡发展的原因在于一些地方政府没有真正认识到义务教育及其均衡化的重大意义,未能将其放在经济可持续发展和社会和谐发展的战略高度,未能切实落实教育尤其是义务教育的战略地位,政府没有依法执行义务教育公共财政预决算制度,造成一些学校办学经费严重短缺。[④]义务教育的非均衡发展将会导致什么样的后果?有研究者指出,义务教育非均衡发展会加剧教育系统内部竞争,影响学生身心健康发展。由于机会不均等,义务教育系统内部竞争必将更加激烈,学校、教师和家长都将为此承负巨大的压力,这些压力最终会转移到学生身上,它不仅会扭曲学生的精神和灵魂,也会扼杀学生的自然天性和创造活力。[⑤]

[①] 梁清. 2006. 均衡发展:义务教育异化的超越. 教育理论与实践,(11):21-22.
[②] 杜育红. 2005. 义务教育的均衡发展:过程、原因与对策. 中国民族教育,(4):9.
[③] 梁清. 2006. 均衡发展:义务教育异化的超越. 教育理论与实践,(11):21.
[④] 文新华. 2005. 我国义务教育均衡发展研究及政策制定中的两个理论问题. 教育科学研究,(12):6-7.
[⑤] 阎光才. 2003. 均衡发展:义务教育制度的底线公平. 教育科学研究,(1):15-16.

7. 促进义务教育均衡发展的原则

有学者认为，促进义务教育均衡发展要遵循平等、差异和补偿等原则。平等原则是我国推进义务教育均衡发展最基本的政策指向，是促进义务教育均衡发展的首要原则和底线原则。该原则主要包括入学机会平等、公共教育资源分配平等和教育质量平等，这是保障受教育者教育过程平等和教育结果平等的基本条件，是克服义务教育非均衡发展的基本路径。差异原则是指义务教育均衡发展不是一种模式，不是"一刀切"，要鼓励不同区域、不同学校、不同类型的教育，根据各自的实际情况创造性地探索，最终实现优势互补、特色发展、整体提升。补偿原则指国家要给予处于不利社会环境中的儿童额外的教育补偿和关怀。该原则要求关注区域间、城乡间和学校间教育资源条件的差距，对落后地区和薄弱学校在教育资源配置上予以额外补偿。补偿是对教育资源的再分配，目的是缩小区域经济差距和学校条件差距导致的结果差距。[①]

8. 推进义务教育均衡发展的对策

有研究者认为，推进义务教育均衡发展是一项系统性和战略性工程。因此，各级政府要采取一系列有效的策略。

（1）系统策略

系统策略是指在促进义务教育均衡发展的过程中，国家、学校、社会应共同发挥作用。国家的作用主要是对公共教育资源进行公平、合理、科学、有效的配置，并从宏观的角度缩小城乡之间、区域之间教育水平及校际办学水平的差距。学校的作用主要是充分利用各种途径与手段，努力筹措办学经费，提高师资素质，使学校的发展能够获得充分的人力、物力和财力的保障。社会的作用主要是通过社会捐助、参与管理、转变机制等方式，重点向城市薄弱学校、农村学校提供人力、物力与财力的支持，以切实提高义务教育阶段的整体办学水平。

（2）重点策略

全面实现义务教育的均衡发展是一项长期的战略性任务，因此，在进一步推进义务教育均衡发展的过程中，目标不能定得太多。目前，我国义务教育发

---

① 鲍传友. 2007. 义务教育均衡发展：内涵和原则. 国家教育行政学院学报，（1）：64-65；褚宏启，高莉. 2010. 义务教育均衡发展评估指标与标准的制订. 教育发展研究，（6）：25-26.

展面临的最严重的问题是农村教育问题，尤其是偏远、落后地区的农村教育问题。因此，在进一步推进义务教育均衡发展中，应该重点解决的是西部偏远、落后地区的农村教育问题。

（3）渐进策略

义务教育均衡发展的目标不可能一蹴而就，必须遵守渐进的原则分步实现。要把推进义务教育均衡发展的重点放在缩小县域内义务教育发展水平的差距上，把推进县域义务教育均衡发展的重点放在提高农村学校教育质量和改造城镇薄弱学校上，要逐步缩小办学条件的差距和尽量缩小师资队伍的差距。[①]

关于促进义务教育均衡发展的具体举措，有学者提出了如下建议。

1）推进中小学标准化建设。学校标准化是推进义务教育均衡发展的基础。大力改善农村学校办学条件，实现农村义务教育学校标准化，对于整体提升义务教育质量和水平、促进城乡义务教育均衡发展具有十分重要的意义。[②]目前，我国义务教育非均衡发展且差距继续拉大的趋势得不到遏止的重要原因在于没有义务教育的底线标准。由于义务教育缺乏办学的底线标准，也就无法统计处于底线标准以下的人数和学校的数量，因此，不可能制定满足最低办学标准的目标和步骤，也就不能明确消除最低标准以下学校的责任，不可能形成消除最低标准以下学校的政策和措施，不能有效遏止义务教育差距不断拉大的趋势。建立义务教育标准应是促进县域义务教育均衡发展的一项基本政策。建立适合我国县域义务教育均衡发展的标准，可以将义务教育均衡化发展的目标具体化，可以在义务教育失衡状况加剧的时候采取有力的措施予以调节，切实促进县域义务教育的均衡发展。[③]有研究者认为，标准化学校建设具有"质"和"量"两个方面的意义。"质"的意义在于改变过去学校等级的区别，真正实现义务教育阶段学校的公平性；"量"的意义在于满足所有学校的基本利益诉求，克服过去极度重视少数学校需要而忽视大多数学校的基本需要的情况。[④]有学者就如何制定义务教育学校办学标

[①] 苏君阳. 2005. 义务教育均衡发展基本策略分析. 中国教育学刊，（12）：9-10.
[②] 王定华. 2013. 中国义务教育改革发展的回顾与展望. 中国教育科学，（4）：18.
[③] 崔慧广. 2010. 县域义务教育均衡发展测度指标与方法的研究. 创新，（2）：111-112.
[④] 刘方林. 2013. 标准化学校：城乡义务教育均衡发展的应然选择. 基础教育研究，（14）：5.

准体系提出了具体建议，即由教育部牵头，与国家发展和改革委员会、财政部、中央机构编制委员会办公室、人力资源和社会保障部、国土资源部、住房和城乡建设部等相关部门合作，在对现有标准进行整合的基础上，制定更加符合国情的城乡统一的国家义务教育学校办学条件标准体系，作为强制性的全国中小学办学条件基本标准。各省份应以国家标准为底线标准，根据各自的实际情况制定省标，省标只能高于国标或与国标相当，并按照基本标准和底线要求，全面改善贫困地区薄弱学校基本办学条件，补齐义务教育均衡发展的短板，推进义务教育学校标准化建设。[①]

2）加大对薄弱学校和特殊群体的扶持力度。从现实的角度出发，考虑到现实政策的惯性与体制路径依赖，最为有效的措施是政府改变过去人、财、物等资源配置向重点学校倾斜的政策，使贫困地区、薄弱学校能够获得比重点学校更多的资源。中西部地区及落后区域，无论从经济的实际，还是从促进教育发展机会平等的社会需要来看，国家都应该给予其特殊的扶持和帮助。政府应制定政策，通过政府行为建立经费转移支付制度和资助扶持政策，集中财力支持经济落后区域和农村地区，保证这些地区的学生接受相对公平的义务教育。改造薄弱学校的措施建议主要有：财政经费向薄弱学校倾斜；积极培养薄弱学校的学科带头人，加强名校和薄弱学校间的人才交流，尽快提高师资队伍的整体水平；通过学校布局结构调整，鼓励重点学校兼并薄弱学校，强校带弱校，弱校作为强校的分校，优化教育资源；进行学制改革，通过强弱合并，建设一批九年义务教育一贯制学校等。[②]

关于特殊群体的扶持，有学者提出要落实随迁子女义务教育本地待遇，强化随迁子女流入地政府责任，推动各地将常住人口纳入各地教育发展规划和财政保障范围，按照在校生数拨付进城务工人员随迁子女教育经费。在不断提高随迁子女在公办学校就读比例的基础上，在公办学校暂时不能覆盖地区，通过政府购买服务方式，委托经审批的民办学校接收随迁子女，保证随迁子女平等接受义务教育。[③]要扩大农村寄宿制学校规模，改善办学条件和住宿条件，优先满足双亲均不在身边的留守儿童寄宿、用餐、交通需求，同时

---

① 王定华.2015.我国义务教育均衡发展之进展.课程·教材·教法，（11）：10.
② 段云华.2010.义务教育均衡发展研究述评.湖北大学成人教育学院学报，（6）：61.
③ 王定华.2015.我国义务教育均衡发展之进展.课程·教材·教法，（11）：11.

保障不能寄宿的留守儿童就近上学。要把留守儿童工作纳入地方经济社会发展总体规划和社会管理创新体系之中，"按照纳入规划、政府主导、多种模式、明确分工、发挥优势、齐抓共管"的思路，建立和完善政府主导、社会广泛参与的关爱和服务体系，加强心理辅导和健康教育，解决好农村留守儿童的安全保障、身心健康、行为习惯培养等突出问题。[①]要加大普通学校随班就读和特教班工作力度，加强特殊教育学校建设，加大特殊教育师资培养，提高残疾儿童、少年义务教育普及率。要建立学生就学情况的监测制度，切实防止随迁子女、留守儿童、贫困家庭儿童、残疾儿童、少年辍学，提高义务教育巩固率。[②]

3）重视农村教师队伍建设。师资力量的均衡是义务教育均衡发展中最重要的环节。有学者提出，一些农村教师素质不高，教师结构性缺编突出，农村教师岗位吸引力不强，难以吸引优秀教师长期在农村中小学从教。[③]为此，要改善教师的初次配置，采取有效措施鼓励新招聘的优秀大学毕业生到农村任教，新增高级岗位指标优先安排农村学校，动员一批高素质人才应聘农村学校教师，要探索出台提高农村教师待遇的各种有效政策措施，提升农村教师职业吸引力。[④]此外，还要切实落实教师交流轮岗制度，建立县域教师流动机制。建立县域教师流动机制有利于县域教师资源合理配置和教师队伍整体优化及城乡间义务教育均衡发展。从表现形式来看，教师流动包括教师和校长定期流动、城镇教师到农村支教或城乡学校教师对口交流、优势学校与薄弱学校结对子、优质教师资源共享、教师资源优化与整合等。[⑤]随着教师管理权限上收到县（区），为县（区）级教育行政部门推进教师交流制度的建立创造了有利的条件。[⑥]

4）实施教育组团。有研究者认为，实施教育组团是促进义务教育均衡

---

① 王定华.2013.中国义务教育改革发展的回顾与展望.中国教育科学，（4）：20-21.
② 王定华.2015.我国义务教育均衡发展之进展.课程·教材·教法，（11）：11-12.
③ 王定华.2013.中国义务教育改革发展的回顾与展望.中国教育科学，（4）：19-20.
④ 王定华.2013.中国义务教育改革发展的回顾与展望.中国教育科学，（4）：20.
⑤ 马艾云，李保江.2007.县域教师流动机制实施框架——城乡义务教育均衡发展的一种构想.当代教育科学，（9）：15.
⑥ 汪明.2005.义务教育均衡发展与若干保障机制——部分地区的政策及实践分析.教育发展研究，（10）：42.

发展的一种新的思路。所谓教育组团是指在义务教育阶段，由县（区）一级教育行政管理部门在其行政管辖范围内，根据本区域内学校地理位置的分布和学校的不同层次，通过深度整合本区域内的教育资源，由多个学校联合形成的、资源共享的新教育单元或教育联合体。教育组团的目的在于提高优质教育资源的利用效率，发挥优质教育资源的示范、带动和辐射作用，从而缩小区域内学校办学水平之间的差距，培育更多的优质教育资源，促进义务教育的均衡、优质发展。教育组团的实施步骤是：通过"龙头带动、周边发展、资源共享、均衡优质"的机制创新的思维框架和运转目标，扩大优质教育资源的辐射面，以有一定历史积淀的龙头学校来带动周边学校的改造和发展，通过局部升级带动整体的布局结构调整和优化，促进教育资源共享，最后实现义务教育的均衡优质发展。教育组团不同于教育集团，教育组团是县（区）一级政府为实现义务教育均衡优质发展而进行的管理体制的改革与创新，是基于促进内部成员均衡优质发展的教育联合体；而教育集团更多的是在市场经济规律作用下基于利益发展而形成的共同体。教育组团强调教育行政部门的领导和管理，组团内的成员既相对独立又相互合作；而教育集团多采用连锁办学的形式，通常较多采用市场运行的管理模式，通过组建董事会来进行统一管理。[①]

5）实行教育券制度。传统的教育经费拨付是自上而下的决策，即财政部门拨给教育部门，教育部门再拨给各办学单位，拨付过程缺少均衡化的约束制度，而教育券制度的拨付方式则把政府应支出的教育经费按照学生人数计算生均数，以教育券的形式发给学生，学生交给学校后由学校向教育部门换取教育经费。这种制度设计实现了教育经费拨付的客观性和均衡性。这种制度的基本框架是：各级政府负责审核落实对本行政区域范围内学生拨付的生均教育经费，在上一年度经费审计的基础上按"三个增长"的要求确定当年增长比例，并据此落实生均经费预算，确定本级教育券的面值，将教育券发给每个学生家庭。教育券不分城镇与农村，所有学生都得到同样面值的教育券。这种教育券仅作为财政资金的支出凭证，不具备通常教育券理论所包含的择校功能。学生凭券抵费，就近入学，将教育券

---

① 万华. 2007. 教育组团：促进区域义务教育均衡发展的新思路. 教育研究与实验，（5）：19-22.

支付给学校,学校再向教育主管部门兑现教育资金。这样,每个学校按其在校生人数和办学规模,获得与其相应的公用经费投入,通过这一制度安排在教育经费投入上实现城镇与农村中小学的均衡化目标。①

三、义务教育均衡发展研究的不足

以上所述说明,历经 20 余年的探索和积累,我国学者关于义务教育均衡发展的研究发表了不少论文、取得了较大的进展。但我们同时应当看到,该领域的研究存在一些不容忽视的问题。

(一)理论思辨多,实证研究少

已有的相关成果大多属于理论阐述、定性研究,即对于义务教育均衡发展的内涵界定、意义阐释、问题揭示及原因分析、评估指标等理论研究相对较多,而实证研究、定量研究成果相对较少。

(二)个体研究多,团队研究少

研究者大多是"个体户",相互之间缺乏沟通与协作,团队研究的数量很少。在已有的研究中,鲜见多人参与的跨学科联合探索。研究队伍显得较为零散,不利于形成攻关合力,无法开展大规模的、高质量的深入研究。因此,不少研究既没有深刻的理论论证,又缺少有针对性的对策建议。②

(三)零星研究多,系统研究少

从已有的成果看,大多属于零敲碎打,跟风现象较为严重。就义务教育均衡发展这一主题只发表一篇论文的作者占绝大多数,而一个作者就这一主题发表两篇以上论文的情况较少见到。这种现象在一定程度上说明,人们对这一主题缺少长期的关注和持续、系统的研究。

---

① 俞云峰. 2006. 教育券:城乡义务教育均衡发展的新思路. 现代教育科学,(6):76-79.
② 王为民. 2007. 透视与反思:义务教育均衡问题二十年之研究. 现代教育论丛,(4):25.

（四）现状研究多，长远研究少

现有成果大多属于对义务教育均衡发展现状的调查与描述，而对于义务教育均衡发展的前瞻性研究不够，对义务教育均衡发展的动态与未来走向关注不够。这方面的科学预测性成果还较少见到。

（五）宽泛建议多，有效对策少

有些研究缺乏深厚的理论基础，同时对义务教育的现实了解不够全面，对义务教育的未来发展趋势把握不够准确，因而提出的促进义务教育均衡发展的对策建议往往过于抽象、宽泛、笼统，缺乏针对性和可操作性。

（六）重复研究多，创新研究少

义务教育均衡发展研究的低水平简单重复现象较为严重，真正开拓性和创新性的研究成果偏少。有不少研究是"人云亦云"，停留在"照着说"阶段，或是照着西方的相关理论说，或是照着相关学科的理论说，甚至是照着已有的观点说。缺少属于自己的独立的研究视域与方法。[1]

四、义务教育均衡发展研究的展望

针对义务教育均衡发展研究存在的问题，在未来的研究中我们应从以下方面不断予以改进。

（一）拓展研究视野

这里所谓的拓展研究视野有两层意思：①开展多学科联合攻关。义务教育均衡发展是一个涉及政治学、经济学、管理学、伦理学、社会学、教育学等多个学科的复杂课题，而现有的研究大多只是从教育学的立场出发，研究的视野较为狭窄，缺少多学科的综合审视和系统分析。未来的研究应以教育学为基础，综合运用相关学科的原理与方法，为义务教育均衡发展问题的破解寻求多学科的支持，

---

[1] 王为民. 2007. 透视与反思：义务教育均衡问题二十年之研究. 现代教育论丛，（4）：25.

对义务教育均衡发展问题进行全面而系统的探讨。②拓宽研究范围。义务教育阶段的校际均衡和生际均衡等微观领域应成为义务教育均衡发展研究的新课题。以往关于义务教育均衡发展的研究主要聚焦于地区之间、城乡之间等宏观领域的均衡发展问题。这类问题固然重要且仍需要投入力量继续进行探讨。但是，对于普通家庭和学生个体而言，他们深切感受到的均衡发展，是每天发生的亲身经历或体验。学校内、教学中等微观领域，大多是国家法律、政策等难以直接发挥作用的地方，却是学生个体能够直接获得体验的地方。因此，学校内部各年级和各班级之间教育资源配置的均衡、教师在教学中的平等待生等微观领域的教育均衡问题，应成为未来义务教育均衡发展研究的重要课题。①

（二）深化研究内容

义务教育均衡发展的深化研究需要做的工作很多，概念的整合和评估指标体系的优化尤其应当引起重视。

概念界定是任何一项研究首先需要面对和处理的问题。关于义务教育均衡发展的内涵理解虽然取得了一些共识，但也存在一定的分歧。概念界定的多样性反映了研究者对义务教育均衡发展内涵与外延理解的不一致。未来关于义务教育均衡发展的研究，需要进一步加强概念的整合。

在未来的研究中，我们还应特别关注义务教育均衡发展的评估指标体系问题。义务教育均衡发展的评估指标既是衡量义务教育均衡发展程度的标准，又对推动义务教育的均衡发展发挥重要的导向作用。已有成果中有不少属于这方面的研究，但还远远不能令人满意，它仍然是一个亟待深化的重要课题。学者提出的义务教育均衡发展评估指标体系差异很大，需要通过进一步的研究逐步达成共识。从人们提出的现有指标体系来看，有的指标随着时间的推移已经过时。有研究者将这类指标称为"饱和状态教育指标"，即长期以来已达到最大值和接近最大值的指标，它们对教育"发展"没有贡献或贡献不大。②比如，入学率和危房率等指标虽然曾经是评价教育发展水平的重要指标，但近年来随着免费义务教育的实施和国家对农村校舍危房改造力度的加大，这些指标已逐渐过渡为饱和状态教

---

① 李宜江.2012.义务教育均衡发展研究10年：回顾与展望.宁波大学学报（教育科学版），（1）：25.
② 褚宏启，高莉.2010.义务教育均衡发展评估指标与标准的制订.教育发展研究，（6）：28.

育指标，不再具有鉴别差异的功效。在现有相关成果中，有的指标体系包罗万象、过于庞杂和烦琐，如有研究者提出的评估指标体系包括 15 个一级指标、72 个二级指标和 62 个三级指标。[①]还有的指标体系中的某些指标数据不具有可获得性，是不能公开的或无法采集到的数据。义务教育均衡发展指标体系的研究要与时俱进，要把握时代的特点，反映时代的要求。具体来说，就是要在全面考虑义务教育发展水平不断提高的条件下，哪些指标要保留、哪些指标要删除、哪些指标要增加。此外，义务教育均衡发展的评估指标不可等量齐观，为了真实反映义务教育的均衡发展程度，要对核心指标与一般指标进行合理的区分。这种区分可以引导政府在促进义务教育均衡发展的过程中突出重点、保证核心，而不是平均使用力量。

（三）改进研究策略

关于义务教育均衡发展研究策略的改进，要重点强化以下几类研究：①实证研究。在义务教育均衡发展研究中，要充分利用数量分析技术，揭示影响义务教育均衡发展的各个因素及其相互作用的方式和数量关系，以全面真实地反映义务教育均衡发展的状况，总结义务教育均衡发展的客观规律，并据此提出破解义务教育均衡发展难题的有效方略。②团队研究。在义务教育均衡发展研究中，仅靠单打独斗难以取得突破，而开展团队合作、联合攻关则更易于获得创新性成果。义务教育均衡发展中的重大问题和难点问题，尤其需要相关学科学者的共同探索、协同攻关。③微观研究。在继续关注义务教育均衡发展宏观问题的同时，要进一步强化义务教育均衡发展的微观研究。微观研究能更具体、更深刻地反映义务教育均衡发展的客观状况。④国际研究。不少国家在基础教育均衡发展方面进行了积极的探索并积累了不少有益的经验，对我国义务教育均衡发展的实施具有积极的启示和借鉴价值。从现有成果来看，对国外义务教育均衡发展的研究较少，今后应加强这方面的研究。⑤未来研究。对义务教育均衡发展现状的把握固然重要，但前瞻性和预测性研究不能忽视。通过未来研究，可以把握义务教育均衡发展的动态，有助于科学预测义务教育均衡发展的未来趋势。[②]

---

① 董世华，范先佐. 2011. 我国县域义务教育均衡发展监测指标体系的构建——基于教育学理论的视角. 教育发展研究，（9）：27-29.

② 段云华. 2010. 义务教育均衡发展研究述评.湖北大学成人教育学院学报，（6）：61.

第三节　江西省义务教育均衡发展示范县评选概述

本书以江西省评选的义务教育均衡发展示范县为研究对象。为了更好地理解本书的研究对象，这里就江西省评选义务教育均衡发展示范县的相关情况作简要的说明。

一、义务教育均衡发展示范县评选的目的

江西省教育厅关于创建义务教育均衡发展示范县的相关文件指出，评选义务教育均衡发展示范县的目的在于，贯彻落实教育部和省政府推进义务教育均衡发展的有关要求，通过树立先进典型，引导各地科学、合理、均衡地配置经费、设施、设备、师资等办学资源，巩固义务教育成果，提高义务教育整体发展水平，推动全省义务教育的均衡、协调、健康发展。

二、义务教育均衡发展示范县评选的启动

2009年5月，江西省教育厅下发《关于在全省开展创建义务教育均衡发展示范县活动的通知》（赣教基字〔2009〕29号），决定在全省开展创建义务教育均衡发展示范县活动。该通知阐述了开展创建义务教育均衡发展示范县的基本要求、必备条件和工作要求。

（一）创建义务教育均衡发展示范县的基本要求

创建义务教育均衡发展示范县的基本要求包括办学条件均衡、师资力量均衡、经费投入均衡、办学水平均衡、教育机会均衡等五个方面。

1. 办学条件均衡

办学条件均衡包括以下内容：①根据城镇化建设、乡村建制调整和学龄人口变化等情况，制定科学的中小学网点布局方案。中小学网点布局合理，符合

就近入学、相对集中和优化资源配置的原则。②制订薄弱学校限期改造计划，设立专项资金，建立城镇学校帮扶农村学校、优秀学校支援薄弱学校制度和区域内公办学校之间中小学教师、校长定期交流、轮岗制度，使农村和薄弱学校办学条件明显改善、办学水平明显提高，基本消除薄弱学校。③县域内中小学的校园校舍面积和实验室、图书室、阅览室、运动场等各类教学辅助设施，以及音体美器材、图书资料、理化生教学仪器设施、设备基本达到国家或省颁布的标准。④义务教育学校的班额基本符合国家规定的班额要求（小学45人/班，中学50人/班）。从2009年起，起始年级无大班额的现象。

2. 师资力量均衡

师资力量均衡包括以下内容：①县级以上教育行政部门依法履行对中小学教师的资格认定、招聘录用、职务评聘、培养培训和考核等管理职能。中小学教师由县级教育行政部门在编制范围内统一调配。义务教育学校校长由县级教育行政部门依法聘任。②严格按省核定编制标准配足、配齐教职工。建立教师增补机制，编制范围内每年的教师增补数不少于上一年教师自然减员数。义务教育学校教师学历合格率达到90%以上。③建立和完善城镇教师到农村学校任教服务、农村教师到城镇学校跟班学习制度和骨干教师巡回授课、紧缺学科教师流动教学制度，广泛开展送教下乡活动，使农村学校英语、音乐、美术、地理、生物、信息技术等专业教师缺乏问题得到较好解决。④按照有关文件规定，统筹安排好教师培训经费，并做到专款专用。利用远程教育等多种方式，加强农村中小学教师和校长培训，使农村中小学校教师教学水平和校长管理能力不断提高。⑤巩固和完善中小学教职工工资保障机制，做到中小学教师待遇不低于当地公务员待遇水平。建立条件艰苦的边远地区教师的特殊津贴制度。基本解决代课教师问题，杜绝拖欠中小学教师工资的现象。

3. 经费投入均衡

经费投入均衡包括以下内容：①深化义务教育经费保障机制改革，把义务教育全面纳入公共财政保障范围，做到义务教育经费"三个增长"，确保政府用于实施义务教育财政拨款的增长比例高于财政经常性收入增长的1.5个百分点。②实行"校财局管"，确保中央和地方义务教育经费保障机制改革资金全部及时落实到位。积极实施义务教育阶段学校预算编制制度和财务公开制度，义务教育阶段学校全部按照国家要求编制预算,将各项收入、支出全部纳入预算管理,确保资金分配使用及时、规范和有效。③加强对教育费附加的征收和管理,教育费附加做到足额征收、专款专用,由同级教育、财政部门统筹安排使用。基本化解农村义务教育债务,不再出现新的义务教育学校举债建设现象。

4. 办学水平均衡

办学水平均衡包括以下内容:①坚持德育为首,切实加强和改进中小学德育工作,德育工作的针对性和实效性不断提高。加强对学生课余活动和生活的引导。②义务教育学校严格按照国家课程计划开齐课程、开足课时,按照课程和教学计划完成教育教学任务。全面实施《国家学生体质健康标准》,坚持开展"阳光体育"活动,加强学校艺术教育和校园文化建设,使青少年学生体质健康、艺术修养和审美素质得到不断提高。③积极推行初中毕业生学业考试与综合素质评价相结合的评价制度改革,完善小学、初中学生综合素质评定办法,建立体现素质教育要求的义务教育教学质量评估体系,组织力量定期对学校实施的素质教育情况进行检查和督导,加强业务指导,使义务教育办学质量得到全面提高。④依法保障适龄儿童、少年在户籍所在地公办学校就近免试入学。教育部门不以任何名义改变或变相改变公办学校的性质,不将义务教育阶段学校分为重点、非重点学校。学校不分设重点和非重点班,不擅自设立各种名目的实验班,不违规组织学生集体补课,不将学生按考试成绩排队。⑤加强农村学校现代远程教育网络建设,中心小学以上学校建立校园局域网。加强运行管理,充分发挥现代教育信息技术手段的作用,使农村学校与城市学校共享优质教育资源。

5. 教育机会均衡

教育机会均衡包括以下内容:①加大"控辍保学"力度,努力提高义务教育普及程度。小学、初中适龄儿童少年入学率达到99.9%和98%以上;小学、初中辍学率控制在0.5%和1%以内。区域内三类残疾儿童、少年义务教育入学率达到85%以上。②将残疾儿童、少年义务教育纳入义务教育总体发展规划,不断提高残疾儿童、少年义务教育普及程度,切实保障残疾儿童、少年接受义务教育的权利。30万人口以上的县(市、区)建有一所特殊教育学校。③全面落实义务教育免费政策,认真做好免学杂费、免费提供教科书、免收借读费和补助家庭经济困难寄宿生生活费的工作。建立多形式资助家庭经济困难学生的就学制度，确保学生不因贫困而失学。④坚持以流入地政府为主、以公办中小学为主，保障进城务工农民子女与当地学生同等接受义务教育。建立政府统筹协调、部门各负其责、社会齐抓共管的关爱农村留守儿童工作机制，实施"农村留守儿童关爱工程"，重视解决好农村留守儿童问题。

（二）创建义务教育均衡发展示范县的必备条件

创建义务教育均衡发展示范县的必备条件有以下四个方面：①年度教育经费"三个增长"的比例在全省99个县（市、区）平均数以上。②消除学校C、D类危房。③三年内没有发生过重大安全责任事故。④三年内没有严重乱收费行为。

（三）创建义务教育均衡发展示范县的工作要求

创建义务教育均衡发展示范县的工作要求包括以下三个方面。

1）各级教育行政部门要高度重视创建工作，切实加强组织领导，主动与人事、财政、发改等相关部门联系，明确职责分工，加强协调配合，积极开展创建工作。

2）各地要根据省教育厅《关于在全省开展创建义务教育均衡发展示范县活动的通知》精神，在认真调查研究的基础上，提出本地区推进义务教育均衡发展的目标任务、实施步骤和政策措施，制定开展创建义务教育均衡发展示范县活动的具体方案，积极行动，精心组织，全面部署创建工作。各设区市要加大对辖区内创建工作的指导力度，及时总结经验，宣传先进典型，并在农村学校建设、城镇薄弱学校改造、农村骨干教师培训等方面，对态度积极的地方给予优先安排或适当倾斜。

3）创建义务教育均衡发展示范县活动从2010年开始正式启动评选工作。江西省教育厅将根据五个方面的基本要求和四个方面的必备条件制定评选细则，其中对四个方面的必备条件实行"一票否决"。评选采取在县（市、区）自评、设区市复评申报的基础上，由江西省教育厅组织有关专家进行验收的方法进行。南昌、九江、赣州、宜春、上饶、吉安、抚州每年各推荐2个县（市、区），景德镇、萍乡、新余、鹰潭各推荐1个县（市、区）。江西省教育厅将每年在验收中排名前三位的县（市、区）命名为"江西省义务教育均衡发展示范县"，并给予表彰。其他未受表彰的县（市、区）可以在今后的评选中继续申报，次数不限。

三、义务教育均衡发展示范县评选的细则

《江西省义务教育均衡发展示范县评选细则(试行)》于2010年颁布并实施。该评选细则的评选项目包括重视均衡发展、办学条件均衡、师资力量均衡、经费投入均衡、办学水平均衡、教育机会均衡和迎检必备条件等七个方面,总分为1000分。这里简要概述评选细则的评选项目、评选要点和评分办法。

(一)重视均衡发展(80分)

该项目包括县级政府、县级教育主管部门、县级相关职能部门、乡级政府和村级组织(各20分)。

1)县级政府的评选要点是:把义务教育均衡发展工作列入重要议事日程,制订并落实推进义务教育均衡发展规划和措施,将推进义务教育均衡发展责任落实情况纳入目标管理,考核结果与政府、政府有关部门负责人政绩挂钩。县级政府的评分办法是:查看相关文件、规划、资料和讲话等,综合检查情况,按照优秀、良好、合格和其他四个等级,分别赋值20—15分、14.9—10分、9.9—5分和4.9—0.1分。没有制订推进义务教育均衡发展规划或对乡级政府年度综合考评中教育工作分值权重少于5%的不得分。

2)县级教育主管部门的评选内容是:科学、均衡配置经费、设施、设备、教师等办学资源,切实加强对推进义务教育均衡发展的督导评估和检查指导。县级教育主管部门的评分办法是:查看相关文件、资料等,根据检查情况,按照优秀、良好、合格和其他四个等级,分别赋值20—15分、14.9—10分、9.9—5分和4.9—0.1分。没有建立推进义务教育均衡发展督导评估和检查指导制度的不得分。

3)县级相关职能部门的评选内容是:推进义务教育均衡发展工作责任明确落实,形成部门积极联动、社会关心支持、全民齐抓共管的工作局面。学校周边环境良好,师生安全得到保障。学校的乱收费、乱罚款、乱摊派和乱检查等得到有效制止。县级相关职能部门的评分办法是:查看相关文件、资料等,明察暗访校园周边环境整治情况和学校、师生合法权益保护情况,与职能部门和群众座谈,根据检查情况按照优秀、良好、合格和其他四个等级分别赋值20—

15 分、14.9—10 分、9.9—5 分和 4.9—0.1 分。发现学校周边 200 米范围内环境有歌舞、电子游戏、棋牌、桌球、录像放映、网吧、酒吧和非法经营报刊点、饮食摊点扣 1 分；存在一起侵犯学校、师生合法权益未及时妥善处理事件扣 2 分；直至扣完 20 分。

4）乡级政府和村级组织的评选内容是：认真履行发展义务教育的责任和义务，有效组织适龄儿童少年入学和控制义务教育阶段学生辍学；按教育需要协调解决新建、扩建校舍所需用地；维护所辖范围内学校治安、安全和正常教育教学秩序；及时解决辖区内学校的急难问题。乡级政府和村级组织的评分办法是：查看相关文件、资料等，听取有关情况汇报，向学校了解情况，根据检查情况，按照优秀、良好、合格和其他四个等级，分别赋值 20—15 分、14.9—10 分、9.9—5 分和 4.9—0.1 分。

（二）办学条件均衡（240 分）

该项目包括网点布局（20 分）、薄弱学校改造（40 分）、校园建设（30 分）、校舍建设（40 分）、仪器设备（20 分）、音体美器材（15 分）、图书（15 分）、班额（60 分）。

1）网点布局的评选要点是：根据城镇化建设、乡村建制调整和学龄人口变化等情况，制订科学的中小学网点布局方案。中小学网点布局合理，符合就近入学、相对集中和优化资源配置的原则。网点布局的评分办法是：查看相关文件、资料等，根据检查情况，按照优秀、良好、合格和其他四个等级，分别赋值 20—15 分、14.9—10 分、9.9—5 分和 4.9—0.1 分。

2）薄弱学校改造的评选要点是：制订薄弱学校限期改造计划，设立专项资金，建立城镇学校帮扶农村学校、优秀学校支援薄弱学校制度和区域内公办学校之间中小学教师、校长定期交流、轮岗制度，农村和薄弱学校办学条件明显改善、办学水平明显提高，基本消除薄弱学校。薄弱学校改造的评分办法是：查看相关文件、资料等，并综合抽查情况，全部达到要求、执行情况好的得 40 分；执行不够酌情扣分。无薄弱学校限期改造计划的扣 10 分；没有设立专项资金的扣 10 分；没有建立城镇学校帮扶农村学校、优秀学校支援薄弱学校制度的扣 10 分；没有建立区域内公办学校之间中小学教师、校长定期交流、轮岗制度的扣 10 分。

3）校园建设的评选要点是：生均校园用地面积达到规定的标准。校园内设施齐全，有校门、围墙、厕所；住宿学生有食堂和洗漱、洗澡设施；小学有直跑道、器械场地、游戏活动场地；初中有环形跑道、篮球场地、器械场地。校园建设的评分办法是：全县义务教育学校生均校园用地面积全部达到规定标准的得10分；部分达标的按已达标的学校数所占的比例得分。全县义务教育学校校园内设施齐全，均达到全部要求的得20分；学校没有校门、围墙、厕所的每校扣1分；住宿学生没有食堂、洗漱、洗澡设施的每校扣1分；小学没有直跑道、器械场地、游戏活动场地或初中没有环形跑道、篮球场地、器械场地的每校扣1分；直至扣完30分。

4）校舍建设的评选要点是：生均校舍建筑面积达到规定的指标。中小学校各类教学用房和教辅用房、生活用房（包括普通教室、多功能教室、行政教师办公室、仪器室、实验室、图书室、教师学生阅览室、计算机室、学生多功能活动室、卫生室、教师学生宿舍和食堂、厕所等）齐全。校舍建设的评分办法是：全县义务教育学校生均校舍建筑面积全部达到规定指标的得10分；部分达标的按已达标的学校数所占的比例得分。全县义务教育学校各类用房齐全，学校校舍均得到充分利用的得30分。发现缺少教学用房（如普通教室、多功能教室、计算机室等）每校扣2分；缺少教学辅助用房（如行政教师办公室、仪器室、实验室、图书室、教师学生阅览室、学生多功能活动室等）每校扣2分；缺少生活用房（如卫生室、教师学生宿舍和食堂、厕所等）每校扣1分；直至扣完40分。

5）仪器设备的评选要点是：初中和小学（含一贯制）分别按2007年江西省教育厅颁发的《江西省初中理科教学仪器配备标准》和《江西省小学数学科学教学仪器配备标准》配备。仪器设备的评分办法是：初中和小学（含一贯制）教学仪器装配要求，因新标准需逐步实施，初中暂按第三种方案配备；县直属及县城镇小学暂按第二种方案配备，乡（镇）中心小学暂按第三种方案配备，村完全小学（简称完小）暂不要求配备。具体检查学校补充、更新仪器设备，教学仪器丢失破损、品种、数量不足等情况，全部学校达到装配要求的得20分；部分达标的按全县已达标的学校数所占的比例得分。

6）音体美器材的评选要点是：义务教育学校音乐、体育、美术器材分学校类别能按规定的标准装备。音体美器材的评分办法是：音乐、美术配备标准按《教育部关于印发九年义务教育阶段学校音乐、美术教学器材配备目录的通知》(教体艺〔2002〕17号)文件配齐；体育器材配备标准按省教育厅《关于转发〈教育部关于印发《中学体育器材设施配备目录》《小学体育器材设施配备目录》的通知〉的通知》(赣教体艺〔2003〕5号)颁布的配备目录配齐。音、体、美器材配备全部学校达到要求的得15分；部分达标的按已达标的学校数所占的比例给分。

7）图书的评选要点是：农村初中、完小、初小生均图书藏书量分别达到25册、15册和10册；城区小学、初中生均图书藏书量在农村标准的基础上分别增加5册。一贯制学校的最少图书藏书量按小学、初中的学生数乘以对应的生均图书藏书量标准计算。图书的评分办法是：全部学校生均图书藏书量均达到要求的得15分；部分达标的按已达标的学校数所占的比例得分。

8）班额的评选要点是：重视解决大班额问题。小学一年级学生班额不超过45人，二年级学生班额不超过50人，三、四年级学生班额不超过56人；初中一、二年级学生班额不超过50人，三年级学生班额不超过56人。班额的评分办法是：每所学校一至四年级学生的各年级平均班额均符合规定要求的得60分。每校一至四年级（或幼儿园大中小班）中平均班额超过规定要求：小于等于5人的每年级扣1分，大于5人、小于等于10人的每年级扣2分，大于10人、小于等于15人的每年级扣3分，大于15人的每年级扣4分；校（园）任何班级存在超大班额（小学、初中班额超过70人）的每班扣2分；年级内最大与最小班额的差距过大的酌情扣分；直至扣完60分。

（三）师资力量均衡（200分）

该项目包括校长教师管理（30分）、师资力量（50分）、教师流动（60分）、教师培训（20分）、教师待遇（40分）。

1）校长教师管理的评选要点是：县级以上教育行政部门依法履行对中小学教师的资格认定、招聘录用、职务评聘、培养培训和考核等管理职能。中小学教师由县级教育行政部门统一调配。义务教育学校校长由县级教育行政部门依法聘任。校长教师管理的评分办法是：查看相关文件、资料等，并综合抽查情况，落实县级以上教育行政部门依法履行对中小学教师的资格认定、招聘录用、职务评聘、培养培训和考核等管理职能的得10分；落实中小学教师由县级教育行政部门统一调配的得10分。落实义务教育学校校长由县级教育行政部门依法聘任的得 10 分；没有落实的不得分。

2）师资力量的评选要点是：严格按省核定编制标准配足、配齐教职工。建立教师增补机制，每年的教师增补数不少于上一年教师自然减员数。义务教育学校教师合格率达到 90%以上。师资力量的评分办法是：查看县级教职工核定编文件及至人事编制部门核实在编在岗人数、在编不在岗人数，查验有关证件，按定编数和实际需要量（省定师生比，教学点每班配 1.5 个教师）都能配齐配好教师的得 30 分。全部学校教师合格率达到 90%以上的得 20 分；部分达标的按已达标的学校数所占的比例得分。每缺编 1%扣 2 分；教师自然减员得到及时补充，若教职工人数少于定编数或规定的师生比数，且近三年新补充教师数量少于自然减员数的，每少 1%扣 1 分；严格规范教师资格认定和录用程序，发现有在编不在岗或聘用不具备教师资格的教师的每校扣 5 分；直至扣完 50 分。

3）教师流动的评选要点是：建立和完善城镇教师到农村学校任教服务、农村教师到城镇学校跟班学习制度和骨干教师巡回授课、紧缺学科教师流动教学制度，广泛开展送教下乡活动，使农村学校英语、音乐、美术、地理、生物、信息技术等专业教师缺乏问题得到较好解决。教师流动的评分办法是：建立城镇教师到农村学校任教服务制度、农村教师到城镇学校跟班学习制度、骨干教师巡回授课制度和紧缺学科教师流动教学制度，四项制度分别赋值 10 分；广泛开展送教下乡活动赋值 10 分，执行不够的酌情扣分。农村学校英语、音乐、美术、地理、生物、信息技术等专业教师缺乏问题得到较好解决的，按照优秀、良好、合格和其他四个等级，分别赋值 10—8 分、7.9—5 分、4.9—2 分和 1.9—0.1 分。发现一例城镇中小学教师晋升高级职称和城镇新任教师有未到农村中小学任教满一年的扣 2 分；直至扣完 60 分。

4）教师培训的评选要点是：按照有关文件规定，统筹安排好教师培训经费，并做到专款专用。利用远程教育等多种方式，加强农村中小学教师和校长培训，使农村中小学校教师教学水平和校长管理能力不断提高。教师培训的评分办法是：县财政设立师资培训专项经费，按教职工年工资总额的 1.5%列入财政预算并拨付到位的得 5 分；中小学校按年度公用经费预算总额的 5%用于教师培训的得 5 分；未达到的按已达到的比例得分，即得分为（已达比例÷（1.5 或 5）×5 分）。利用远程教育等多种方式，加强农村中小学教师和校长培训工作情况，按照优秀、良好、合格和其他四个等级，分别赋值 10—8 分、7.9—5 分、4.9—2

分和 1.9—0.1 分。

5）教师待遇的评选要点是：巩固和完善中小学教职工工资保障机制，做到中小学教师与当地公务员同等待遇。建立对条件艰苦的边远地区教师的特殊津贴制度。基本解决代课教师问题，杜绝拖欠中小学教师工资的现象。教师待遇的评分办法是：查阅教师工资进入个人专户的运转过程资料，到教育、财政查核年度预决算报表、拨款单、对账单、工资花名册等，到学校调查教师工资表和工资到账情况，查看教师各种津贴补助福利的落实情况，到学校走访教师。做到教职工的工资（含绩效工资）、津贴补助、社会保险待遇（如"三保一金"等）等各种工资福利待遇，按照国家和省规定的项目和标准，统一由县教育财务核算中心（国家拨付工资部分可以由县财政拨付）按时足额直接拨付到教职工个人工资账户和相关账户中的得 40 分。拖欠国家工资部分的不得分。拖欠各种津贴补助，未与当地公务员一视同仁的扣 20 分；教师"三保一金"（养老保险、医疗保险、失业保险和住房公积金）等社会保险待遇未由财政负担到位的每一项扣 5 分；未按规定标准（与公务员相同）比例缴交的每一项扣 2 分（如果教师退休后有退休工资，暂未办理"养老保险金"和"失业保险金"的均不扣分）；对在少数民族地区和边远贫困地区工作的教师未享有艰苦贫困地区补助津贴，并与工资一并足额发放的扣 10 分；还普遍存在代课教师问题的扣 10 分；存在教师拖欠工资未偿还的扣 10 分；直至扣完 40 分。

（四）经费投入均衡（160 分）

该项目包括经费投入（80 分）、经费管理（40 分）、教育附加（40 分）。

1）经费投入的评选要点是：深化义务教育经费保障机制改革，把义务教育全面纳入公共财政保障范围，做到义务教育经费"三个增长"，确保政府用于实施义务教育财政拨款的增长比例高于财政经常性收入增长的 1.5 个百分点。每校生均公用经费初中不低于 500 元/年，小学不低于 300 元/年。预算内教育经费支出占当年财政支出比例比上一年有所提高。经费投入的评分办法是：查财政预算、决算报表，将教育经费（如教师工资含各种津贴补助及"三保一金"等、危改校建经费、经费保障机制改革县财政负担部分等）全额纳入县财政预算并单独列项，优先安排，预算中义务教育经费单列的得 30 分。教育经费未全额纳入县财政预算的扣 20 分；教育经费预算未单独列项的扣 5 分；义务教育经费预算未单列的扣 10 分；一般预算收入超收部分所形成的可用财力，低于年初预算的比例用于教育的扣 5 分;直至扣完 30 分。查财政、教育部门近三年教育经费决算报表,三年教育经费做到:①预算内教育财政拨款的增长高于财政经常性收入的增长,预算内义务教育财政拨款增长比例高于财政经常性收入增长比例 1.5%以上的得 20 分;未达到增长及相应比例的不得分。②预算内义务教育学校年生均教育事业费做到逐年增长的得 10 分;没有做到逐年增长的不得分。③预算内义务教育学校年生均公用经费年均达到省定标准的得 10 分;没有达到的不得分。特殊教育学校的生均公用经费标准按初中标准执行,一贯制学校分别按小学和初中对应标准执行。④按中小学在校学生人均教育费用做到逐年增长的得 10 分;没有做到逐年增长的不得分。

2)经费管理的评选要点是:实行"校财局管",确保中央和地方义务教育经费保障机制改革资金全部及时落实到位。积极推进义务教育阶段学校预算编制制度改革和建立财务公开制度,义务教育阶段学校全部按照国家要求编制预算,将各项收入、支出全部纳入预算管理,确保资金分配使用及时、规范和有效。经费管理的评分办法是:成立有独立账户、独立运作的教育财务核算中心,建立"校财局管"的财务管理体制,将各种教育经费和所有学校财务纳入教育专户由教育财务核算中心集中管理,各项财务管理工作运作正常的得 25 分。教育财务核算中心不由县级教育行政部门管理的扣 5 分;无独立账户的扣 5 分;不独立运作的扣 5 分;各种教育经费和所有学校财务未全部由核算中心集中管理的扣 5 分;发现有学校经费违规支出的扣 5 分;直至扣完 25 分。没有成立教育财务核算中心得 0 分。上级各种专项教育资金(含免杂费、公用经费补助费等)做到无克扣、挪用并及时到位专款专用,确保学校运转正常的得 15 分。存在克扣、挪用的不得分;不能及时到位的扣 5 分;未做到专款专用的扣 5 分;影响学校运转的扣 5 分;直至扣完 15 分。

3)教育附加的评选要点是:加强对教育费附加的征收和管理,教育附加费做到足额征收、专款专用,由同级教育、财政部门统筹安排使用。基本化解全省农村义务教育债务,不再出现新的义务教育学校举债建设。教育附加的评分办法是:查税务、财政、教育部门年度报表、账目,各种教育附加足额征收并全额及时用于教育的得 40 分;未达到的,按实际征收并已用于教育的数额占应征收额的比例得分(把教育附加充抵县本级财政应配套教育资金的,应在实际到位教育附加资金中剔除后再计算)。

（五）办学水平均衡（160分）

该项目包括德育工作（20分）、课程设置（40分）、教育教学（40分）、规范办学（40分）、远程教育（20分）。

1）德育工作的评选要点是：切实加强和改进中小学德育工作，使德育工作的针对性和实效性不断提高。加强对学生课余活动和生活的引导。德育工作的评分办法是：根据检查情况，按照优秀、良好、合格和其他四个等级，分别赋值20—15分、14.9—10分、9.9—5分和4.9—0.1分。

2）课程设置的评选要点是：义务教育学校严格按照国家课程计划开齐课程、开足课时，按照课程和教学计划完成教育教学任务。课程设置的评分办法是：义务教育学校做到按照国家课程计划开齐课程、开足课时，按照课程和教学计划完成教育教学任务的得20分，发现违规的每校扣5分；直至扣完20分。根据全面实施《国家学生体质健康标准》，坚持开展"阳光体育"活动，加强学校艺术教育和校园文化建设，青少年学生体质健康、艺术修养和审美素质得到不断提高情况，按照优秀、良好、合格和其他四个等级，分别赋值20—15分、14.9—10分、9.9—5分和4.9—0.1分。

3）教育教学的评选要点是：积极推行初中毕业生学业考试与综合素质评价相结合的评价制度改革，完善小学、初中学生综合素质评定办法，建立体现素质教育要求的义务教育教学质量评估体系，组织力量定期对学校实施素质教育进行检查和督导，加强业务指导，义务教育办学质量得到全面提高。教育教学的评分办法是：根据推行初中毕业生学业考试与综合素质评价相结合的评价制度改革、完善小学和初中学生综合素质评定办法、建立义务教育教学质量评估体系、组织力量定期对学校实施素质教育进行检查和督导四个方面情况，按照优秀、良好、合格和其他四个等级，分别赋值10—8分、7.9—5分、4.9—2分和1.9—0.1分。

4）规范办学的评选要点是：依法保障适龄儿童、少年在户籍所在地公办学校就近免试入学。教育部门不以任何名义改变或变相改变公办学校的性质，不将义务教育阶段学校分为重点、非重点学校。学校不分设重点和非重点班，不擅自举办各种名目的实验班，不违规组织学生集体补课，不将学生按考试成绩排队。规范办学的评分办法是：达到要求的得40分。发现改变或者变相改变公办学校性质的每校扣 20 分；发现义务教育学校分重点与非重点学校的扣 10 分；发现义务教育学校设重点和非重点班、擅自举办各种名目的实验班、违规组织学生集体补课、将学生按考试成绩排队的每校扣 5 分；直至扣完 40 分。

5）远程教育的评选要点是：加强农村学校现代远程教育网络建设，中心小学以上学校建立校园局域网。加强运行管理，充分发挥现代教育信息技术手段的作用，使农村学校与城市学校共享优质教育资源。远程教育的评分办法是：全县中心小学以上学校均建立校园局域网的得 10 分，部分达标的按已达标学校数所占的比例给分。运行管理按照优秀、良好、合格和其他四个等级，分别赋值 10—8 分、7.9—5 分、4.9—2 分和 1.9—0.1 分。

（六）教育机会均衡（160 分）

该项目包括普及成果（50 分）、特殊教育（50 分）、助学（20 分）、流动儿童教育（20 分）、留守儿童教育（20 分）。

1）普及成果的评选要点是：小学、初中适龄儿童少年入学率达到 99.9%和 98%以上；小学、初中辍学率控制在 0.5%和 1%以内。普及成果的评分办法是：查看教育统计年报和在校生名册，小学、初中适龄儿童少年入学率达到 99.9%和 98%以上的各得 10 分；每低于 0.1%扣 0.5 分，直至扣完 10 分。查看近三年教育统计年报表、在校学生分班花名册、成绩册、流动学生凭证、到学校清点在校学生人数等。以学年初教育统计年报上的在校学生作为分母，年辍学人数作为分子，计算出辍学率。其中年辍学人数为学年初在校学生数与检查时在校学生数的差额，减去正常变动学生数。小学在校学生年辍学率达标的得 10 分，每超过 0.1%扣 0.5 分，直至扣完 10 分；初中在校学生年辍学率达标的得 20 分，每超过 0.1%扣 0.6 分，直至扣完 20 分。全县误差为检查学校的误差之和。

2）特殊教育的评选要点是：30 万人口以上的县（市、区）建有一所特殊教育学校，其他县（市、区）有特教班。视力、听力语言和智力三类残疾儿童、少年义务教育入学率达到 85%以上。特殊教育的评分办法是：实地考察特教学校或特教班，查看县、乡残疾儿童、少年的档案材料和各年度入学情况。已按要求举办特教学校或特教班的，根据办学条件、学生人数，按照优秀、良好、合格和其他四个等级，分别赋值 20—15 分、14.9—10 分、9.9—5 分和 4.9—0.1

分；没有举办特教学校或特教班的不得分。三类适龄残疾儿童、少年入学率均分别达标的各得10分，每低0.1%扣0.1分，直至扣完10分。全县误差为检查学校的误差之和。

3）助学的评选要点是：全面落实义务教育免费政策，认真做好免学杂费、免费教科书、免收借读费和补助家庭经济困难寄宿生生活费的工作。建立多形式资助家庭经济困难学生的就学制度，确保学生不因贫困而失学。助学的评分办法是：对上级下拨的中小学免学生书本费、贫困住宿生生活补助费和贫困学生助学资金做到专款专用、按时足额发放到位的得10分；否则不得分。建立多形式资助家庭经济困难学生的就学制度，按照优秀、良好、合格和其他四个等级，分别赋值10—8分、7.9—5分、4.9—2分和1.9—0.1分。

4）流动儿童教育的评选要点是：坚持以流入地政府为主、以公办中小学为主，保障进城务工农民子女与当地学生同等接受义务教育。流动儿童教育的评分办法是：查看相关文件、资料等，核查有关情况，按照优秀、良好、合格和其他四个等级，分别赋值20—15分、14.9—10分、9.9—5分和4.9—0.1分。发现一例进城务工农民子女没有与当地学生同等接受义务教育的扣1分，直至扣完20分。

5）留守儿童教育的评选要点是：建立政府统筹协调、部门各负其责、社会齐抓共管的关爱农村留守儿童工作机制，实施"农村留守儿童关爱工程"，重视解决好农村留守儿童问题。留守儿童教育的评分办法是：查看相关文件、资料等，核查有关情况，按照优秀、良好、合格和其他四个等级，分别赋值20—15分、14.9—10分、9.9—5分和4.9—0.1分。

（七）迎检必备条件

迎检必备条件是：①教育经费支出占财政总支出的比例在全省99个县(市、区）平均数以上；②基本消除学校C类危房；③三年内没有发生过重大安全责任事故；④三年内没有严重乱收费行为。凡不具备其中之一者，一票否决。

该评选细则还附有几点说明。①设区市已办有市级特教学校的，设区市所在区可以不举办特教学校。②学校类别划分和中小学教职工编制标准、义务教育阶段学校收费标准、生均公用经费标准、生均校园占地面积标准、生均校舍建筑面积标准、中小学音体美器材配备标准、小学和初中教学仪器配备标准，均按当年县级人民政府教育工作督导评估要求执行。③统计数据的时间界限确定为：教育经费为检查时前三年的决算数和当年的预算执行情况；在校学生辍学人数为检查时前一年9月开学至当年11月辍学学生总数。④教师与学生之比（生师比）的计算只包括公办在编教师和公办学校学生。⑤残疾儿童总数定为不少于全县（市、区）总人口数的万分之六。⑥第7、8、9、10、11、12、14条的"教师合格率"和25条的"校园局域网"评选认定均采取"一票否决"，即按照自评结果核实情况，如抽查所有学校与自评情况相符，则采信自评分；如抽查发现有一校与自评情况不相符，该项目不得分。

四、义务教育均衡发展示范县评选的结果

自2010年开始，江西省连续三年评选义务教育均衡发展示范县，先后有三批共九个县（区）被评为江西省义务教育均衡发展示范县。2010年，南昌市西湖区、新余市分宜县和吉安市泰和县被评为江西省首批义务教育均衡发展示范县；2011年，九江市浔阳区、萍乡市芦溪县、宜春市铜鼓县被评为江西省第二批义务教育均衡发展示范县；2012年，南昌市青云谱区、九江市湖口县、吉安市吉安县被评为江西省第三批义务教育均衡发展示范县。

第四节 县域义务教育均衡发展研究的设计与实施

一、研究的对象

本书研究的对象是江西省义务教育均衡发展示范县。该省义务教育均衡发展示范县的评选共进行了三次，每次评选出三个，共评选了九个。我们从中选择了三个县（区）进行调查研究，它们分别是吉安市吉安县、宜春市铜鼓县和南昌市青云谱区。从地理位置来看，这几个县（区）分别位于江西省的不同方位，其中吉安县位于江西中部，铜鼓县位于江西西部，青云谱区位

于江西北部。[①]从地形来看，吉安县属于丘陵地区，铜鼓县属于典型的山区，青云谱区属于平原地区。从经济社会发展来看，这几个县（区）处于不同的发展水平，其中青云谱区位于省会城市南昌市，因而经济社会发展水平较高，铜鼓县处于江西西部山区因而经济社会水平相对较低，吉安县的经济社会发展水平则介于两者之间。因此，这三个县（区）能反映江西省义务教育均衡发展示范县的总体情况。

二、研究的内容

（一）县域义务教育均衡发展的实证调查

本书以江西省评选的义务教育均衡发展示范县为研究对象，从九个义务教育均衡发展示范县中选择三个县（区）进行研究，这三个县（区）分别是吉安市吉安县、宜春市铜鼓县和南昌市青云谱区。研究将从入学机会、教育投入、资源配置、师资状况、教育质量等各个方面，调查这几个县（区）义务教育在城乡之间和学校之间的均衡状态。通过分析调查所得数据，阐明义务教育均衡发展取得的进展和存在的问题。

（二）县域义务教育均衡发展的推进策略分析

江西省评选义务教育均衡发展示范县共开展了三年，本书将对该省这一义务教育均衡发展的推进机制进行探讨，尤其是将对这一机制的具体推进策略进行系统的分析。

（三）县域义务教育均衡发展推进机制的成效评价

本书将对江西省义务教育均衡发展的推进机制进行成效评价，评价的主要内容是这一机制自推行以来产生的效果、取得的成绩。重点分析这一机制实施前和实施后对县域义务教育均衡发展所产生的积极影响。

[①] 江西省东部和南部地区均没有义务教育均衡发展示范县入选。

（四）县域义务教育均衡发展存在问题的揭示

江西省通过创建义务教育均衡发展示范县，其县域义务教育均衡发展取得了重要的成效，但也存在一些不容忽视的问题。本书将在总结经验和成效的同时，剖析该省县域义务教育均衡发展中存在的主要问题，以为提出相应的改进对策建议作准备。

（五）进一步推动县域义务教育均衡发展的对策建议

我们依据江西省创建县域义务教育均衡发展示范县的经验及发现存在的主要问题，就进一步完善该省县域义务教育均衡发展的推进策略，提出有针对性的、合理的对策建议。

三、研究的思路

（一）坚持理论分析与实证研究相结合

在本书中，我们将坚持理论分析与实证研究相结合。一方面对义务教育均衡发展已有的相关研究成果进行系统的分析，总结以往该领域研究取得的进展，为本书的研究提供理论基础和分析框架；另一方面通过对江西省几个有代表性的义务教育均衡发展示范县的深入调查，掌握该省县域义务教育均衡发展的实际情况，与之前进行的理论分析互相印证。

（二）坚持定性分析与定量研究相结合

在本书中，我们将通过调查全面采集吉安县、铜鼓县和青云谱区义务教育均衡发展的相关数据，利用统计手段探讨这几个县（区）义务教育均衡发展的现状，包括取得的重要成效和存在的主要问题。其中既有定性的分析，又有定量的描述。

（三）坚持理论探讨和实际应用相结合

在本书中，我们将结合近年来关于义务教育均衡发展研究的成果，对义务教育均衡发展的内涵、意义、指标、原则等，进行较系统的理论分析。同时，根据调查的结果，就进一步完善江西省县域义务教育均衡发展的推进机制，提出合理的对策建议，旨在为地方政府和教育管理部门优化县域义务教育均衡发展的政策，提供一定的参考和启示。

四、研究的方法

我们在研究中主要采用了以下几种具体的研究方法。

（一）文献法

我们通过系统研读国内外有关义务教育均衡发展方面的文献，厘清义务教育均衡发展的基本概念，总结已有研究取得的进展和尚存在的不足，把握该领域研究的现状与发展趋势，为本书研究提供理论基础和探索方向，确立本书研究的路径和基本框架。

（二）调查法

本书的调查对象包括吉安县、铜鼓县和青云谱区及其所在设区市的教育局、统计局，城乡中小学校及教师等，旨在搜集上述三个县（区）被评为江西省义务教育均衡发展示范县前后的相关数据，分析各项数据的变化，了解和掌握三个县（区）在义务教育均衡发展方面采取的策略、取得的成效及存在的问题。

在研究中，我们对三个县（区）所采取的调查方式既有共同的地方，又有一定的差异。

在调查吉安县时，我们选择该县具有代表性的中小学校作为调查对象，通过收集资料、问卷调查、访谈和观察的方式，对学校的教师、办学者、管理者等进行调查，了解该县在被评为江西省义务教育均衡发展示范县前后的变化情况。我们根据该县的乡镇数量、地域特征、经济发展程度等情况，将调查对象定为吉安县城、敦厚镇、永和镇、凤凰镇、油田镇、天河镇、敖城镇、永阳镇、官田乡、指阳乡。对同一个区域的各个方面的数据进行前后对比，综合考量该县推进义务教育均衡发展所采取的策略、取得的成效及存在的问题。

在调查铜鼓县时，我们根据铜鼓县的义务教育学校的分布情况，进行抽样调查，调查的方式包括问卷调查和访谈调查。问卷调查包括学校层面的总体数据问卷及针对教师的独立问卷，访谈调查的对象为县教育局相关负责人及各学校相关负责人。调查的目的在于了解该县被评为江西省义务教育均衡发展示范县前后的变化情况，为本书研究提供真实的数据和资料。

对青云谱区的调查包括两个方面：①采用调查表的形式收集数据。调查表分为教育局调查表和学校调查表，主要考查青云谱区被评为江西省义务教育均衡发展示范县（区）前后，在办学条件、学校网点布局、教育经费投入、学校标准化建设、薄弱学校改造、学生入学机会、班额、师生比等方面的均衡状况。②通过问卷调查的方式，考察青云谱区义务教育阶段教师队伍的均衡程度。除了解该区教师队伍的数量、结构（含年龄结构、学历结构、职称结构、专业结构等）以外，还通过专门的调查问卷测查了该区义务教育阶段教师队伍的胜任力状况。

（三）统计法

统计法是指有关收集、整理、分析和解释统计数据，并对其所反映的问题做出一定结论的方法。我们在研究中，深入各县（区）调研义务教育均衡发展所得数据，通过科学合理的统计手段进行分析处理，主要采用 SPSS 和 EXCEL 软件统计工具对收集的问卷进行处理并作量化分析。

（四）比较法

本书采用的比较法主要包括纵向比较和横向比较。纵向比较主要是吉安县、铜鼓县和青云谱三个县（区）被评为江西省义务教育均衡发展示范县前后的对比，分析其推进义务教育均衡发展所采取的策略、取得的成效及存在的问题。横向比较是对上述三个县（区）义务教育均衡发展在城乡之间和学校之间的情况进行对比分析，揭示这三个县（区）域范围内义务教育发展的均衡程度。

第二章 吉安县义务教育均衡发展的调查与分析

吉安县于 2012 年被评为江西省义务教育均衡发展示范县。本章拟通过对笔者深入该县实际调查所掌握的数据的统计,分析该县被评为江西省义务教育均衡发展示范县前后六年（2009—2014 年）的义务教育在城乡和学校之间的均衡程度的变化情况。具体内容主要包括该县推进义务教育均衡发展所采取的策略、取得的成效和存在的问题。

第一节　吉安县概况[①]

一、吉安县的历史沿革

吉安县古称庐陵县。《水经注》说它是因泸水而得名。

夏、商时代（约前21世纪—前1046年），地域处扬州西境。

周朝（前1046—前221年），地属吴、越、楚。

秦始皇二十六年（前221年），秦统一中国，实行郡县制，分天下为三十六郡，始设庐陵县，隶属九江郡，县治在今泰和县西三里。

汉高祖元年（前206年），秦亡，楚汉争霸，英布为九江王，庐陵县属九江王国。汉高祖五年（前202年），颍阴侯灌婴渡江平定楚地，分九江郡立豫章郡，领十八县，庐陵县属豫章郡。新始建国元年（9年），改豫章为九江郡，改庐陵为桓亭县。建武元年（25年），桓亭县复名庐陵。初平二年（191年），分豫章立庐陵郡，县名高昌，属庐陵郡。

三国时属吴国领地。晋太康元年（280年），司马炎平吴，庐陵郡治迁石阳，县属沿旧。咸康八年（342年），庐陵太守孔伦移庐陵治于今吉安市区，石阳县随徙。

南朝梁天监元年（502年），武帝灭齐，高昌县并入石阳县，隶属庐陵郡，郡县同治所。

隋开皇十年（590年），改庐陵郡为吉州，改石阳县为庐陵县。次年，撤销吉阳（今吉水）、兴平（今永丰）、阳丰（今永丰）三县，并入庐陵县，隶属吉州。大业三年（607年），改吉州为庐陵郡，庐陵县隶属不变。

唐武德五年（622年），复置吉州，庐陵仍为附郭县。开元二十一年（733年），江南道分东、西二道，庐陵县属江南西道吉州。天宝元年（742年），改

[①] 根据吉安县人民政府网站相关资料整理。

吉州为庐陵郡。乾元元年（758年），复改庐陵郡为吉州，县属不变。

十国吴天祐六年（909年），庐陵县属杨吴领地。南唐保大八年（950年），析庐陵水东11乡置吉水县，庐陵县仍为吉州附郭县。

北宋元祐七年（1092年），庐陵的同水乡与吉水的顺化乡互易（顺化乡即纯化乡）。

南宋景炎二年（1277年），忽必烈设立江西宣慰司，改吉州为吉州路，庐陵县隶属如故。

元代元贞元年（1295年），改吉州路为吉安路，吉安之名始于此，相传意取"吉泰平安"之义，庐陵县仍属之。至正二十二年（1362年），朱元璋兵取江西，改吉安路为吉安府，庐陵县属吉安府。

明洪武九年（1376年），改江西行省为承宣布政使司，庐陵县属江西布政使司湖西道吉安府。崇祯十六年（1643年）十一月，张献忠克吉安，改吉安府为亲安府，改庐陵县为顺民县。次月，复称吉安府庐陵县。

清初沿明制，康熙二十一年（1682年），湖西道废，吉安府直属省。雍正九年（1731年），庐陵县隶属吉南赣道吉安府。乾隆十九年（1754年），庐陵县隶属吉南赣宁道吉安府。

中华民国元年（1912年），废府，撤道。民国三年（1914年），改庐陵县为吉安县，设庐陵道于宜春（两年后迁吉安），吉安县属江西省庐陵道。民国十五年（1926年），废庐陵道，吉安县直属江西省。民国二十一年（1932年），江西省划分为13个行政区，吉安县隶属第九行政区。民国二十四年（1935年），江西省缩编为八个行政区，吉安县隶属第三行政区。民国三十一年（1942年），全省划为九个行政区，吉安县仍属第三行政区。

1949年7月16日吉安县解放。7月28日，奉令析吉安县石阳镇置吉安市，同属吉安分区。1949年9月，吉安分区改为吉安专区。1958年11月，吉安县并入吉安市，次年6月，县、市仍分治。1968年，吉安县专区改名井冈山地区，吉安县属井冈山地区。1979年改井冈山地区为吉安地区，吉安县仍属吉安地区，同年11月，县治从吉安市五岳观迁至新县城敦厚镇。1987年将兴桥乡、长塘乡、樟山乡划归吉安市；1988年将盘田乡火气下村划归吉水县阜田镇。2000年吉安地区改为吉安市，将值夏镇、东固镇、新圩镇、富田乡、文陂乡、云楼乡划归吉安市青原区，曲濑乡划归吉安市吉州区。

二、吉安县的地理环境

吉安县地处江西省中部，吉泰盆地中心、赣江流域中游。它南北长约89.6千米，东西宽约64.4千米，全县面积2117平方千米。吉安县区位条件优越，南连珠三角经济圈，北接长三角经济圈，东邻海峡西岸经济圈，西通广袤的内陆腹地，是中原通往东南沿海的"黄金走廊"。基本形成以"一个机场（井冈山机场距县城30千米）、一条水道（赣江航道）、两条铁路（京九、吉衡）、四条高速（大广、武吉、泉南、泰井）"为架构的辐射珠三角、长三角、海西经济区的6—8小时经济圈。县城距离省城南昌229千米，距离吉安市中心城区10千米。

吉安县丘陵地多，有高丘、中丘和低丘。它处于武功山南翼、罗霄山脉中段与零山隆褶带交接地带，县境的北端、西部和西南侧为山地，由低山、丘陵地形组成，中部和东部为盆地，由低丘、岗地地形和河谷冲积平原构成。地貌大致轮廓为"七山半水三分田，半分道路和庄园"，属于典型的亚热带季风气候区。因此，其林木业、果业、商品粮农作物等相对发达。吉安县只有低山，境内水系发达，河流交织成网，总水域面积110平方千米。

三、吉安县的经济社会条件

近年来，吉安县先后获全国文明县城、园林县城、绿化规模县、粮食生产先进县、全民健身先进县和全省统筹城乡发展先进县、工业发展先进县、推进新型城镇化和城市建设工作先进县、平安县、财政收入三年翻番等一系列荣誉称号。截止到2014年12月，吉安县辖12镇7乡，306个行政村，22个社区居委会，总面积2117平方千米，城域面积约20平方千米。全县户籍人口为495 857人，其中非农业人口为107 693人，占户籍人口的21.72%；全县男性人口261 314人，占户籍人口的52.70%。城镇化率27.62%，人口出生率12%，人口总量保持低速增长。

吉安县近几年的经济也在不断增长，第一产业、第二产业和第三产业的比重都在不断提高。2012年县财政收入123 000万元，其中经常性财政收入26 072

万元；2013年财政总收入在全市率先跨入20亿元行列，达20.37亿元，比上一年增长19.6%，其中地方财政收入15.2亿元，比上一年增长23.6%。财政总收入和地方财政收入总量继续保持吉安市第1位，财政总收入列江西省第21位。全年税收收入完成14.3亿元，占财政总收入的比重为70.23%，比上一年提高0.6个百分点。[①]2012年吉安县财政支出245 571万元，预算内教育拨款44 339万元，其中义务教育阶段拨款33 289.9万元，预算内教育拨款比上一年同期增长34.8%；生产总值1 060 094万元，财政性教育经费支出占生产总值的4.6%。

四、吉安县的教育发展情况

吉安县先后获省"两基"（指"基本普及九年义务教育，基本扫除青壮年文盲"）工作先进县，"教育规范管理年""创新发展年和质量提升年"先进单位，电教、教育技术装备、教研先进单位等荣誉。该县还连续六年被评为"吉安市教育重点工作评估考核先进单位"。该县2011年被评为"全省教育工作先进县"，2012年被省教育厅评为"江西省义务教育均衡发展示范县"。该县积极开展江西省义务教育均衡发展示范县创建工作，在办学条件、师资力量、经费投入、办学水平和教育机会均衡等方面取得了明显的成效。

全县共有各级各类教学单位275所，其中普通高中5所，普通初中20所，小学137所，幼儿园102所，职业学校3所，特殊学校1所，青少年活动中心1所；其他教育机构有县教育局机关、人民政府教育督导室、县教育研究室、县招生委员会办公室、县教育技术中心、县勤工俭学办公室。2013—2014学年毕业生14 908人，其中普通中学8388人；在校学生89 730人，小学生年度巩固率和小学毕业生升学率均达100%，初中在校学生年度巩固率和初中毕业生的毕业率均在98%以上。

全县现有教职工4796人，其中公办教职工3919人，民办教职工877人；普通中学的教职工1946人，小学的教职工1922人。全县小学、初中、专任教师学历合格率分别达到97%、92%、88%，其中省特级教师3人，省学科带头

---

① 本节数据来源自《吉安县2013年国民经济和社会发展统计公报》。

人9人（占全市1/6），市级学科带头人25人，市级骨干教师26人，县级学科带头人115人。2012年，全县全年共招聘教师242人，其中高中教师58人，初中教师7人，小学教师138人，幼儿园教师39人；初中共有班级326个，小学共有班级957个。2013年中学学生25 984人，小学学生39 887人。近年来，吉安县加强教师队伍建设，深化教学改革，努力改善办学条件，确保了"普九"成果的巩固提高。小学适龄健康儿童入学率持续保持100%，巩固率也为100%，初中入学率为99.95%。2014年吉安县普通高校录取2813人，其中提前批本科录取222人，第一批本科录取356人，第二批本科录取707人，第三批本科录取346人。全县初中毕业生8388人，小学毕业生5624人。2013年11月，吉安县教育局就全县农村留守儿童（青少年）进行了摸底调查，统计人数为13 130人。

全县学校占地面积：截止到2013年底，普通中学1 257 535平方米，小学1 041 334平方米；校舍建筑面积：普通中学361 555平方米，小学261 152平方米；运动场面积68.3万平方米；生均校园面积36.4平方米，生均校舍面积10.2平方米，生均运动场面积10.4平方米。学校藏书量：普通中学909 821册，生均35册；小学612 089册，生均15册。计算机多媒体教室1013个（含"班班通"教室），学生计算机室61间，计算机2245台，学生与计算机之比达到29：1。各类装备共投入资金约2500万元。

2013年，全县全口径教育经费收入57 856.4万元，比2012年（53 099.1万元）增加4757.3万元，增长8.96%。其中，公共财政预算教育经费拨款48 710.1万元，比2012年（44 339.4万元）增加4370.7万元，增长9.86%。

公共财政预算教育经费拨款总额48 710.1万元，在各级各类教育之间的分配情况是：基础教育占93.52%，比2012年（84.49%）上升9.03个百分点；中等职业学校占0.46%，比2012年（9.53%）下降9.07个百分点；其他教育（含幼儿园）占6.02%，比2012年（5.99%）上升0.03个百分点。

政府征收用于教育的税费5566.7万元，比2012年（4600.4万元）增加966.3万元，增长21%。其中，城市教育费附加收入3336.7万元，比2012年（2763.4万元）增加573.3万元，增长20.7%；地方教育附加费收入2230万元，比2012年（1837万元）增加393万元，增长21.4%。

近几年的校建投入金额也有所增大，2012年总投入金额6454万元；2013年总投入金额6502.29万元；2014年总投入金额11 677.97万元，其中用于101

所农村小学标准化建设3473万元。项目多，覆盖面广，中小学的办学条件得到了极大的改善。

第二节　吉安县推进义务教育均衡发展的策略

吉安县自1998年和2004年分别通过省政府"两基"验收和年检复查后，继续坚持"两基"工作"重中之重"的地位，做到"领导力量不减，政策措施不变，督查考核不松"，全方位巩固"两基"成果，不断提高"普九"水平，在推进县域义务教育均衡发展方面采取了许多举措并取得了较好的成效。2012年，吉安县被评为"江西省义务教育均衡发展示范县"。本节对吉安县被评为"义务教育均衡发展示范县"前后在推进义务教育均衡发展方面采取的策略进行探讨。

一、保障学生入学机会

保障学生入学机会针对的主体主要有进城务工随迁子女、留守儿童、残疾学生等。为了做好这项工作，吉安县先后颁发《吉安县进城务工就业农民子女义务教育工作实施方案》《关于加强留守学生教育管理工作的通知》《关于进一步加强和改进农村留守儿童教育帮助和预防犯罪工作的实施方案》《吉安县深化农村留守儿童关爱服务工作实施方案》《关于加强中小学校"留守学生"教育管理工作的实施方案》《关于加强家庭教育指导和管理，促进我县家长学校持续发展的通知》《关于进一步加快特殊教育发展的实施意见》《关于进一步规范义务教育阶段学校办学行为的意见》等文件。这些文件旨在解决全县各类特殊群体的就学问题，保障学生的就学权利，提高义务教育的普及水平。

上述文件的精神主要表现为以下方面：①加强组织领导。要求教育部门将特殊群体就学工作纳入九年义务教育重要工作内容，制订招生计划，落实招生学校，协调、督促、指导招生学校做好就学的接收工作和教育教学工作，增强做好教育管理工作的主动性和积极性。针对适龄农民工子女，要确保100%能接受义务教育。县财政部门将农民工子女接受教育纳入正常的财政预算支出范围，合理核定农民工子女接受教育的支出资本。在学生管理方面，对农民工子女与本地学生一视同仁。针对留守儿童，该县创新教育管理方法，组建假日活动小组，建立知心话信箱等；并提高监护人对"留守学生"的管理水平，不断优化"留守学生"的学习和生活环境。针对随迁子女，该县确保其待遇和同城学生一致。将进城务工人员随迁子女就学纳入全县教育发展规划和财政保障体系，与当地学生享受同等待遇，简化其入学手续，安排到公办学校就读，并建立进城务工人员随迁子女就学教育档案，实行就学地参加中考和录取办法。②关爱留守儿童。该县成立了县、乡两级留守儿童工作领导小组，重视解决农村留守儿童问题。乡镇采取"一助一""多助一"等形式，共同开展留守儿童的教育帮扶工作。③保证特殊儿童全面接受教育。该县建立了残疾儿童、少年的确认、登记和组织入学制度，在县城黄金地段高标准建设了县特教学校，以特教学校和随班就读为主，确保残疾儿童、少年有学上。④确保学校阳光招生。规范义务教育阶段学校办学行为，完善招生制度。执行免试就近入学和划片招生政策，严禁举办与升学和招生挂钩的各种考试，逐年提高优质普通高中招生名额分配到县域内初中的比例。

二、增加教育经费投入

近年来，吉安县首先健全了以政府投入为主，多渠道筹集教育经费的体制。在争取上级资金政策扶持的同时，县财政逐步增加了教育投入，形成了稳定并持续增长的教育投入机制。保证教育财政拨款增长明显高于财政经常性收入增长，做到教师工资和学生人均公用经费逐步增长。该县将义务教育全面纳入公共财政保障范围，地方财政教育经费支出占一般预算支出的比例达到规定要求。教育附加费做到足额征收、专款专用。城市维护建设税按10%—15%比例划拨，全部用于教育。农村税费改革转移支付资金用于义务教育比例达到省定要求。土地出让净收益中按10%比例计提教育资金，全部用于教育。同时，逐步提高各级各类学校学生人均经费基本标准和学生人均财政拨款基本标准，将小学的生均预算内公用经费核算由中心小学延伸到村完小、村小和教学点，保证生均预算内公用经费定点定校的使用，义务教育全面纳入财政保障范围。对不足100人的农村小学及教学点均按100人核拨公用经费。

其次，不断拓宽教育经费筹措渠道。近年来，该县设立了"吉安县教育奖励资助基金"，大力宣传引导社会、企业和公民个人出资和投资助学，完善鼓励和引导社会力量捐资、出资办学优惠政策，对帮扶学校起到了积极的作用。

再次，认真落实各项教育资助政策。继续落实"两免一补"政策，成立了县贫困学生资助管理中心，开展各类扶贫助学工作，完善贫困家庭学生帮扶制度，每学期初对贫困学生进行摸底调查和造册。积极开展扶贫助学活动，动员社会各单位和有识之士慷慨解囊捐资助学。将帮扶助学工作与"希望工程""春蕾计划""扶残助学活动"等社会公益项目有机结合起来，逐步形成全社会关心和帮助贫困家庭学生的良好局面。

最后，严格管理教育经费的使用。该县完善了教育经费监管机构职能，提升了经费使用和资产管理专业化水平，不断完善管理机制，科学编制预算，提高预算执行率。在依法足额编制学校教育经费预算的基础上，建立教育教学研究、课程改革、教育信息化建设、教育技术装备专项经费预算制度，强化经费管理，提高资金使用效益。该县成立了县教育会计核算中心，加强学校财会队伍和财务会计制度建设，将义务教育阶段学校各项收入、支出全部纳入预算管理。加强义务教育经费分配使用的管理，重点向农村薄弱学校倾斜。

三、合理规划学校布局

吉安县在推进义务教育均衡发展方面采取的一项重要举措是合理规划学校的布局。该县先后制定了《2013—2015年农村义务教育学校布局专项规划实施方案》《关于批转县教育局吉安县中小学网点布局三年调整规划的通知》，并转发了江西省教育厅《关于进一步做好义务教育免试就近入学工作的实施意见》等文件。

上述文件的主题都是从吉安县中小学实际在校学生人数和寄宿学生人数及

教职工人数实际情况出发,坚持方便学生入学的原则,满足广大学生的入学需求,充分利用教育资源,提高办学的规模效益,促进教育事业的改革和发展,以提高教学质量为目的。吉安县关于规划学校布局的文件遵循以下五个原则:就近入学、科学合理;先建后撤;统筹兼顾、提高质量;以人为本、规划先行;以县为主、多方联动。

吉安县每年都会围绕现有学校的特点,从学校学龄人口数、所属区域性质、学校类型、服务半径、最大服务距离、现有班级数、在校学生数和预期学校布局规划情况等出发,制订县域义务教育学校布局专项规划。

吉安县在学校网点布局方面,考虑长期和近期的需要与可能,对全县的人口和适龄儿童进行全面调查与分析,根据就近入学、相对集中和优化资源配置的原则,保证各学校和教学点布局合理。针对学校和教学点的实际情况,先分析趋势,再规划区域布局,考虑是否进行新建、扩建、改建,对各网点科学建设和规范建设。网点布局确认后,合理确定建设项目,安排建设资金,实施建设计划。

四、改造学校硬件设施

吉安县在改造学校硬件设施方面采取了许多措施,主要围绕学校标准化建设和薄弱学校改造而展开。出台的相关文件有《关于印发吉安县义务教育学校标准化建设规划(2011—2020年)的通知》《吉安县2013—2015年农村义务教育学校标准化建设工程规划》《关于印发吉安县农村义务教育薄弱学校改造计划(2010—2015年)》等。这些文件要求所有学校不论城镇乡村,在硬件建设、设施设备上均要达到上述文件的要求,重点改善农村学校办学条件,包括基础设施、技术装备等,实现教育基本公共服务均等化。该县要求结合实际,对照标准明确任务,统筹规划,落实资金,加强学校标准化建设。

该县根据现实情况,确定薄弱学校范围,对薄弱项目加大投资力度,实现各初中、小学公办学校办学条件标准化、教育资源配置均衡化。2012—2014年,针对全县多所薄弱学校进行了改造和扩建工作,完成了多所中小学的校园建设。在资金方面,加大了校建的投入,每年县级教育费附加足额征收全部投入校建。

校建主要是对农村的薄弱学校改建，对校舍进行维修改造，新建多所校舍，消除学校危房。同时，加大对城镇学校尤其是县城中小学的建设投入力度，新建运动场和各种功能室。尤其是2014年，吉安县坚持标准化建设与中小学布局调整、中小学危房改造、新农村建设、美丽校园建设结合的"四结合"原则，对各学校厕所、食堂、运动场所、围墙、道路、门窗等进行改造。

在校园工程建设方面，首先，该县保证了全县各校生均面积达标。主要通过新迁校区，改变部分乡镇老校区学生数量过多的情况；通过新建校舍缓解各校生均校舍面积的压力；通过做好乡镇及社会各界支持教育工作，让各乡镇出资、供地来扩大校园整体面积；通过在县城内新建学校、控制各校生源等办法，保障校园生均面积。其次，该县强化了服务效能。在工程实施过程中，主动帮助项目学校解决自行难以解决的问题，以构建更美好、更和谐的校园，让学生享受良好的校园生活环境。除此之外，募集社会捐资投入农村中小学建设，让所有学校建设达到标准。

在校园建设管理方面，吉安县近几年主要做了以下几项工作：①落实项目主体责任。农村标准化建设实行乡镇中心小学为法人主体的"统一规划立项，统一勘探设计，统一招标管理，统一验收和审计"的"四统一"管理模式。②落实项目责任。对施工队伍进行科学选择，监督建筑材料和设备的供货情况，监督工程施工、竣工验收质量，把握工程决算审计。③落实项目督查责任。该县教育局建立集中检查和平时抽查、定期检查和随机检查相结合的督查机制，对全程进行监管，确保工程质量。

在仪器设备方面，该县近年来加大了资金投入，完成了初中实验室成套设备建设，基本配齐中小学体育器材、卫生器材。部分小学开展了实验室成套设备建设，部分中小学补充了图书。继续加强学校图书馆（室）、实验室建设。对中小学图书及教学设备和仪器进行了更新，建立了教学设备建设的长效机制。

此外，该县还完善了各学校教育信息服务网络，不断提升教育信息技术和装备水平，以信息化带动教育现代化。建设硬件、软件共享的网络教育公共服务平台。在现有基础上不断加强学校校园网建设，努力构建数字化校园，分批推进中小学"班班通"工程建设，实施农村现代远程教育工程，所有中学都装备了计算机网络教室，大部分学校装备了多媒体教室。

五、重视师资队伍建设

吉安县非常重视师资队伍的建设和均衡发展。在政策制定方面，该县先后颁发了《关于进一步完善支教工作的实施意见》(2006年)、《吉安县义务教育学校教师轮岗交流工作实施方案》(2008年)、《关于选派农村教师到县城学校跟班学习的实施方案》(2010年)、《关于进一步加强教师队伍建设的意见》(2011年)、《吉安县初中教师综合考评办法》(2013年)等多个文件。

上述文件针对吉安县教师队伍存在的问题，提出了相关目标任务和奖惩措施。其具体目标是：①提升教师队伍素质。大力促进教师专业化发展，完善教师管理制度，强化教师继续教育和培训，全面提高各学校教师质量，缩小校际的教师水平差异。②改善教师队伍结构。缓解教师队伍结构性矛盾，使教师数量和质量能满足教育事业发展的需要。③均衡配置师资力量。不断完善教师队伍管理体制机制，建立教师定期轮岗交流制度，落实"以县为主"的教师管理体制。④激发教师队伍活力。强化和完善教师待遇保障机制，积极改革和优化教师管理制度，完善教师资格准入制度。⑤提高校长专业素质和能力。不断完善校长选拔任用机制，建立完善统一的中小学校长选拔任用、培训交流、考核奖惩机制，提升专业化管理水平，实行校长任期目标考核机制。

该县师资队伍建设的主要措施有以下几点：①注重各学校间的均衡流通。该县近年来实行校长任期目标制，促进校长的合理交流。开展示范学校帮扶薄弱学校、城镇学校帮扶农村学校、近郊学校帮扶边远学校工作，让中小学教师在校际进行合理流动。该县根据教育的需要，实行"绿色通道"和公开招聘，及时补充教师。在此基础上，建立了教师支教和跟班学习制度。乡镇中心小学部分实行教师走教，紧缺专业教师流动教学，优质师资共享教育，充实和稳定农村教师队伍。县城教师评聘中级、高级职称和骨干教师的必备条件是有农村学校支教或任教1年以上经历，在名师教师推荐评选中优先考虑有支教或农村学校任教经历的教师。从2014年开始，对在县城学校任教满8年，没有农村任教经历的教师（男50岁以下，女45岁以下），有计划地安排他们到农村学校开展不少于1年的支教、帮教、带教活动。所有农村学校新上岗教师，在3年内至少参加一次城区学校跟班学习，并且严禁任何单位以任何理由借调或变相借用农村学校教师。对农村学校教师在岗情况进行清理，要求在编不在岗的教师在开学前返回学校。并且从2014年开始，规定新招聘的农村中心小学教师的服务期不少于8年，村小和教学点教师的服务期不少于5年，保障了农村教师队伍的稳定。②提高教师待遇。吉安县全面实施义务教育绩效工资制度，教师平均工资水平做到不比当地公务员的平均工资水平低。教师"五保一金"、降温费、取暖费等政策性津补贴和其他福利待遇得到落实。对长期在农村基层和边远山区从教的教师，在职称方面实行倾斜政策。认真落实特教教师津贴和山区教师津贴，同时对在村小和教学点工作满1年以上的在岗教师，由县财政发放工作补贴。支持和鼓励学校在绩效考核和收入分配工作中向教学一线、关键岗位和优秀教师倾斜，让教师进得去，留得住，做得好。适当提高省、市、县学科带头人津贴标准。此外，还应扎实开展农村学校教师周转房建设试点，努力改变农村教师住房少而散的现状。让教师工作舒心、生活开心，吸引优秀教师长期从教、终身从教。从2014年开始，对到边远、贫困乡村中小学任教的大中专毕业生，取消见习期，参加工作即可享受转正后的工资待遇。村小和教学点教师在同等条件下，可以优先晋升高一级职称，设立农村教师职称特设岗位。从2014年开始，凡在村小、教学点连续任教满8年申报中级职称、满15年申报高级职称的教师，只要符合条件，经考核合格即可通过评聘。③对各学校教师进行全面培训。按照"面向全员、突出骨干、倾斜农村"的原则，实施"农村教师素质提升工程"；针对新教师、骨干教师、班主任和校长不同层次的成员开展不同的培训；着重抓好音体美技等短缺学科教师的培训，组织教师参加国家、省、市级各类培训；加强教师进修学校队伍建设，对在编在岗教师通过在职学习取得高一层次学历实行奖励政策。将教师培训纳入全县教育事业发展规划。依托县教师进修学校，与电教、教研资源整合，坚持开展校长和教师培训，及时补充学校年青师资力量，鼓励和支持各级各类学校校本培训。将中小学教师培训经费列入财政预算，让教师参加远程培训和中小学教师国家级培训计划（简称国培计划）、中小学教师省级培训计划（简称省培计划）教师培训等。④注重教师管理。该县实行中小学新任教师公开招聘制度。严格执行新任教师准入条件。拓宽教师来源渠道，逐步提高新聘教师的学历层次。重点招聘紧缺学科教师，逐步配备学校卫生专职人员和心理健康教育专职人员，努力增加骨干教师的数量。全面落实义务教育学校教师"以县为主"管理体制，将教师人事关系归到教育行政部门，实行统一管理、统筹安排、均衡配置。严格执行教师准入制度，逐步实行教职工全员聘任制，建立教师区域内定期交流制度和教师转岗及退出机制。

六、规范义务教育管理

　　该县先后发布《关于印发义务教育阶段学校开课指导计划的通知》《关于印发初中开课指导计划的通知》《关于进一步深化周三下午活动课开展的意见》《关于印发〈吉安县深化课堂教学改革工作方案（试行）〉的通知》等多个文件，其目的在于规范该县义务教育的课程管理，缩小各学校义务教育质量水平的差距。在课程改革方面，要求学校充分认识音体美技教学工作的重要意义，严格按照国家课程标准实施教学。

　　上述文件制订了开课指导计划，针对学生的素质全面发展提出了具体措施。特别是对该县中小学音体美技等课程明显薄弱的情况，提出了具体意见。例如，要求进一步强化音体美技课程教学常规管理；加强音体美技学科教研工作并积极开展各种课外活动，建立音体美技学科教学质量检测考核机制；优化资源，保障音体美教学活动顺利开展；保障师资力量，配备足量和合格的专业教师，提高音体美技教师的专业素质；增加经费投入，完善管理制度，促进音体美技学科健康发展。

　　其具体措施主要有：①坚持课程改革。要求各校认真执行国家课程标准和课时计划，严格按要求开足各类课程，在内容上达到均衡统一。该县的课程改革取得了明显的成效。《人民教育》2014年第6期以"让思想照亮课堂"为题专门报道了该县课程改革的经验。②坚持"控辍保学"。近年来，该县坚持实行"双线控辍"工作目标责任制，县政府与乡镇政府、县教育局与学校、乡镇政府与村委会、校长与班主任均签订"控辍保学"工作责任状。③坚持规范办学行为。建立县政府对乡镇政府教育工作督导评估、中小学办学水平评估和教师综合考核评价体系，改变以升学率和考试成绩作为唯一的评价依据的状况。切实规范学校办学行为，积极开展学生减负行动，对考试评价制度和学校考核办法进行改革，建立学生课业负担检测和公告制。规范各类社会补习机构，加强青少年校外活动中心场所建设，以丰富学生的课外活动。

除以上根据各个方面的工作分别发布文件和采取具体举措外，该县还针对义务教育均衡发展的整体工作发布了专门的政策性文件。县教育局下发的《关于印发吉安县义务教育均衡发展规划（2011—2020年）的通知》，从网点布局、经费增长、师资配置、学校办学行为、帮扶资助、共享资源、落实部门职责、加大检查、确保学校安全稳定等多个方面做出明确的规定。2010年县政府发布的《关于进一步推进义务教育均衡发展实施意见》提出，要结合本县实际情况保障适龄儿童接受义务教育，扎实推进全县义务教育均衡发展。2014年县政府推出的签订"控辍保学"目标责任书等做法，也是为了保证该县义务教育均衡发展，提升全县义务教育的办学水平和质量。

第三节　吉安县推进义务教育均衡发展的成效

近年来，吉安县在推进义务教育均衡发展方面所采取的一系列举措取得了良好的效果。从总体上来看，教育投入持续增长，办学条件明显改善，教育改革不断深化，教育质量稳步提高。

一、学生入学机会走向均等

（一）学生入学机会的整体情况

近年来，吉安县经过持续努力，学生的入学机会逐步走向均等。全县义务教育巩固率达99%，小学适龄儿童入学率达100%，初中适龄少年入学率达100%，初中三年巩固率保持在98%以上；小学在校学生年辍学率为0，初中在校学生年辍学率控制在1%以内。2014年，全县三类残疾儿童、少年入学率达到97.8%。该县落实了优质普通高中招生名额分配到县域内初中的比例不低于70%的要求，且做到逐年提高。

（二）小学阶段学生的入学机会

1. 小学班级规模

各校的班级规模可以反映学生就学机会的均衡情况。表 2-1 反映的是吉安县各城乡小学的班级规模。

表 2-1　吉安县 2009—2014 年城乡小学班级规模情况

学校	年份	一年级	二年级	三年级	四年级	五年级	六年级	复式班数/个
城关一小	2009	66.0	57.2	54.7	56.0	52.2	49.3	0
	2010	57.7	54.2	60.8	58.3	51.3	49.0	0
	2011	44.8	42.8	43.4	48.0	52.9	51.8	0
	2012	44.1	49.6	51.5	56.0	53.6	54.3	0
	2013	63.0	62.9	61.2	60.0	56.9	53.3	0
	2014	44.5	50.7	54.0	53.8	52.1	48.0	0
实验小学	2009	58.2	65.0	51.7	52.2	57.3	48.0	0
	2010	62.0	67.5	77.5	58.5	64.5	49.5	0
	2011	58.6	60.2	64.8	58.0	69.5	61.2	0
	2012	42.4	47.2	52.4	49.9	75.4	50.2	0
	2013	75.7	70.9	73.0	74.3	74.0	55.5	0
	2014	60.4	59.3	64.0	57.9	57.3	62.2	0
敦厚镇中心小学	2009	30.3	32.6	33.4	35.7	41.4	44.0	0
	2010	43.5	26.7	39.3	38.8	43.4	41.6	0
	2011	43.3	37.7	35.8	35.4	26.5	25.2	0
	2012	44.9	42.6	42.0	34.8	45.6	47.4	0
	2013	43.5	37.9	38.8	37.0	40.0	44.0	0
	2014	41.0	46.7	39.0	40.3	43.8	48.7	0
油田镇中心小学	2009	26.6	22.2	38.5	41.6	44.0	48.0	0
	2010	49.7	46.5	44.8	38.2	39.0	43.8	10
	2011	30.0	47.5	38.3	36.2	43.0	47.7	5
	2012	44.5	44.0	30.3	43.5	42.4	43.4	0
	2013	37.5	37.1	37.7	44.0	42.7	42.2	3
	2014	35.1	37.0	41.4	43.0	45.3	42.5	3

续表

学校	年份	班级规模人数/人						复式班数/个
		一年级	二年级	三年级	四年级	五年级	六年级	
永阳镇中心小学	2009	20.5	22.9	24.2	23.9	34.4	27.7	0
	2010	13.1	14.45	15.5	19.9	17.7	25.6	0
	2011	38.8	42.1	37.1	46.9	49.1	38.8	0
	2012	22.4	18.3	20.4	23.2	27.0	32.1	0
	2013	45.6	39.7	35.0	48.4	47.0	44.1	0
	2014	37.5	39.3	36.0	41.9	45.7	41.0	0
官田乡中心小学	2009	15.8	24.4	18.6	21.2	23.0	37.3	0
	2010	15.1	22.7	22.0	20.5	21.3	33.5	2
	2011	14.5	15.4	22.7	21.4	24.2	31.3	0
	2012	22.3	16.0	19.8	25.4	21.4	29.5	0
	2013	21.6	21.7	18.5	23.2	30.3	34.3	0
	2014	25.3	25.2	25.7	21.8	29.0	37.7	0
敖城镇中心小学	2009	27.6	22.5	31.7	26.8	27.0	36.3	0
	2010	31.7	29.2	29.6	35.6	27.2	33.3	1
	2011	36.3	31.8	34.6	29.6	33.8	33.0	1
	2012	38.7	27.6	30.8	32.4	28.0	40.5	0
	2013	37.0	34.4	34.7	36.4	32.0	33.5	0
	2014	27.8	30.3	33.2	33.7	29.7	39.2	0
指阳镇中心小学	2009	12.9	57.0	24.4	36.7	35.3	46.3	0
	2010	44.0	58.5	22.0	39.0	36.0	35.7	7
	2011	23.0	24.2	22.8	38.0	36.7	33.7	5
	2012	54.0	36.7	23.0	38.7	35.7	34.0	4
	2013	31.0	29.0	34.0	35.3	37.0	32.7	3
	2014	21.0	18.6	46.7	51.0	51.0	35.3	1
天河镇中心小学	2009	38.0	23.0	50.0	46.0	48.0	24.5	0
	2010	51.0	39.0	36.0	42.0	45.0	42.0	1
	2011	54.0	45.0	41.0	37.0	40.0	41.0	1
	2012	49.0	49.0	48.0	39.0	36.0	35.0	1
	2013	25.0	24.0	23.5	44.0	37.0	30.0	0
	2014	23.0	23.3	45.0	42.0	40.0	37.0	0

续表

学校	年份	班级规模人数/人						复式班数/个
		一年级	二年级	三年级	四年级	五年级	六年级	
凤凰镇中心小学	2009	36.8	26.6	41.8	31.0	49.0	35.8	0
	2010	37.8	43.2	29.0	39.2	42.3	44.3	1
	2011	43.5	36.6	43.8	27.8	48.5	41.3	1
	2012	32.1	34.6	36.6	42.4	43.7	46.5	0
	2013	38.1	41.8	33.6	36.4	43.4	44.3	1
	2014	35.4	37.9	36.6	32.6	45.5	42.4	0
永和镇中心小学	2009	35.3	29.4	33.7	40.4	36.0	45.6	0
	2010	41.4	35.1	29.3	36.4	39.5	39.2	0
	2011	44.1	39.3	34.9	32.1	39.2	37.7	0
	2012	38.9	40.3	38.7	38.6	36.0	46.9	0
	2013	46.6	47.4	42.8	44.9	53.8	40.4	0
	2014	39.5	45.9	42.3	46.4	45.0	38.8	0
天矿学校小学部	2009	56.0	49.0	38.3	44.7	45.0	35.0	0
	2010	49.0	45.0	40.5	50.0	41.7	37.5	0
	2011	44.5	45.5	40.5	37.0	44.0	37.3	0
	2012	44.5	42.5	42.5	39.0	32.0	41.5	0
	2013	45.5	40.5	36.5	36.5	36.0	27.5	0
	2014	38.0	38.5	37.5	32.0	30.0	33.5	0

资料来源：根据吉安县教育局办公室提供的资料整理

从表 2-1 的数据可以明显地看出，县城的两所小学——城关一小和实验小学，还存在大班额现象。特别是实验小学，各班的人数超编比较严重。但这两所学校近两年班级规模人数减少很多，正向标准化靠近。从各乡镇小学班级规模情况来看，各乡镇小学班级规模符合国家标准，基本上都在 45 人以下。从表中还可以发现个别乡镇仍存在复式班。但随着时间的推移，复式班的数量迅速减少。例如，油田镇中心小学从 2010 年的 10 个班减少为 2014 年的 3 个班，指阳镇中心小学只剩 1 个班，其他学校均无复式班。这说明近年来吉安县在义务教育均衡发展网点布局和资源分配等方面取得了较大的成效。

2. 小学特殊学生的入学情况

这里所说的小学特殊学生主要指农民工的随迁子女。吉安县农民工随迁子女在城乡小学的就学情况如表2-2所示。

表2-2 吉安县城乡小学特殊学生统计人数表　　　　（单位：人）

学校	年份	女生数	农民工随迁子女数	学校	年份	女生数	农民工随迁子女数
城关一小	2009	1120	325	敖城镇中心小学	2009	413	27
	2010	1115	285		2010	457	22
	2011	1150	549		2011	486	6
	2012	1392	241		2012	546	5
	2013	1534	2		2013	549	22
	2014	1528	283		2014	581	5
实验小学	2009	495	255	指阳镇中心小学	2009	363	14
	2010	607	426		2010	311	12
	2011	849	585		2011	315	0
	2012	953	427		2012	350	0
	2013	1050	72		2013	347	0
	2014	1143	180		2014	360	0
敦厚镇中心小学	2009	639	12	天河镇中心小学	2009	143	3
	2010	692	0		2010	134	5
	2011	764	83		2011	133	0
	2012	817	27		2012	131	0
	2013	910	72		2013	140	0
	2014	755	38		2014	145	0
油田镇中心小学	2009	598	8	凤凰镇中心小学	2009	477	36
	2010	609	8		2010	477	43
	2011	633	0		2011	515	36
	2012	765	7		2012	574	32
	2013	796	7		2013	636	51
	2014	879	2		2014	717	67
永阳镇中心小学	2009	1070	122	永和镇中心小学	2009	938	4
	2010	1083	70		2010	930	7
	2011	1092	103		2011	985	0
	2012	1234	97		2012	1099	14
	2013	1242	35		2013	1044	4
	2014	1252	1		2014	1151	0

续表

学校	年份	女生数	农民工随迁子女数	学校	年份	女生数	农民工随迁子女数
官田乡中心小学	2009	342	11	天矿学校小学部	2009	320	95
	2010	326	3		2010	276	36
	2011	304	3		2011	258	22
	2012	314	0		2012	244	6
	2013	319	0		2013	229	17
	2014	347	0		2014	213	0

资料来源：根据吉安县教育局办公室提供的资料整理

从表 2-2 可以明显地看出，各学校农民工随迁子女的女生数量不断增加，这反映了义务教育的普及工作取得了进步。从中还可以看出，农民工随迁子女数在县城小学所占比例相对较大。这说明县城小学对农民工随迁子女的教育持积极的接纳态度。

（三）初中阶段学生的入学机会

1. 初中班级规模

衡量初中阶段学生的就学机会同样要考察各校的班级规模和特殊学生的入学情况。吉安县初中阶段学生的班级规模和特殊学生入学的状况如表 2-3 所示。

表 2-3　吉安县初中班额和特殊学生数

学校	年份	班级平均规模/人			合计				
		初一	初二	初三	班数/个	学生数/人	其中女生数/人	寄宿生数/人	农民工随迁子女数/人
城北中学	2009	59.8	63.4	63.1	26	1610	701	0	42
	2010	57.0	60.7	62.6	29	1735	742	0	204
	2011	57.5	58.5	58.4	32	1860	814	0	269
	2012	48.6	50.2	53.0	40	2018	877	0	178
	2013	61.7	63.0	51.5	36	2228	913	0	200
	2014	56.2	57.8	57.3	39	2230	885	0	97

续表

学校	年份	班级平均规模/人 初一	班级平均规模/人 初二	班级平均规模/人 初三	合计 班数/个	合计 学生数/人	合计 其中女生数/人	合计 寄宿生数/人	农民工随迁子女数/人
天矿学校	2009	46.0	43.7	35.7	9	376	197	146	4
天矿学校	2010	33.0	42.3	40.0	9	346	181	115	6
天矿学校	2011	45.0	31.0	39.0	8	300	161	120	9
天矿学校	2012	41.0	42.5	44.5	7	297	156	75	8
天矿学校	2013	36.0	37.3	40.5	7	265	141	90	8
天矿学校	2014	45.0	34.5	31.7	6	209	111	51	0
油田中学	2009	50.8	53.6	44.7	16	790	318	790	10
油田中学	2010	47.8	51.6	51.4	15	754	307	754	5
油田中学	2011	44.6	47.4	49.8	15	709	276	709	0
油田中学	2012	47.7	43.8	47.0	14	645	296	645	1
油田中学	2013	44.2	49.0	44.4	14	639	296	639	6
油田中学	2014	42.6	45.2	49.0	14	635	287	635	2
永阳中学	2009	63.4	54.7	58.1	24	1406	675	975	8
永阳中学	2010	55.5	52.8	53.6	26	1401	637	972	16
永阳中学	2011	50.6	52.5	54.2	23	1208	557	846	4
永阳中学	2012	45.4	44.1	50.0	24	1116	551	776	8
永阳中学	2013	50.6	44.7	45.8	23	1084	522	978	4
永阳中学	2014	46.2	49.4	47.8	23	1100	532	983	3
官田中学	2009	45.6	49.6	55.6	15	754	335	752	1
官田中学	2010	51.0	46.4	57.0	13	664	277	664	1
官田中学	2011	49.7	49.2	55.0	12	616	282	616	1
官田中学	2012	47.2	49.5	47.5	12	577	264	577	2
官田中学	2013	47.0	46.5	46.5	12	560	249	560	1
官田中学	2014	46.0	45.2	45.2	11	500	218	500	0
敖城中学	2009	44.2	45.8	45.8	15	679	321	519	30
敖城中学	2010	47.3	43.2	41.8	13	567	250	439	27
敖城中学	2011	42.6	44.0	39.0	11	455	203	362	2
敖城中学	2012	43.6	43.0	35.0	10	400	179	366	8
敖城中学	2013	54.3	43.0	38.0	9	406	199	392	18
敖城中学	2014	50.0	51.3	40.3	9	425	196	416	0

续表

学校	年份	班级平均规模/人 初一	班级平均规模/人 初二	班级平均规模/人 初三	班数/个	合计 学生数/人	合计 其中女生数/人	合计 寄宿生数/人	合计 农民工随迁子女数/人
指阳中学	2009	46.6	49.0	42.0	9	413	185	382	6
	2010	46.3	47.3	45.3	9	417	177	359	8
	2011	50.5	45.0	43.3	8	366	168	364	0
	2012	48.0	48.5	43.0	7	322	150	312	0
	2013	49.0	47.5	31.6	7	288	139	275	0
	2014	47.0	47.5	31.0	7	282	120	270	0
永和中学	2009	54.8	51.0	57.7	23	1251	596	1227	0
	2010	49.0	54.1	56.5	23	1224	583	1203	0
	2011	49.4	48.5	53.1	23	1159	524	1146	0
	2012	50.0	49.1	54.3	20	1024	464	1007	0
	2013	53.4	49.5	48.5	20	1011	466	1004	0
	2014	42.0	53.3	48.3	19	915	430	908	6
凤凰中学	2009	52.7	56.4	52.0	14	753	330	650	6
	2010	41.0	52.3	53.4	13	640	290	539	7
	2011	41.3	41.0	49.5	11	486	229	425	0
	2012	39.7	42.7	39.2	10	404	194	340	1
	2013	43.3	41.3	41.5	10	421	203	340	3
	2014	41.7	42.8	40.7	10	418	194	309	3

资料来源：根据吉安县教育局办公室提供的资料整理

表 2-3 反映的是吉安县各初中班级平均学生人数。从中可以发现，2009—2014 年，县城的城北中学存在班级人数超标现象，不过平均超标人数不明显。特别是在 2013—2014 年，班级平均人数减少幅度较大，正向标准班级规模靠近。从中还可以看出，各乡镇中学的班级规模基本上都处于标准状态。有的乡镇中学，如永阳中学，在前几年班级规模平均人数略有超标，但经过调整后达到了标准。2014 年仅有敖城中学和永和中学初二班级规模平均人数略有超标，其他乡镇中学的各年级班级规模平均人数都已达到标准。

2. 初中特殊学生的入学情况

从表 2-3 可以看出，除城北中学外，其他学校在读女生人数都占总人数一半左右,这说明初中生受教育在性别方面差异不大。同时可以看出,除县城的城北中学外,每所乡镇初中都接受寄宿制的学生。在走访中发现,这些学校都配备了较好的食堂和宿舍楼。农民工随迁子女大部分在城北中学就读,他们在校享受的教育资源和其他县城学生一样。在城北中学就读的农民工随迁子女可以在就学地参加中考,高中录取时和其他县城学生一视同仁。

二、教育经费投入持续增长

近年来,该县加大了教育经费的投入力度。在确保教育经费"三个增长"的同时,将城市教育附加费、地方教育费附加全额用于教育。

(一)财政预算内教育拨款增长高于财政经常性收入的增长

2012—2014 年,该县财政预算内教育拨款增长高于财政经常性收入的增长。如图 2-1 所示,该县 2012 年、2013 年和 2014 年财政经常性收入增长比例分别是 11.00%、7.10%和 6.80%,而同期预算内教育拨款增长比例分别是 13.40%、13.60%和 44.90%,即这三年该县预算内教育拨款金额远高于财政经常性收入增长比例。

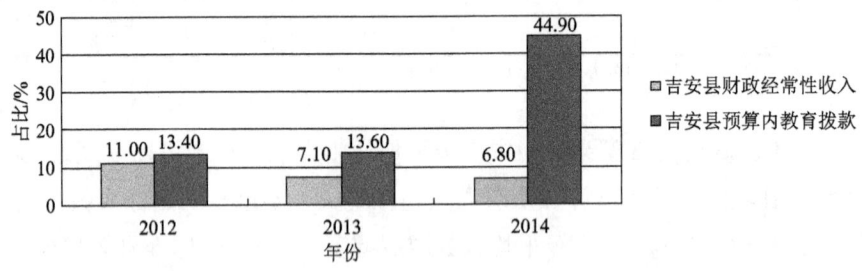

图 2-1 吉安县 2012—2014 年财政经常性收入和预算内教育拨款增长比例
资料来源:根据吉安县教育局办公室提供的资料整理

(二)生均预算内公用经费和教育事业费标准统一并逐年增长

2012—2014 年,该县义务教育阶段生均预算内公用经费和生均教育事业费逐年增长。2012—2014 年,生均预算内公用经费:小学为 323 元、433 元和 502 元,初中为 504 元、645 元和 705 元,特教为 667 元、3065 元和 3426 元。这三年生均教育事业经费：小学为 2908 元、3425 元和 4750 元；初中为 3133 元、3844 元和 5744 元。具体情况如图 2-2 所示。

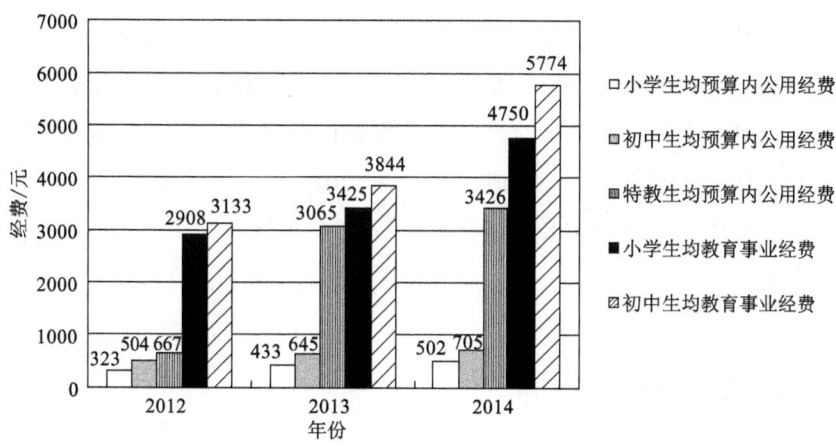

图 2-2　吉安县 2012—2014 年生均预算内公用经费增长情况
资料来源：根据吉安县教育局办公室提供的资料整理

从图 2-2 数据可以看出，2012—2014 年，吉安县无论是生均预算内公用经费还是生均教育事业费，都是逐年增长的。生均教育事业费增长的比例更大，特别是小学生均教育事业经费，2014 年比 2013 年增长了 1325 元，增长幅度达 38.69%。该县对每所学校的公用经费和教育事业费都是严格按照学生的人数划拨，做到生均平等的。

（三）学校公用经费补助标准统一并有所提高

办学经费还体现在学校公用经费的补助上。到 2014 年，学校公用经费的补助标准有较大的增长，由原来的 250 元/人提高到 274 元/人，中学从 350 元/人提高到 374 元/人。学校公用经费的补助金额所有学校均按学生总数乘以公用经费的人均标准发放，做到了各学校间的完全平等。

此外，该县教育局和财政局还专门针对村小（教学点）及薄弱学校，做好经费保障工作，增拨村小（教学点）及小规模初中公用经费，以确保其正常运转。2011 年共增拨学校公用经费 2 023 000 元，2012 年增拨 722 500 元，2013 年增拨 780 900 元。从增拨的经费可以看出，该县近年来加大了对薄弱学校和教学点的经费投入，为缩小县域内各校之间的差距提供了物质保障。

（四）为贫困寄宿生发放生活补助且标准统一

该县针对贫困生每年安排一定的贫困补助。2011—2013年共发放寄宿生生活补助资金1942.2万元，受益学生17 143人。该县每年都按照各校实际住宿生人数和贫困率将指标分配到各个学校，每个贫困生都享有相等金额的贫困生活补助金。该县对贫困寄宿生生活补助标准于2011年进行了调整：小学统一由750元/（人·年）提高到1000元/（人·年），初中统一由1000元/（人·年）提高到1250元/（人·年）。

三、学校网点布局趋向合理

合理的网点布局可以保障农村适龄儿童和少年就近入学，能更科学地利用农村义务教育资源，提高办学规模效益，提升农村义务教育质量，缩小农村与城镇之间办学质量的差距，是均衡教育资源的重要措施。

学校数量的变化能反映学校网点布局的情况。该县2009—2014年小学和初中数量的变化如图2-3所示。

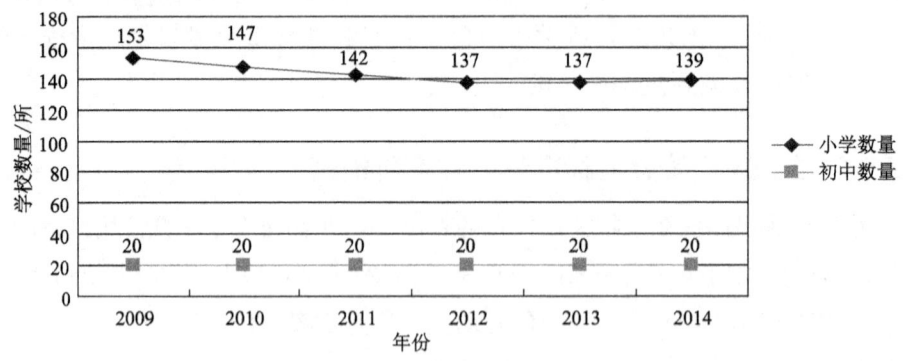

图2-3　吉安县2009—2014年义务教育阶段学校数量变化情况

从图2-3可以看出，2009—2014年，吉安县初中学校数量保持恒定，维持在20所。该县共有19个乡镇，做到了每个乡镇中心都有1所初中。初中部实施走读和住宿两种方式。离乡镇中心近的学生采取走读制，而离乡镇中心较远不方便每日回家的学生则采取寄宿制。

从小学数量看，2009年为153所，随后几年略有减少，最近几年维持在138所左右。经了解，这几年吉安县的网点布局一方面考虑学生就近入学，缩短学生上下学路途的时间。同时又根据生源的实际情况不断调整，对一些乡村教学点进行撤并，并进行重新规划，新建、扩建、改建了一批学校，力争做到既保证教育资源的合理利用，又方便绝大多数学生上学。

吉安县针对学校网点布局制订了规划方案。在规划之前进行全面的调研，调研的内容包括19个乡镇每所学校的服务人口数、学龄人口数、地形地貌、所属区域性质、学校类型、服务半径、最大服务距离、现各学校班级数、现各学校在校人数、现各学校寄宿生数等。学校布局调整的方式包括保留学校、恢复学校、撤并学校和新建学校。

针对该县135所学校，我们根据学校层次、学校类型、所属区域性质、调整方式的不同，选取了如表2-4和表2-5所示的15所不同的学校进行了实地调研。调查结果显示，决定保留的学校主要通过扩大班级数量或减少班级人数来解决大班额的问题。通过调查得知，班级人数的压力在近几年通过对班级的调整得到了缓解。寄宿制学校大多增加了寄宿生的数量，这样既可以更好地为离学校较远较偏僻的适龄儿童服务，减少其上学来回奔波的路程和时间，又便于统一管理，为相对偏远的地区的学生提供了良好的教学环境和教学机会。撤并的学校或教学点主要基于其服务人口数少、生源少、服务半径大、办学条件差、交通不方便、成班率低、地理位置偏僻等，撤并教学点可以很好地整合教育资源，集中投入人力、财力、物力帮助适龄儿童接受更好的教育。新建学校也是出于当地的实际需求，可以更好地服务于更多的适龄儿童，方便儿童就近入学。

在实地调研中，我们也了解到吉安县在义务教育学校布局规划过程中，充分考虑了群众的意见。例如，在对指阳镇中心小学校长的访谈中，了解到指阳乡苍前小学近年来经历了由撤并到恢复的过程。之前撤并主要受到教育资源的分配因素影响，但是此举措却给当地的居民带来了不便。通过当地居民的建议、上访，吉安县教育局重新对苍前小学的情况进行了解和调查，最终确定恢复该教学点，保证当地孩子的正常入学。

从表2-5中数据还可以看出，全县初中学校的服务半径更大，寄宿生数量也更多。小学阶段的调整主要是撤并教学点，但中心学校的调整走向是增加班级数量，减少班级人数，使全县学校整体教育资源在布局上趋于均衡。

近年来，该县网点布局的工作因地制宜、科学规划、统筹安排，并结合中小学校安全工程、"薄改"工程，加大了财政投入，取得了良好的成效。具体效果体现在：①实现了办学效益的最大化，切实改善了办学条件。每个学校和教学点的资源得到充分整合，缩小了学校之间的差距，所有的学生都享受到更加平等、均衡的教育资源，提高了农村学校的教育质量。②通过调整班级数量和学生生源数量的分配，逐步改善了学校的"大班额"问题，从而提高了村小和教学点的教学质量，分散了县城学校的生源压力，满足了农村适龄儿童少年就近入学的需求。

表 2-4 2014 年吉安县义务教育学校布局节选表（一）

学校名称	服务人口数/万人	学龄人口数/万人	地形地貌	所属区域性质	学校类型	服务半径/千米	最大服务距离/千米
城关一小	4.30	0.366	丘陵	县城	小学	1.5	3
实验小学	3.20	0.293	丘陵	县城	小学	3	3
万福镇官仓小学	0.16	0.007	丘陵	乡村	教学点	2	2
万福镇白竹小学	0.17	0.008	丘陵	乡村	教学点	2	2
油田镇中心小学	0.73	0.0344	丘陵	镇区	小学	10	10
油田镇盘田小学	0.50	0.033	丘陵	乡村	小学	6	6
永阳镇中心小学	1.60	0.137	丘陵	镇区	小学	8	8
指阳乡苍前小学	0.13	0.002	丘陵	乡村	教学点	3	2
指阳乡水湖小学	0.15	0.002	丘陵	乡村	教学点	2	2
永和镇赵家小学	0.20	0.02	丘陵	乡村	小学	2	2
敦厚镇高塘小学	0.90	0.068	丘陵	乡村	小学	8	8
天河镇中心小学	0.60	0.036	丘陵	镇区	小学	6	6
凤凰中学	1.78	0.040	丘陵	镇区	初中	10	10
城北中学	4.20	0.30	丘陵	县城	初中	3	3
敖城中学	1.88	0.04	丘陵	镇区	初中	15	15

资料来源：根据吉安县教育局办公室提供的资料整理

表 2-5　吉安县义务教育学校布局节选表（二）

学校名称	2012年教育状况 班级数/个	2012年教育状况 在校学生数/人	2012年教育状况 其中寄宿生数/人	2015年教育规模 班级数/个	2015年教育规模 在校学生数/人	2015年教育规模 其中寄宿生数/人	到2015年学校规划布局情况 布局调整方式	到2015年学校规划布局情况 规划服务半径/千米	到2015年学校规划布局情况 规划服务人口数/万人
城关一小	64	3279	0	64	2900	0	保留	1.5	5.30
实验小学	47	2385	0	59	2950	0	保留	2	7.50
万福镇官仓小学	3	50	0	0	0	0	撤并	2	0.16
万福镇白竹小学	2	66	0	0	0	0	撤并	2	0.17
油田镇中心小学	13	660	184	13	606	200	异地新建	5	0.73
油田镇盘田小学	11	487	195	12	582	300	保留	5	0.50
永阳镇中心小学	30	1365	78	30	1386	300	保留	5	1.60
指阳乡苍前小学	0	0	0	1	10	0	恢复	3	0.03
指阳乡水湖小学	0	0	0	1	25	0	新建（2013年）	2	0.16
永和镇赵家小学	4	111	0	4	102	0	保留	2	0.2
敦厚镇高塘小学	16	731	52	19	830	300	保留	4	1.5
天河镇中心小学	13	492	446	12	530	500	保留	5	0.16
凤凰中学	20	1024	1007	20	936	900	保留	6	2.51
城北中学	40	2018	0	46	2300	0	保留	3	5.30
敖城中学	10	400	366	10	433	400	保留	10	1.88

资料来源：根据吉安县教育局办公室提供的资料整理。

四、教学设施设备整体达标

　　吉安县在推进学校标准化建设方面也取得了较好的成效。每年县级教育费附加足额征收达3000万元，全部投入校建。该县自筹资金2200余万元，为14所学校新建塑胶运动场。加上各乡镇及社会各界支持，教育氛围浓厚，已恢复教学点10个。油田镇投入1000万元整体搬迁油田中学，2012年出资120万元、无偿供地40亩①，整体搬迁油田中心小学，2013年出资150万元、无偿供地25亩，整体搬迁油田镇盘田小学；敦厚镇无偿划拨30余亩异地新建高塘村完小，凤凰、铜坪、永和、梅塘和万福等乡镇学校面貌也焕然一新，各学校的建设在达到标准后趋于均衡。

对表2-6、表2-7"学校占地面积"纵向比较，我们不难看出，初中部分学校占地面积在这6年间几乎保持恒定，因为一个乡镇只有一所初中，且处于乡镇中心位置，不便调整。永阳中学由于搬迁到新校址，面积才有所扩张。小学则会根据生源的增减进行一定的调整，因此小学占地面积出现了有增有减的情况。

表2-6 吉安县各乡镇小学占地面积、校舍面积表

乡镇/小学	年份	学校占地面积/米^2	校舍面积/米^2 总计	危房面积
敦厚镇	2009	36 536	10 473	1 407
	2010	35 996	12 363	1 367
	2011	35 996	12 363	763
	2012	33 396	11 563	763
	2013	65 556	14 954	540
	2014	29 156	11 801	0
油田镇	2009	39 237	15 515	4 781
	2010	39 237	15 515	3 656
	2011	39 237	14 492	632
	2012	65 900	14 492	633
	2013	65 900	14 492	632
	2014	59 597	20 482	632
永阳镇	2009	56 049	12 481	7 656
	2010	56 049	12 481	7 426
	2011	56 049	13 343	3 555
	2012	56 049	12 937	1 008
	2013	56 049	12 269	0
	2014	54 799	12 886	0

---

① 1亩=1/15公顷≈666.7平方米。

续表

乡镇/小学	年份	学校占地面积/米^2	校舍面积/米^2 总计	校舍面积/米^2 危房面积
官田乡	2009	33 236	9 627	3 808
	2010	27 915	8 404	204
	2011	26 965	8 051	0
	2012	26 965	8 881	0
	2013	25 385	8 622	0
	2014	25 385	8 622	0
敖城镇	2009	55 733	10 608	7 413
	2010	55 733	10 608	6 824
	2011	55 733	10 608	6 718
	2012	55 733	10 608	6 718
	2013	55 733	10 608	6 718
	2014	62 403	10 698	6 718
指阳乡	2009	33 236	9 627	3 808
	2010	33 236	9 627	3 808
	2011	33 236	9 627	3 247
	2012	55 733	10 608	6 718
	2013	29 810	10 165	2 375
	2014	32 280	9 995	305
天河镇	2009	16 825	7 148	2 841
	2010	16 825	7 148	2 857
	2011	16 825	7 148	2 587
	2012	16 825	6 647	1 938
	2013	19 180	7 435	1 938
	2014	19 180	8 311	882
凤凰镇	2009	42 234	8 301	4 384
	2010	42 234	8 301	4 384
	2011	42 234	8 301	0
	2012	42 234	8 301	0
	2013	42 234	8 301	0
	2014	67 879	15 174	0
永和镇	2009	93 321	21 061	5 950
	2010	93 321	22 458	6 612

续表

乡镇/小学	年份	学校占地面积/米²	校舍面积/米² 总计	校舍面积/米² 危房面积
永和镇	2011	81 063	16 757	3 180
	2012	92 069	16 733	2 049
	2013	55 413	16 325	0
	2014	61 032	16 568	0
城关一小	2009	18 773	9 163	7 638
	2010	18 773	9 163	7 638
	2011	18 670	7 934	5 911
	2012	18 670	11 524	0
	2013	18 670	11 524	0
	2014	19 985	11 964	0
实验小学	2009	17 232	9 986	2 383
	2010	12 000	6 811	180
	2011	17 232	9 986	0
	2012	17 232	9 986	0
	2013	17 232	9 986	0
	2014	42 643	15 363	0

资料来源：吉安县教育局学校建设办公室

表 2-7 吉安县各乡镇初中占地面积、校舍面积表

学校	年份	学校占地面积/米²	校舍面积/米² 总计	校舍面积/米² 危房面积
城北中学	2009	18 000	12 727	0
	2010	18 000	12 727	0
	2011	18 000	12 727	0
	2012	18 000	12 727	0
	2013	18 000	12 727	0
	2014	18 000	12 727	0
油田中学	2009	48 000	12 492	0
	2010	48 000	12 492	0
	2011	48 000	12 492	0
	2012	48 000	12 492	0
	2013	48 000	12 492	0
	2014	48 000	12 492	0

续表

学校	年份	学校占地面积/米^2	校舍面积/米^2 总计	校舍面积/米^2 危房面积
永阳中学	2009	38 870	16 530	8 252
	2010	38 870	14 626	6 397
	2011	53 360	15 341	2 172
	2012	53 360	15 341	2 172
	2013	53 360	15 771	1 515
	2014	53 360	15 669	0
官田中学	2009	68 667	7 965	4 119
	2010	68 667	10 385	3 459
	2011	68 667	9 761	0
	2012	68 667	9 761	0
	2013	68 667	9 761	3 078
	2014	68 667	9 761	0
敖城中学	2009	21 300	8 032	6 172
	2010	21 300	7 448	5 362
	2011	21 300	7 466	373
	2012	21 300	7 466	373
	2013	21 300	8 892	373
	2014	21 300	8 892	373
指阳中学	2009	33 236	9 627	3 808
	2010	26 540	5 233	2 997
	2011	26 540	5 158	2 922
	2012	26 540	5 124	2 888
	2013	26 540	4 249	1 987
	2014	26 540	5 209	1 987
天矿学校	2009	13 000	4 630	4 630
	2010	13 000	5 440	4 274
	2011	22 800	8 570	6 744
	2012	22 800	8 570	6 744
	2013	22 800	8 570	6 744
	2014	22 800	7 856	4 925
凤凰中学	2009	36 330	9 528	3 605
	2010	36 330	9 528	3 605
	2011	36 330	9 528	3 419

续表

学校	年份	学校占地面积/米²	校舍面积/米²	
			总计	危房面积
凤凰中学	2012	36 330	9 465	3 605
	2013	36 330	9 279	3 419
	2014	36 330	9 279	2 257
永和中学	2009	81 634	13 462	8 577
	2010	81 634	13 462	8 577
	2011	81 634	13 462	8 577
	2012	81 634	13 462	8 577
	2013	81 634	13 462	8 577
	2014	81 634	13 462	8 577

资料来源：吉安县教育局学校建设办公室

吉安县所有学校校舍面积随着时间的推移呈扩大的趋势，学生的生均校舍面积因此有所扩大。特别是在吉安县被评为"义务教育均衡发展示范县"前后，校舍面积扩大的趋势更为明显。从学校"校舍面积"变化可看出，2009—2014年，天矿学校和敖城中学两所学校的校舍面积都有所增加，分别增加了3226平方米和860平方米，使得两所学校间的校舍面积差距从3402平方米缩小到1036平方米。由于吉安县近年来针对乡镇学校的校园建设加大了投入，学校的危房面积逐年递减，多所学校危房面积为0。从表2-6可以看出，2009年，敦厚镇和永阳镇的小学危房面积分别为1407平方米和7656平方米，近年来经过实施校园建设工程，其危房面积逐步缩小，到2014年危房面积都为0。在实地调研中发现，那些还存在危房建筑的学校，都在进行整改重建，并且所有危房都已停止使用。

近年来，吉安县的学校标准化建设可以说是一年一个台阶。2012—2014年，全县共改造农村小学132所（教学点50个，村小47所，村完小16所，中心小学19所）。全县中小学校校建投入24 634万元，新建校舍14.19万平方米，维修改造B、C级危房8万平方米，消除全部D级危房；先后投入3000余万元，新建了16个标准化煤渣运动场、14个塑胶运动场、39个篮球场、68个运动器材场地，缩小了农村小学在学校硬件建设方面与城镇小学之间的差距，使全县各校际间的校园建设水平达到相对均衡的状态。

第二章 吉安县义务教育均衡发展的调查与分析

2010年,该县完成了凤凰镇中心小学扩建,改造面积2000平方米;2011年,改造了永阳中学、实验小学、凤凰镇中心小学等6所薄弱学校,改造校舍面积13 060平方米;2012年,改造了指阳镇中心小学、油田中心小学,改造校舍面积3100平方米;2013年,改造了敦厚对门小学、万福塘东小学等3所薄弱学校,改造校舍面积3500平方米;2014年,改造城北新区九年一贯制学校,改造校舍面积3000平方米。该县计划用3年时间,投资5262万元改造农村小学122所。2013—2014年投资3473万元改造农村小学101所,改造重点是厕所、食堂、运动场所、围墙、道路、门窗等。

教学设备是学校教育发展的基本物质条件,也是评判各个学校均衡程度最直观的依据。

在2010—2013年,吉安县分别投入资金57万元、148万元、148万元和77.6万元,完成了46所学校、529个班级的班班通建设。目前,所有中小学校都实施了农村现代远程教育工程,所有中学都装备了计算机网络教室,中心小学以上学校都装备了多媒体教室,全县90%以上的中小学教师都能在课堂教学中运用远程教育资源。在资金分配和图书、教学设备配备方面,重点向农村完小及城镇薄弱学校倾斜。2010年,吉安县安排资金284万元(其中仪器装备250万元、图书34万元),完成了初中实验室成套设备建设。中小学体育和卫生器材基本配齐,部分小学完成了实验室成套设备建设,部分中小学补充了图书。2011年,安排资金548万元用于小学科学实验室成套设备建设,购买中小学理科(科学)仪器设备,为部分中小学图书馆配齐图书。2012年,安排资金548万元用于36所中小学购买教学仪器、音乐和美术器材及图书设备。2013年,安排资金657.6万元用于22所中小学购买教学仪器、音乐和美术器材及图书,使全县中小学教学仪器设备和图书资料全部达到省定标准,逐步缩小了区域、城乡和校际差距。

从表2-8和表2-9可以看出,在2009—2014年,吉安县标准化学校的设备配套设施的整体数量呈上升趋势。这6年所有学校在计算机、固定资产和图书册数上都呈明显增加趋势,特别是吉安县被评为"义务教育均衡发展示范县"的前一年,图书和计算机的数量增幅都很明显。近几年,吉安县加大投资力度,对各个学校的设施设备进行了大力改造和建设。在计算机配置方面,根据《中学教学设施设备配备标准》要求各个学校小学生机比≤30∶1、初中生机比≤15∶1。该县所有中小学的生机比都达到了国家规定的标准,且校际的差距都不大。

表 2-8　吉安县各乡镇小学计算机数、固定资产、图书数量表

乡镇/小学	年份	计算机/台	生机比[①]	固定资产/万元	图书册数/册	生均图书册数/册
敦厚镇	2009	76	19.4	324.34	25 702	17.4
	2010	76	21.3	520.24	23 271	14.4
	2011	79	14.9	522.24	24 810	21.1
	2012	82	22.5	494.91	24 810	13.4
	2013	107	19.8	1370.91	29 200	13.8
	2014	101	17.7	1500.00	31 883	17.8
油田镇	2009	35	40.4	437.70	26 307	18.6
	2010	35	41.2	366.86	26 307	18.2
	2011	45	33.4	388.96	33 163	22.0
	2012	59	27.5	395.86	25 163	15.5
	2013	63	28.2	396.90	24 932	14.0
	2014	107	18.2	604.90	37 311	19.1
永阳镇	2009	37	63.6	491.00	21 250	9.0
	2010	37	66.4	443.11	21 250	8.6
	2011	72	34.2	477.89	34 258	13.9
	2012	72	36.2	480.00	39 548	15.1
	2013	72	37.7	575.00	39 893	14.7
	2014	110	25.3	937.50	47 945	17.2
官田乡	2009	6	134.7	224.00	9 800	12.1
	2010	15	50.1	215.50	12 394	16.5
	2011	46	15.8	218.10	12 854	17.7
	2012	49	15.1	255.70	12 854	17.4
	2013	55	13.7	354.00	12 854	17.0
	2014	73	11.2	422.00	15 347	18.7
敖城镇	2009	29	32.1	478.00	13 442	14.4
	2010	29	34.2	450.00	13 442	13.6
	2011	39	27.4	410.00	15 372	14.4
	2012	39	29.5	427.00	21 992	19.1
	2013	69	17.7	450.80	20 934	17.2
	2014	73	17.3	512.80	22 799	17.9
指阳乡	2009	6	120.0	224.00	9 800	13.6
	2010	18	38.3	227.00	12 100	17.5
	2011	15	45.0	108.00	14 300	21.1

[①] 这里指每百名学生拥有计算机台数。

续表

乡镇/小学	年份	计算机/台	生机比	固定资产/万元	图书册数/册	生均图书册数/册
指阳乡	2012	39	18.3	427.00	21 992	30.9
	2013	18	39.8	360.00	15 800	22.0
	2014	57	13.1	271.00	10 757	14.4
天河镇	2009	14	19.8	156.36	6 100	22.0
	2010	14	11.1	156.74	6 100	39.4
	2011	14	18.4	186.10	6 600	25.6
	2012	14	18.3	202.85	6 600	25.8
	2013	17	16.5	158.45	7 358	26.2
	2014	13	23.3	169.45	7 658	25.3
凤凰镇	2009	28	36.2	554.00	17 546	17.3
	2010	34	29.6	554.00	20 666	20.5
	2011	61	18.4	560.00	19 700	17.6
	2012	71	17.5	568.00	19 700	15.8
	2013	53	25.8	549.00	20 700	15.2
	2014	74	21.2	1395.00	26 930	17.1
永和镇	2009	63	33.1	864.00	35 130	16.9
	2010	82	25.7	904.00	37 130	17.6
	2011	89	24.5	1014.10	38 130	17.5
	2012	103	23.2	877.20	40 213	16.8
	2013	112	20.4	810.38	35 645	15.6
	2014	109	22.9	830.58	39 452	15.8
城关一小	2009	139	20.7	430.00	40 895	14.2
	2010	139	20.9	430.00	40 895	14.0
	2011	179	16.8	446.00	50 957	16.9
	2012	144	22.8	452.00	50 957	15.5
	2013	209	17.1	460.00	53 957	15.1
	2014	178	20.8	462.00	60 328	16.2
实验小学	2009	37	33.1	233.00	9 189	7.5
	2010	37	42.7	251.00	9 889	6.2
	2011	73	28.6	456.00	22 830	10.9
	2012	73	32.7	475.00	47 020	19.7
	2013	122	22.0	887.00	27 668	10.3
	2014	138	20.5	936.00	40 559	15.4

资料来源：吉安县教育局计财科

表 2-9　吉安县各乡镇初中计算机数、固定资产、图书数量表

学校	年份	计算机/台	生机比[①]	固定资产/万元	图书册数/册	生均图书册数/册
城北中学	2009	64	25.1	72.00	6 590	4.1
	2010	66	26.2	866.00	6 590	3.8
	2011	105	17.7	939.00	58 000	31.2
	2012	105	19.2	939.00	58 000	28.7
	2013	98	22.7	246.44	31 907	14.3
	2014	179	12.5	930.00	58 000	26.0
油田中学	2009	36	21.9	1022.90	24 350	30.8
	2010	50	15.1	1029.70	24 350	32.3
	2011	52	13.6	1050.90	26 745	37.7
	2012	52	12.4	1035.80	26 745	41.5
	2013	58	11.01	1043.00	26 745	41.9
	2014	48	13.2	1052.10	29 315	46.2
永阳中学	2009	95	14.8	307.20	24 612	17.5
	2010	95	14.7	342.20	24 620	17.6
	2011	108	11.1	357.96	37 174	30.8
	2012	108	10.3	357.96	37 147	33.3
	2013	70	15.5	556.00	40 380	37.3
	2014	83	14.5	560.70	44 000	40.0
官田中学	2009	35	21.5	353.00	12 500	16.6
	2010	35	18.9	352.00	12 500	18.8
	2011	80	7.7	136.60	22 000	35.7
	2012	80	7.2	226.00	22 000	38.1
	2013	80	7.0	236.00	22 000	39.3
	2014	41	12.2	421.00	22 000	44.0
敖城中学	2009	36	18.9	91.83	1 224	1.8
	2010	54	10.5	103.62	12 294	21.7
	2011	55	8.3	165.02	14 252	31.3
	2012	55	7.3	165.02	15 208	38.0
	2013	58	7.0	290.02	15 208	37.5
	2014	47	9.0	320.02	16 053	37.8

① 这里指每百名学生拥有计算机台数。

续表

学校	年份	计算机/台	生机比	固定资产/万元	图书册数/册	生均图书册数/册
指阳中学	2009	6	68.8	224.00	9 800	23.7
	2010	39	10.7	232.51	11 240	26.9
	2011	51	7.2	232.53	11 420	31.2
	2012	51	6.3	195.30	10 410	32.3
	2013	51	5.6	195.30	11 044	38.3
	2014	39	7.2	233.00	11 248	39.9
天矿学校	2009	36	10.4	78.49	10 000	26.6
	2010	36	9.6	102.80	10 000	28.9
	2011	51	5.9	185.90	13 665	45.6
	2012	57	5.2	191.20	14 865	50.1
	2013	57	4.6	206.49	14 865	56.1
	2014	36	5.8	189.49	14 865	71.1
凤凰中学	2009	74	10.1	257.00	15 100	20.1
	2010	74	8.6	260.00	15 100	23.6
	2011	98	4.9	263.00	18 387	37.8
	2012	103	3.9	263.00	18 387	45.5
	2013	101	4.2	263.00	18 387	43.7
	2014	51	8.2	268.00	20 105	48.1
永和中学	2009	78	16.0	717.90	33 000	26.4
	2010	78	15.7	718.00	33 000	26.9
	2011	121	9.6	724.00	33 000	28.5
	2012	121	8.5	642.00	33 000	32.2
	2013	128	7.9	679.00	33 000	32.6
	2014	124	7.4	679.00	33 000	36.1

资料来源：吉安县教育局计财科

在图书配置方面，根据《中学教学设施设备配备标准》要求，小学册生比≥15：1、初中册生比≥25：1。到2014年，吉安县各完小学生均图书册数都大于或等于15册，初中生均图书册数也都大于或等于25册，每所学校的图书配置都达到了省定标准，且各校之间相对均衡，生均图书册数相差不大。

从乡镇校际的比较也不难看出，各校之间设施设备配置的差距随着时间的推移越来越小。特别是原来发展相对薄弱的乡镇，这几年也有了很大的改善。例如，永阳镇中小学的图书册数、计算机数和固定资产总额的增幅明显高于其他乡镇，校际的差异在不断缩小。从表2-9的数据也可以发现，在计算机台数方面，2009年指阳中学和敖城中学分别是6台和36台，差距较大。但随着吉安县扶持薄弱学校工作力度的加大，至2014年，所有学校在计算机台数上都已达标，总数也在增加，指阳中学和敖城中学的计算机台数分别为39台和47台，两校之间的差距明显缩小。在固定资产和图书方面同样可以看出这一趋势。

五、教师队伍差距不断缩小

教师队伍直接关系到教育教学的质量。近年来，吉安县在教师队伍建设方面采取的一系列举措，并取得了明显的成效，教师队伍的差距在不断缩小。这里从各个学校的教职工和专任教师数及师生比、教师的学历结构、技术职务结构等方面分析该县教师队伍的情况。

（一）教职工和专任教师数及师生比

专任教师占教职工总数的比例及师生比是衡量教师队伍状况是否合理的重要指标。表2-10、表2-11和表2-12、表2-13分别反映的是吉安县2009—2013年小学和初中阶段教师队伍的基本情况。

表2-10和表2-11的数据显示，从总体上看，吉安县小学教师的人数是逐步递增的，从2009年的1774人增至2013年的1922人。此外，近年来吉安县师生比也发生了积极的变化。根据《江西省县域义务教育均衡发展督导评估实施细则》的规定，各小学师生比在1∶23.5以下才符合标准。2009—2013年，全县小学师生比不断向标准化迈进。各校之间师生比的差距也在不断变小，如2009年，实验小学和指阳镇中心小学的师生比分别是1∶29.2和1∶15.0，到2013年分别为1∶20.7和1∶14.9。两校的师生比都在向积极的方面变化，且校际师生比的差距在逐渐缩小。

表2-10　吉安县2009—2013年小学教职工情况节选表　　（单位：人）

学校名称	教职工人数					专任教师人数				
	2009年	2010年	2011年	2012年	2013年	2009年	2010年	2011年	2012年	2013年
城关一小	125	127	132	150	166	124	126	131	148	164

续表

学校名称	教职工人数					专任教师人数				
	2009年	2010年	2011年	2012年	2013年	2009年	2010年	2011年	2012年	2013年
实验小学	43	53	86	102	134	42	52	83	99	130
敦厚镇中心小学	94	99	91	87	101	91	96	88	85	99
油田镇中心小学	73	68	74	75	80	71	66	72	73	78
永阳镇中心小学	115	106	108	113	113	112	103	105	111	111
官田乡中心小学	56	53	57	57	63	55	52	57	57	63
敖城镇中心小学	71	67	65	64	62	71	67	65	64	62
指阳镇中心小学	48	47	46	42	48	48	47	46	42	48
天河镇中心小学	22	21	20	22	24	21	21	20	22	24
凤凰镇中心小学	64	61	61	62	63	62	61	59	60	61
永和镇中心小学	117	118	122	115	98	115	116	119	113	96
全县合计	1774	1721	1749	1800	1922	1737	1686	1754	1795	1918

资料来源：吉安县教育局计财科

表2-11　吉安县小学师生比节选表

学校名称	2009年	2010年	2011年	2012年	2013年
城关一小	23.2	23.1	23.0	22.2	21.8
实验小学	29.2	30.4	25.1	24.1	20.7
敦厚镇中心小学	16.2	16.9	13.4	21.8	21.4
油田镇中心小学	19.9	21.9	20.9	22.3	22.8
永阳镇中心小学	21.1	23.9	23.4	23.5	23.4
官田乡中心小学	14.7	14.5	12.8	12.9	11.9
敖城镇中心小学	13.1	14.8	16.4	18.0	19.6
指阳镇中心小学	15.0	14.7	14.7	16.9	14.9
天河镇中心小学	13.2	7.4	12.9	11.6	11.7
凤凰镇中心小学	16.3	16.5	18.9	20.7	22.4
永和镇中心小学	18.1	18.2	18.3	21.2	23.5

资料来源：根据调研资料整理

表2-12　吉安县2009—2013年初中教职工情况节选表　（单位：人）

学校名称	教职工人数					专任教师人数				
	2009年	2010年	2011年	2012年	2013年	2009年	2010年	2011年	2012年	2013年
城北中学	82	95	103	119	123	81	95	102	118	122
天矿学校	29	28	28	26	26	29	28	28	26	26

续表

学校名称	教职工人数					专任教师人数				
	2009年	2010年	2011年	2012年	2013年	2009年	2010年	2011年	2012年	2013年
油田中学	56	56	52	49	48	52	52	48	45	45
永阳中学	88	88	88	90	91	79	79	79	79	85
官田中学	51	48	49	45	40	50	48	48	44	39
敖城中学	44	47	42	41	39	43	46	41	41	39
指阳中学	29	28	27	27	24	28	28	27	27	24
永和中学	80	82	80	80	80	75	78	77	77	79
凤凰中学	52	51	54	52	49	49	49	52	49	46
全县合计	1237	1244	1261	1253	1247	1170	1185	1184	1188	1198

资料来源：吉安县教育局计财科

表 2-13　吉安县 2009—2013 年初中师生比节选表

年份	城北中学	天矿学校	油田中学	永阳中学	官田中学	敖城中学	指阳中学	永和中学	凤凰中学
2009	19.9	12.9	15.2	17.8	15.1	15.8	14.8	16.7	15.4
2010	18.3	12.4	14.5	17.7	13.8	12.3	14.9	15.7	13.1
2011	18.2	10.7	14.8	15.3	12.8	11.1	13.6	15.1	9.3
2012	17.1	11.4	14.3	14.1	13.1	8	11.9	13.3	8.2
2013	18.3	10.2	14.2	12.8	14.4	10.4	12.0	12.8	9.2

资料来源：根据调研资料整理

表 2-12、表 2-13 的数据表明，吉安县初中教师的总人数变化不大，在 1237—1261 人上下浮动。但与小学一样，县城初中的教师队伍持续增长，有些乡镇中学，如油田中学、敖城中学、官田中学等，教师人数略有下降，但整体上变化不大。虽然教师总人数没有明显波动，但全县初中的师生比都在朝积极的方面变化。在我们调查的 9 所初中中，2009—2013 年，师生比都体现了这种变化。同时，校与校之间师生比的差距也在不断缩小。

（二）教师的学历结构

教师的学历结构是体现教师队伍状况的又一重要指标。表 2-14、表 2-15 反映的是吉安县小学和初中阶段教师队伍的学历情况。

表 2-14 吉安县 2009—2013 年小小学教职工学历结构节选表

(单位：人)

学校名称	本科 2009年	本科 2010年	本科 2011年	本科 2012年	本科 2013年	专科 2009年	专科 2010年	专科 2011年	专科 2012年	专科 2013年	高中 2009年	高中 2010年	高中 2011年	高中 2012年	高中 2013年	高中以下 2009年	高中以下 2010年	高中以下 2011年	高中以下 2012年	高中以下 2013年
城关一小	15	25	27	60	91	94	89	98	78	65	15	12	6	10	5	0	0	0	0	0
实验小学	2	10	24	44	74	40	42	59	55	51	0	0	0	0	5	0	0	0	0	0
敦厚镇中心小学	6	7	9	8	18	63	63	58	59	59	22	26	21	18	22	0	0	0	0	0
浦田镇中心小学	2	4	8	6	8	17	18	21	36	39	51	44	43	31	29	1	0	0	0	2
永阳镇中心小学	7	3	12	7	11	39	38	33	44	43	66	62	60	60	57	0	0	0	0	0
官田乡中心小学	3	4	4	5	9	16	15	25	23	25	36	33	28	29	29	0	0	0	0	0
敖城镇中心小学	1	2	0	0	2	31	33	9	39	39	38	30	48	24	20	1	2	8	1	1
指阳镇中心小学	1	2	1	2	5	17	19	20	19	26	26	26	25	21	17	4	0	0	0	0
天河镇中心小学	1	1	2	1	6	8	11	9	10	11	12	9	9	11	7	0	0	0	0	0
凤凰镇中心小学	0	2	4	4	11	20	19	18	21	19	42	38	37	35	31	0	0	0	0	0
永和镇中心小学	4	3	5	4	7	53	48	62	61	51	50	65	52	48	38	8	0	0	0	0
天矿学校小学部	1	0	2	3	4	21	21	21	20	10	8	8	5	4	2	0	0	0	0	0

资料来源：根据调研资料整理

表 2-15 吉安县 2009—2013 年初中教职工学历结构节选表

(单位：人)

学校名称	本科 2009年	本科 2010年	本科 2011年	本科 2012年	本科 2013年	专科 2009年	专科 2010年	专科 2011年	专科 2012年	专科 2013年	高中及以下 2009年	高中及以下 2010年	高中及以下 2011年	高中及以下 2012年	高中及以下 2013年
城北中学	64	80	86	100	105	17	16	6	18	17	0	0	0	0	0
天矿学校	11	12	12	11	13	18	16	16	15	13	0	0	0	0	0
浦田中学	40	63	39	38	39	12	26	9	7	6	0	0	0	0	0
永阳中学	43	29	31	32	37	33	46	43	42	43	3	4	5	5	5
官田中学	21	17	29	12	12	27	29	17	32	26	2	2	2	0	1
敦城中学	11	22	26	25	27	27	19	12	13	9	5	5	3	0	3
指阳中学	16	18	18	19	17	11	9	8	7	6	1	1	1	1	1
永和中学	55	58	58	58	58	17	16	16	17	20	4	4	3	2	1
凤凰中学	33	36	43	44	42	13	13	9	5	4	3	0	0	0	0

资料来源：根据调研资料整理

我国《教师法》规定，小学教师应具备中专及以上学历，初中教师应具备大学专科及以上学历。吉安县的小学和初中教师都达到了国家规定的学历要求，且小学、初中教师具有本科及以上学历比例分别达到 60%和 70%。从表 2-14 可以看出，吉安县小学教师队伍的整体实力在不断增强。同时，校际教师的学历差距在逐步缩小。各乡镇小学本科学历的教师人数都有所增长，虽然县城和乡镇小学间在本科学历教师人数上还存在差距，但各乡镇间本科学历教师人数相对比较均衡。几所相对薄弱的学校，如油田镇中心小学、官田乡中心小学、指阳镇中心小学具有专科学历的教师人数增幅较大，教师队伍学历的整体水平得到较大的提升，与其他乡镇学校教师的学历差距在缩小。

表 2-15 反映的是吉安县初中教职工的学历变化情况。从表中数据可以看出，吉安县绝大多数初中学校本科学历的教师人数有较大增加，与此同时，专科、高中及以下学历的教师人数则不断减少，有多数学校甚至已没有高中及以下学历的教职工，少数学校存在的高中及以下学历人员基本上是从事行政和图书管理等辅助工作。这说明吉安县教师队伍的整体学历水平已有较大提高，也说明校际教师的学历差距在不断缩小。

（三）教师的职称结构

教师的职称结构同样是体现教师队伍状况的一个重要指标。表 2-16、表 2-17 反映的是吉安县小学和初中阶段教师队伍的职称情况。

教师的职称从某种程度上体现着教师的实力和水平。按照国家对中小学教师职称的划分，小学教师的职称分为小学特级、小学高级、小学一级、小学二级，初中教师分为中学高级、中学一级、中学二级、中学三级。从表 2-16 可以看出，2009—2013 年，吉安县教师队伍的整体实力在不断增强，体现在大部分学校小学高级教师的数量有增加，大部分教师的职称得到了提高。通过校际比较发现，吉安县教师的职称整体上比较均衡。比如，各小学教师的高级职称，这几年增幅都比较明显。2009 年，实验小学、永和小学和永阳小学高级职称的教师人数分别是 14 人、50 人和 43 人，校际之间存在较大的差距。但通过几年的努力，到 2013 年，三所小学高级职称教师人数分别达到 54 人、66 人和 70 人，校际间小学高级教师人数已相对均衡。

表 2-16 吉安县 2009—2013 年小学教师职称结构节选表

(单位：人)

学校名称	小学特级 2009年	小学特级 2010年	小学特级 2011年	小学特级 2012年	小学特级 2013年	小学高级 2009年	小学高级 2010年	小学高级 2011年	小学高级 2012年	小学高级 2013年	小学一级 2009年	小学一级 2010年	小学一级 2011年	小学一级 2012年	小学一级 2013年	小学二级 2009年	小学二级 2010年	小学二级 2011年	小学二级 2012年	小学二级 2013年	未评级 2009年	未评级 2010年	未评级 2011年	未评级 2012年	未评级 2013年
城关一小	1	1	1	2	1	61	73	78	78	91	58	42	39	31	46	4	3	2	1	3	0	0	11	30	20
实验小学	0	0	0	0	0	14	27	38	40	54	22	16	24	18	14	4	2	4	8	6	2	7	17	33	56
敦厚镇中心小学	0	0	0	0	0	46	46	43	46	73	44	48	44	39	23	1	2	1	0	1	0	0	0	0	2
油田镇中心小学	0	0	0	0	0	38	39	45	40	40	37	20	15	13	11	2	2	0	0	6	4	5	12	20	21
永阳镇中心小学	0	0	0	0	0	43	49	57	60	70	59	46	41	36	23	1	1	0	0	0	9	7	7	12	18
官田镇中心小学	0	0	0	0	0	23	29	36	34	39	26	16	10	11	9	2	2	6	10	8	4	3	5	2	7
敖城镇中心小学	0	0	0	0	0	31	33	35	34	46	31	25	24	24	9	4	4	2	0	1	5	5	4	6	6
指阳镇中心小学	0	0	0	0	0	19	24	19	22	30	26	20	23	17	5	2	1	2	0	4	1	2	2	3	9
天河镇中心小学	0	0	0	2	0	7	9	11	12	11	13	11	8	7	5	1	0	1	1	0	0	0	0	2	6
凤凰镇中心小学	0	0	0	0	0	27	29	30	33	43	33	26	25	24	16	0	3	1	1	1	2	1	3	2	1
永和镇中心小学	0	0	0	0	0	50	58	63	59	66	63	53	45	44	17	2	5	5	3	4	0	0	6	7	9
天矿学校小学部	0	0	0	0	0	22	18	17	17	19	5	6	4	3	5	1	4	3	2	2	1	4	5	0

资料来源：吉安县教育局计财科

表2-17 吉安县2009—2013年初中教师职称结构节选表

（单位：人）

学校名称	中学高级 2009年	中学高级 2010年	中学高级 2011年	中学高级 2012年	中学高级 2013年	中学一级 2009年	中学一级 2010年	中学一级 2011年	中学一级 2012年	中学一级 2013年	中学二级 2009年	中学二级 2010年	中学二级 2011年	中学二级 2012年	中学二级 2013年	中学三级 2009年	中学三级 2010年	中学三级 2011年	中学三级 2012年	中学三级 2013年	未评级 2009年	未评级 2010年	未评级 2011年	未评级 2012年	未评级 2013年
城北中学	24	16	23	20	19	30	33	36	36	41	14	31	14	44	44	0	6	0	12	18	2	9	0	6	0
天矿学校	13	13	12	10	10	10	8	11	11	9	5	5	3	4	5	1	2	2	0	2	0	0	0	1	0
油田中学	7	8	9	10	13	17	21	22	24	24	22	16	13	10	7	0	0	15	8	0	6	7	4	1	1
永阳中学	9	13	15	17	17	29	28	35	28	30	32	25	10	22	24	5	7	2	0	10	4	6	4	4	4
官田中学	4	11	11	11	10	18	20	22	22	19	23	14	13	11	10	5	3	5	0	0	0	0	0	0	0
敖城中学	6	8	9	9	11	12	15	17	18	16	18	14	10	14	12	1	6	5	0	0	6	3	0	0	0
指阳中学	3	7	6	6	7	10	9	14	14	11	9	10	5	3	5	0	0	1	0	0	6	2	2	4	1
永和中学	10	15	15	16	19	25	28	33	34	36	37	29	27	25	24	1	3	1	0	0	2	3	1	2	0
凤凰中学	10	12	15	13	13	15	21	24	24	24	22	14	9	10	8	1	2	3	0	0	1	0	1	2	1

资料来源：吉安县教育局计财科

从表 2-17 可以看出，2009—2013 年，中学高级教师和中学一级教师的数量和比例有所增加，乡镇中学也是如此。在这 5 年间，油田中学、永阳中学和凤凰中学的高级教师分别增加了 6 人、8 人和 3 人；中学一级教师人数分别增加了 7 人、1 人和 9 人，校际保持着相对均衡的水平。从高级教师占中学教师的比例来看，2009 年吉安县高级教师占中学教师的比例是 15.29%。当年各中学的情况是：城北中学占 11.1%，天矿学校占 44.8%，油田中学占 13.4%，永阳中学占 11.39%，官田中学占 8%，敖城中学占 13.95%，指阳中学占 10.71%，永和中学占 13.33%，凤凰中学占 20.4%。由此可见，2009 年吉安县各中学高级教师占教师的比例差别较大，最高的占近一半，而最低的则不到 10%。到 2013 年，这些学校高级教师占教师的比例发生了较大的变化，校际差距明显缩小，大多数中学平均比例接近 25.5%。具体情况是：城北中学占 15.5%，天矿学校占 38.4%，油田中学占 28.9%，永阳中学占 20%，官田中学占 25.6%，敖城中学占 28.2%，指阳中学占 29.1%，永和中学占 24%，凤凰中学占 28.2%。

（四）教师的在职培训情况

吉安县重视教师的在职培训，培训的主要形式有远程教育、国培、暑期培训等。表 2-18、表 2-19 反映的是吉安县 2013 年教师暑期培训名额分配情况。

表 2-18　吉安县 2013 年暑期小学教师培训名额分配表

学校	语文教师人数/人	数学教师人数/人	占学校总人数比例/%
城关一小	8	8	9.6
实验小学	6	6	8.9
天矿学校小学部	4	4	30.7
敦厚镇中心小学	7	7	13.8
油田镇中心小学	7	7	17.5
永阳镇中心小学	8	8	14.1
官田乡中心小学	7	7	22.2
敖城镇中心小学	7	7	22.5
指阳镇中心小学	5	5	20.8
天河镇中心小学	3	3	25.0
凤凰镇中心小学	7	7	22.2

资料来源：吉安县教育局办公室

表 2-19　吉安县 2013 年暑期初中教师培训名额分配表

学校	语文教师人数/人	数学教师人数/人	英语教师人数/人	物理教师人数/人	政治教师人数/人	历史教师人数/人	占学校总人数比例/%
城北中学	20	15	20	13	6	5	64.7
天矿学校	4	3	6	3	1	1	69.3
油田中学	8	8	6	6	2	4	75.5
永阳中学	11	11	16	7	5	4	63.5
官田中学	10	7	7	4	4	3	89.7
敖城中学	8	7	8	3	2	3	79.4
指阳中学	5	4	5	3	2	3	91.7
凤凰中学	10	7	5	4	3	3	69.6
永和中学	13	11	16	8	4	4	70.9

资料来源：吉安县教育局办公室

吉安县将教师培训纳入全县教育事业发展规划，对教师进行多种形式的培训。根据各个学校教师总人数和各学科教师占全县各学科教师总人数的比例，分配教师培训的指标。从表 2-18、表 2-19 可以看出，小学和初中乡镇学校的教师参训人数比例都高于县城学校教师的参训人数比例。这说明吉安县在教师培训中将重点放在提高乡镇农村教师的水平上，以缩小其与县城学校师资力量的差距。此外，从中还可以发现乡镇校际教师参训人数比例相差不大，小学都在 20%左右，初中都在 70%左右，各乡镇各学科教师培训人数都是按教师比例来进行分配的。

（五）教师的工资和津补贴待遇

近年来，吉安县确保教师工资、津补贴按时足额发放。同时，为促使县城和山区教师待遇的均衡，吉安县从 2006 年就开始发放山区教师津贴，2011 年又提标扩面，最高达到每月 360 元，共发放金额 181 万元，受益教师增加到 1173 人。该县还率先提高了教师的绩效工资，人均达到 2.2 万元/年，与市本级同步。此外，吉安县还率先对全县村小和教学点的教师发放生活补贴，每人每月 100 元。

六、教育整体质量不断提升

近年来，吉安县通过合理规划学校网点布局，加强师资队伍和学校设施设备与校园建设等，缩小了城乡和校际差距，提高了义务教育的整体质量。

（一）各校课程开设规范统一

每个学校的课程开设是否规范统一在很大程度上影响着教育教学质量的高低。我们在调研中查看了每个学校的课程表，收集了每个学校的课程安排和课程计划情况，并对部分学校班级进行了随机抽查，检验实际开设的课程是否与课表设置一致，结果发现每所学校都是按照课程表开课的。吉安县小学和初中课程的具体开设情况如表 2-20 和表 2-21 所示。

表 2-20　吉安县小学课程开设情况　　　　（单位：节/周）

	课程	一年级	二年级	三年级	四年级	五年级	六年级
学科类课程	品德与生活	2	2	1	0	0	0
	品德与社会	0	0	0	1	1	1
	语文	7	7	7	7	7	7
	数学	6	6	6	6	6	6
	英语	0	0	2	2	2	2
	科学	0	0	2	2	2	2
	信息技术	0	0	2	2	2	2
	音乐	2	2	2	2	2	2
	体育与健身	4	4	3	3	3	3
	美术	2	2	2	2	2	2
活动类课程	兴趣小组活动；写字、阅读；团队、综合实践活动；健康教育；安全教育；法制教育	周三下午第1、2、3节课	周三下午第1、2、3节课	周三下午第1、2、3节课	周三下午第1、2、3节课	周三下午第1、2、3节课	周三下午第1、2、3节课
周总课时		26	26	30	30	30	30

资料来源：根据调研资料整理

通过调查发现，无论是县城学校还是乡镇学校，开设的课程内容和课时都是统一的。同时，在课程教学的设施上也处于较均衡的状态，每所学校都设有音乐、体育、美术教室和微机房。

表 2-21　吉安县初中课程开设情况　　　（单位：节/周）

	课程	初一	初二	初三
学科类课程	思想品德	2	2	2
	语文	5	5	5
	数学	5	5	5
	英语	6	5	5
	物理	0	3	4
	化学	0	0	4
	历史	2	2	2
	地理	2	2	1
	生物	2	2	1
	音乐	2	2	1
	体育	3	3	3
	美术	2	1	1
	信息技术	1	1	1
活动类课程	兴趣小组活动 写字、阅读 团队、综合实践活动 安全教育 法制教育 健康教育	周三下午第1、2、3节课	周三下午第2、3节课	
	周总课时	35	35	35

资料来源：根据调研资料整理

从初中开设的课程来看，无论是农村学校还是县城学校都是统一设置的；并且美术、音乐、体育在三个年级也正常开设，没有出现为了考试成绩而削弱的现象。此外，各个学校都根据学生的特点和兴趣爱好，安排了活动课程和各种特色课程。

（二）各中学中考录取率总体较均衡

2009—2013年，吉安县各中学中考的录取情况在一定程度上反映了教育质量的变化，具体情况如表 2-22 所示。

表 2-22 吉安县 2009—2013 年普通高中录取情况

城北中学 / 凤凰中学 / 永和中学

项目		2009年	2010年	2011年	2012年	2013年	2009年	2010年	2011年	2012年	2013年	2009年	2010年	2011年	2012年	2013年
公办高中录取人数	统招 应届	316	315	309	437	435	77	89	58	64	52	162	127	154	169	162
	历届	1	0	0	0	0	0	0	0	0	0	0	1	0	0	0
	择校	51	75	133	88	100	8	14	19	17	12	6	26	14	13	23
民办高中应届录取人数		20	18	23	10	22	14	13	13	4	4	9	12	8	7	10
中专中职录取人数	县外	26	45	97	81	50	38	33	55	13	9	11	100	97	40	30
	县内	5	5	19	6	22	13	15	19	2	8	21	21	59	1	10
初三应在校人数/人		496	500	596	651	629	295	290	215	100	85	432	427	445	230	235
录取率/%		84.5	91.6	97.5	95.5	94.6	50.8	56.6	76.3	60.2	57.8	48.4	67.2	74.6	57.4	68.3

浦田中学 / 永阳中学 / 官田中学

项目		2009年	2010年	2011年	2012年	2013年	2009年	2010年	2011年	2012年	2013年	2009年	2010年	2011年	2012年	2013年
公办高中录取人数	统招 应届	128	111	106	144	145	126	146	128	152	116	89	68	62	70	74
	历届	0	0	0	0	0	0	0	0	0	0	0	0	0	0	0
	择校	8	14	17	11	10	7	17	22	23	15	12	15	22	8	15
民办高中应届录取人数		6	11	17	6	2	30	40	41	11	8	17	17	21	5	3

第二章 吉安县义务教育均衡发展的调查与分析

续表

项目		油田中学					永阳中学					官田中学				
		2009年	2010年	2011年	2012年	2013年	2009年	2010年	2011年	2012年	2013年	2009年	2010年	2011年	2012年	2013年
中专中职录取人数/人	县外	19	47	63	15	21	46	24	126	77	47	41	52	61	30	27
	县内	8	16	23	1	18	26	47	60	2	30	21	26	24	2	23
初三应在校人数/人		288	267	258	177	196	431	458	471	265	216	321	253	234	115	142
录取率/%		58.7	74.5	87.6	74.4	88.3	54.5	59.8	80.0	63.7	63.5	56.1	70.4	81.2	54.8	70.6

项目		指阳中学					敦城中学					天矿学校				
		2009年	2010年	2011年	2012年	2013年	2009年	2010年	2011年	2012年	2013年	2009年	2010年	2011年	2012年	2013年
公办高中录取人数/人	统招应届	46	51	39	51	43	50	51	64	58	45	34	33	28	29	17
	历届	0	0	0	0	0	0	0	0	0	0	0	0	0	0	0
	择校	2	6	5	4	5	8	7	6	3	5	3	8	8	5	5
民办高中应届录取人数/人		7	7	13	10	1	21	19	25	6	1	5	4	12	5	1
中专中职录取人数/人	县外	17	19	39	43	11	22	26	67	19	18	26	20	46	25	21
	县内	32	9	21	1	4	18	24	21	1	13	9	5	13	1	3
初三应在校人数/人		135	149	132	109	66	274	233	226	87	82	102	102	109	65	47
录取率/%		77.0	61.7	88.6	81.3	69.5	43.4	54.5	81.0	60.8	62.6	75.5	68.6	98.2	84.4	64.4

资料来源：吉安县教育局计财科

通过表 2-22 可以看出，2009—2013 年，在调查的 9 所学校中，城北中学、凤凰中学、永和中学、油田中学、永阳中学、官田中学的录取率在整体上都得到了提高。特别是油田中学和官田中学，2009 年的录取率分别只有 58.7%和 56.1%，到 2013 年分别提高到 88.3%和 70.6%。从学校间的录取率来看，县城的城北中学的录取率比其他乡镇学校要高，而各乡镇学校间的录取率总体上处于相对均衡状态，大多在 60%—70%。这反映出乡镇校际教育质量的差距较小。

七、教育均衡发展满意度高

2014 年 6 月 9—12 日，江西省人民政府教育督导委员会派出省教育督导检查组对吉安县人民政府义务教育均衡发展情况进行了督导评估，其间先后召开了人大代表、政协委员、校长、教师、家长代表座谈会，发放满意度调查问卷 770 份，回收有效问卷 762 份。教育督导检查组结合问卷调查、召开座谈会、实地走访、电话随机访问等，进行了公众满意度调查。调查结果显示，公众满意度达 92.5%。

第四节　吉安县义务教育均衡发展存在的问题

吉安县在推进义务教育均衡发展过程中所采取的一系列有力措施取得了明显的成效，义务教育在整体上已处于较好的均衡状态。但是在调查中也发现一些问题，需要进一步思考和解决，例如，城乡之间和学校之间设施配置仍有差距，师资力量分布有待平衡，城乡教育质量不够均衡等。

一、教学硬件设施配置不均

调查发现，近几年吉安县各个学校在硬件设施建设上成效比较明显，但学校之间的差异仍然存在。学校之间硬件设施的差异主要体现在以下几个方面。

（一）生均面积

从表 2-23 可以看出，无论是生均校园用地面积、生均校舍面积，还是生均体育用地面积，各校之间都存在差异。在生均校园用地面积方面，永和锦源小学为 29.04 平方米，而敦厚中心小学只有 4.69 平方米。生均校舍面积和生均体育用地面积也存在校际差异，少数学校还存在生均面积未达标的现象。在生均校园用地面积方面，城关一小、敦厚中心小学和城北中学没有达标，且离标准距离较大。在生均校舍建筑面积上，城关一小、敦厚中心小学、万福中心小学、永阳南山小学和城北中学尚未达标。在生均体育用地面积方面，敦厚中心小学、永和中心小学和城北中学没有达标。

表 2-23　吉安县义务教育阶段各校均衡指标表（生均面积）

学校名称	生均校园用地面积/米² 生均面积	得分	生均校舍建筑面积/米² 生均面积	得分	生均体育用地面积/米² 生均面积	得分
城关一小	5.40	1.76	3.23	5.31	4.55	8.00
敦厚镇中心小学	4.69	1.30	2.86	4.68	3.74	6.37
万福镇中心小学	23.52	8.00	2.98	4.89	6.94	8.00
万福镇圳上小学	21.37	8.00	6.76	9.00	9.57	8.00
永阳镇南山小学	31.63	8.00	3.86	6.38	25.88	8.00
油田镇中心小学	26.18	8.00	9.69	9.00	8.59	8.00
官田乡中心小学	25.67	8.00	9.71	9.00	7.02	8.00
永和镇中心小学	21.24	8.00	6.31	9.00	5.97	6.80
永和镇锦源小学	29.04	8.00	8.36	9.00	11.45	8.00
城北中学	8.07	2.04	5.71	8.10	4.55	5.54
油田中学	75.59	8.00	19.67	9.00	22.05	8.00

资料来源：吉安县教育局办公室

注：①在生均校园用地面积方面，农村小学为 20 平方米、县城小学为 15 平方米，农村初中为 25 平方米、县城初中为 20 平方米；在得分方面，农村小学每少 1 平方米扣 0.5 分、县城小学每少 1 平方米扣 0.65 分、农村初中每少 1 平方米扣 0.4 分、县城初中每少 1 平方米扣 0.5 分。②在生均校舍建筑面积方面，小学为 5.4 平方米、初中为 6.35 平方米；在得分方面，小学每少 1 平方米扣 1.7 分、初中每少 1 平方米扣 1.4 分。③在生均体育用地面积方面，农村小学为 6.83 平方米、县城小学为 4.55 平方米，农村初中为 9.29 平方米、县城初中为 6.19 平方米；在得分方面，农村小学每少 1 平方米扣 1.4 分、县城小学每少 1 平方米扣 2 分、农村初中每少 1 平方米扣 1 分、县城初中每少 1 平方米扣 1.5 分。

统计时间为 2014 年 11 月 30 日

（二）教学设施设备

表 2-24、表 2-25 体现的项目主要包括专用教室配备、通用教学设备和学科通用设备、计算机配置和图书配置等方面的设备设施情况。万福中心小学和万福圳上小学在专用教室配备上未达到标准，省定要求是有 7 类专用教室，而万福中心小学有 6 类，万福圳上小学更是只有 3 类。在计算机和图书配置方面，各个学校虽然都达标，但在生均占有量方面还存在差距。例如，永和锦源小学生机比为 14.8∶1，而永阳南山小学生机比只有 28.5∶1。在图书配置方面，省核定要求是小学册生比为≥15∶1，部分学校如油田中心小学、万福圳上小学等，只是刚达到标准，离其他学校还有差距。

表 2-24　吉安县义务教育阶段各校均衡指标表（专用教室等）

学校名称	专用教室配备 总类数/类	得分	通用教学设备和学科专用教学设备 总值/万元	得分
城关一小	7	7	279.8	9
敦厚镇中心小学	7	7	64	9
万福镇中心小学	6	6	72.7	9
万福镇圳上小学	3	3	11.9	9
永阳镇中心小学	7	7	25.3	9
油田镇中心小学	7	7	56.6	9
官田乡中心小学	7	7	51.4	9
永和镇中心小学	7	7	78.5	9
永和镇锦源小学	7	7	29.8	9
城北中学	9	7	96	9
油田中学	9	7	83	9

资料来源：吉安县教育局办公室

注：①在专用教室配备方面，须是 7 类/9 类专用教室，并达到省定教育技术装备标准；在得分方面，小学未达到 7 类每少 1 类扣 1 分，未达标准每类扣 0.3 分，初中未达到 9 类每少 1 类扣 0.7 分，未达标准每类扣 0.3 分。②在通用教学设备和学科专用教学设备方面，按照《江西省普通小学/初级中学基本办学条件标准》配齐；在得分方面，小学/初中随机抽查 20 种，每缺 1 种扣 0.45 分。

统计时间为 2014 年 11 月 30 日

表 2-25　吉安县义务教育阶段各校均衡指标表（计算机配备等）

学校名称	计算机配置 总台数/台	计算机配置 每百名学生拥有台数/台	生机比	得分	图书配置 总册数/册	图书配置 生均册数/册	得分	师生比	得分
城关一小	241	6.5	15.4	9	60 328	16.3	9	19.7	13
敦厚镇中心小学	54	7.0	14.4	9	12 566	16.2	9	21.0	13
万福镇中心小学	73	6.1	16.3	9	18 882	15.9	9	23.4	13
万福镇圳上小学	5	4.0	24.8	9	1 875	15.1	9	20.7	13
永阳镇南山小学	11	3.5	28.5	9	6 738	21.5	9	22.4	13
油田镇中心小学	61	6.0	16.7	9	15 300	15.0	9	23.7	13
官田乡中心小学	56	10.2	9.8	9	10 600	19.3	9	15.7	13
永和镇中心小学	75	6.0	16.7	9	19 000	15.1	9	23.3	13
永和镇锦源小学	33	6.7	14.8	9	7 435	15.2	9	23.3	13
城北中学	204	9.1	10.9	9	58 000	26.0	9	17.0	13
油田中学	58	9.1	10.9	9	29 315	46.2	9	13.8	13

资料来源：吉安县教育局办公室

注：①在计算机配置方面，小学生机比为 30∶1、初中生机比为 15∶1；在得分方面，小学生机比大于 30∶1 扣 3 分、35∶1 扣 4 分、40∶1 扣 5 分，初中生机比大于 15∶1 扣 3 分、20∶1 扣 4 分、25∶1 扣 5 分。②在图书配置方面，小学册生比为 15∶1、初中册生比为 25∶1；在得分方面，生均藏书量每少 1 册扣 1 分。③在师生比方面，农村小学为 1∶23.5、县镇小学为 1∶19.7；农村初中为 1∶18、县镇初中为 1∶17.1；在得分方面，小学/初中师生比分母每高 1 个单位扣 1 分。

统计时间为 2014 年 11 月 30 日

二、教师队伍力量存在差距

虽然吉安县县域内乡镇整体上师资力量已基本均衡，但在调研中还是发现了一些问题。

1）校际师资力量还存在差异。在义务教育阶段各项均衡指标中，主要从教师数量、学历、职称等方面衡量教师是否均衡。在调查中发现，针对城乡之间的师资力量均衡的评判标准都是关于每个乡镇间学校教师进行比较，没有考虑校际的均衡问题。特别是小学阶段，每个中心小学包含多个教学点和一些村小、初小，统计的时候都整合归属于乡镇中心小学，将所管辖的所有教学点、初小的教师和学生情况一起统计。这样一来，整个乡镇的师生比处在义务教育均衡标准范围之内，但具体到每所学校会出现不达标的现象。因为很多教学点和初小学生少，但又必须安排若干固定教师，其师生比非常大，有的学校甚至1个教师只带3个学生。而中心小学学生生源多，成班率高，教师比较紧缺，师生比较低，其单校的师生比可能不达标。这种情况直接导致中心乡镇小学的教师短缺，而教学点的教师过剩。并且由于教学点的生源非常少，还容易出现一个问题，那就是农村规模小的学校和教学点必须按照师生比配置教师，这样一来使得一些教学点和村小很难开齐所有课程。

2）部分学科课程师资力量紧缺。我们在调查中发现，吉安县各学校音乐、体育、美术、心理健康、信息技术等专业的教师稀缺。虽然这些课程学校都开足了，但这些科目大多是由语文、数学、外语等学科教师兼任。在走访中，有几所学校校长说，虽然这几年学校硬件设施都配足配齐了，但缺少专业的音乐、体育、美术教师，很多器材都只是存放于器材室，因为兼任的教师都不懂得如何使用。

3）教师的学历结构有差距。县城学校和乡镇学校的教师在学历上存在较大差距，乡镇学校本科学历教师的增长幅度明显低于县城学校。我们对吉安县不同区域的 26 所中小学校教师进行了问卷调查，共发放问卷 330 份，收回问卷 320 份，回收率为 96.97%；有效问卷 312 份，有效率为 94.55%。采用 SPSS17.0 统计软件对数据进行处理，调查结果如表 2-26 所示。县城学校教师中本科学历以上的教师占 83.0%，教师的主要学历为本科。凤凰镇、油田镇、指阳乡和永阳镇的教师比例中也以本科学历为最多。但官田乡和敦厚镇的教师学历则以专科为主，分别占 56.7%和 75.0%；天河镇和永和镇的教师专科学历也占较大比例，分别为 43.9%和 35.5%。这说明吉安县教师的学历虽然都符合标准，但在学历层次上各乡镇之间还是存在差距。

表 2-26 吉安县抽样调查学校教师的学历情况

县镇名称	人数及比例	学历			总体
		高中（含中专）	专科	本科	
县城	人数/人	1	7	39	47
	比例/%	2.1	14.9	83.0	100.0
敦厚镇	人数/人	0	9	3	12
	比例/%	0	75.0	25.0	100.0

续表

县镇名称	人数及比例	学历 高中（含中专）	学历 专科	学历 本科	总体
永和镇	人数/人	8	11	12	31
	比例/%	25.8	35.5	38.7	100.0
凤凰镇	人数/人	7	7	25	39
	比例/%	17.9	17.9	64.1	100.0
油田镇	人数/人	1	15	32	48
	比例/%	2.1	31.3	66.7	100.0
天河镇	人数/人	2	18	21	41
	比例/%	4.9	43.9	51.2	100.0
敖城镇	人数/人	3	9	14	26
	比例/%	11.5	34.6	53.8	100.0
指阳乡	人数/人	3	4	14	21
	比例/%	14.3	19.0	66.7	100.0
永阳镇	人数/人	4	4	9	17
	比例/%	23.5	23.5	52.9	100.0
官田乡	人数/人	2	17	11	30
	比例/%	6.7	56.7	36.7	100.0
总体	人数/人	31	101	180	312
	比例/%	9.9	32.4	57.7	100.0

资料来源：根据调研资料整理。

4）教师队伍不够稳定。新教师都不愿意在偏远山区学校任教，而身处山区学校的年轻教师大多按照政策在山区服务期满三年后就考走调离了，导致山区教师数量不足，教师呈现老龄化。加上县城中心学校针对全县所有学校教师实行选聘制度，以吸收优秀的教师，偏远山区的教师大多准备往县城考，优秀的教师不断向县城中心学校流动，导致县城学校与山区学校的教师队伍出现差距。抽样调查结果表明，大部分乡镇的教师认为学校教师队伍情况比较稳定，但是官田乡和指阳乡两个偏僻乡的学校教师大部分选择"不太稳定"，所占比例分别是70.0%和47.6%；天河镇和敖城镇选择"不太稳定"的比例也分别占43.9%和42.3%。具体情况见表2-27。这说明偏远乡镇学校的教师不够稳定，流动的可能性较大。访谈调查也表明，一些教师在乡村小学任教一段时间后就会去参加县城或其他乡镇的选调考试,调离现在的学校。这些学校师资队伍不够稳定,有些班级几年内要换几批教师,教育教学质量得不到保证。

表2-27 吉安县抽样调查学校师资的稳定状况

县镇名称	人数及比例	师资稳定情况					
		不清楚	非常稳定	比较稳定	不太稳定	很不稳定	总体
县城	人数/人	2	3	42	0	0	47
	比例/%	4.3	6.4	89.3	0	0	100.0
敦厚镇	人数/人	0	0	12	0	0	12
	比例/%	0	0	100.0	0	0	100.0
永和镇	人数/人	4	0	19	7	1	31
	比例/%	12.9	0	61.3	22.6	3.2	100.0
凤凰镇	人数/人	0	3	31	5	0	39
	比例/%	0	7.7	79.5	12.8	0	100.0
油田镇	人数/人	2	2	32	11	1	48
	比例/%	4.2	4.2	66.7	22.9	2.1	100.0
天河镇	人数/人	1	0	22	18	0	41
	比例/%	2.4	0	53.7	43.9	0	100.0
敖城镇	人数/人	0	2	13	11	0	26
	比例/%	0	7.7	50.0	42.3	0	100.0
指阳乡	人数/人	0	0	10	10	1	21
	比例/%	0	0	47.6	47.6	4.8	100.0
永阳镇	人数/人	1	0	12	4	0	17
	比例/%	5.9	0	70.6	23.5	0	100.0
官田乡	人数/人	0	0	9	21	0	30
	比例/%	0	0	30.0	70.0	0	100.0
总体	人数/人	10	10	202	87	3	312
	比例/%	3.2	3.2	64.7	27.9	1.0	100.0

资料来源:根据调研资料整理

三、学校教育质量有待均衡

近年来,吉安县义务教育整体质量有较大提升,但城乡教育质量存在差距也是需要重视和研究改进的问题。

（一）各校升学率不稳定且不均衡

近年来，吉安县各学校的升学率不够稳定，时高时低。有些学校如永阳中学、官田中学的升学率起伏较大，在 2011 年录取率达到最高，但从 2012 年开始下降，且下降幅度较大。而指阳中学、敖城中学和天矿学校这几年的录取率也不稳定，至 2013 年还有所下降。这说明该县的教育质量还不稳定。通过校际比较也可以发现，位于县城的城北中学的录取率要远高于其他的乡镇中学。

（二）各地学生成绩差距较大

吉安县无论是小学还是初中学生的成绩差距都较大，具体情况如表 2-28—表 2-30 所示。它们反映的是 2013—2014 学年（下学期）全县及各小学三、四年级和初中二年级的期末考试成绩。

表 2-28　吉安县 2013—2014 学年（下学期）小学三年级期末成绩统计

学校/乡镇	语文 平均分	语文 优秀率/%	语文 及格率/%	数学 平均分	数学 优秀率/%	数学 及格率/%	总分 平均分	总分 优秀率/%	总分 及格率/%
城关一小	89.16	91.53	99.36	86.06	78.75	96.01	175.22	85.62	98.72
实验	88.51	90.49	95.92	86.93	75.92	94.56	175.44	82.52	95.15
凤凰	90.03	81.62	91.88	95.27	86.32	96.58	185.30	69.23	80.77
永和	79.30	58.96	94.34	76.01	53.07	84.43	155.31	44.81	88.68
永阳	72.79	53.11	90.67	74.58	53.11	82.90	147.37	51.81	82.38
官田	76.02	51.35	90.09	75.92	45.95	75.68	151.94	43.24	72.07
敖城	74.81	43.96	90.82	70.92	38.65	78.26	145.73	38.65	86.47
天河	80.66	62.22	91.11	72.11	37.78	73.33	152.77	51.11	86.67
天矿	77.22	61.19	86.57	75.79	56.72	80.60	153.01	59.70	83.58
油田	73.39	35.55	88.04	72.88	48.17	80.07	146.27	41.20	84.50
敦厚	79.11	63.99	93.26	78.78	60.62	85.75	157.89	48.45	95.60
指阳	74.30	41.35	86.54	70.90	38.46	80.77	145.20	49.04	82.69
全县	79.82	62.39	92.55	78.03	57.45	85.40	157.86	55.74	87.01

资料来源：根据调研资料整理

从表 2-28 可以看出，吉安县各个乡镇三年级学生的成绩中，凤凰镇学生语文成绩平均分最高，达到 90.03 分，而永阳镇的语文平均分最低，只有 72.79 分，全县语文最高和最低成绩之间相差 17.24 分。城关一小的语文优秀率最高，达 91.53%，而油田镇的语文成绩优秀率只有 35.55%，两者相差 55.98 个百分点。语文及格率最高的也是城关一小，达 99.36%；而最低的指阳乡只有 86.54%的及格率，两者相差 12.82 个百分点。学生数学期末成绩在各乡镇之间也有一定的差距。平均分最高的是凤凰镇，为 95.27 分；平均分最低的是指阳乡，只有 70.90 分，两者相差 24.37 分。数学成绩优秀率最高的也是凤凰镇，达 86.32%；最低的是天河镇，只有 37.78%，两者相差 48.54 个百分点。及格率最高的同样是凤凰镇，为 96.58%；最低的是天河镇，只有 73.33%，两者相差 23.25 个百分点。总分平均分最高的凤凰镇为 185.30 分，最低的指阳乡为 145.20 分，两者相差 40.10 分。优秀率最高的是城关一小，为 85.62%；最低的是油田镇，优秀率只有 41.20%。城关一小三年级的总分及格率是 98.72%，为全县最高；官田乡的是 72.07%，为全县最低，两者相差 26.65 个百分点。

表 2-29 吉安县 2013—2014 学年（下学期）小学四年级期末成绩统计

学校/乡镇	语文 平均分	语文 优秀率/%	语文 及格率/%	数学 平均分	数学 优秀率/%	数学 及格率/%	总分 平均分	总分 优秀率/%	总分 及格率/%
城关一小	90.19	93.10	98.52	88.94	86.86	96.88	179.13	91.13	98.36
实验	82.72	73.17	95.87	87.30	81.88	96.10	170.02	76.83	97.48
凤凰	80.65	62.57	75.98	79.61	54.75	67.04	160.26	53.07	72.63
永和	78.31	55.87	95.25	80.81	68.44	90.22	159.12	62.29	94.69
永阳	72.27	29.08	87.87	72.70	47.91	84.94	144.97	28.66	84.73
官田	74.09	38.46	88.89	77.21	54.70	86.32	151.30	29.06	83.76
敖城	76.25	40.33	93.37	80.13	63.54	92.27	156.38	51.93	95.58
天河	76.90	44.19	97.67	77.72	48.84	93.02	154.62	39.53	97.67
天矿	81.14	76.92	98.46	76.44	58.46	89.23	157.58	69.23	93.85
油田	78.80	61.13	95.09	77.25	57.36	86.04	156.05	57.74	90.57
敦厚	74.71	41.37	88.69	76.93	61.01	83.04	151.64	52.68	86.31
指阳	72.90	36.19	84.76	72.80	47.62	74.29	145.70	57.14	86.67
全县	78.71	59.96	88.93	80.35	65.80	88.92	159.06	59.12	89.22

资料来源：根据调研资料整理

从表 2-29 可看出，吉安县四年级期末考试语文平均成绩最高分为城关一小，最低分为永阳镇，分别为 90.19 分和 72.27 分，两者相差 17.92 分。语文成绩优秀率最高和最低也分别是城关一小和永阳镇，各为 93.10%和 29.08%，两者相差 64.02 个百分点。语文及格率最高的还是城关一小，为 98.52%，最低的是凤凰镇，为 75.98%，两者相差 22.54 个百分点。四年级数学成绩平均分最高的城关一小为 88.94 分，最低的永阳镇为 72.70 分，两者相差 16.24 分。数学优秀率最高的城关一小为 86.86%，优秀率最低的指阳乡为 47.62%，两者相差 39.24 个百分点。在总分方面，平均分最高和最低的是城关一小和永阳镇，分别为 179.13 分和 144.97 分，两者相差 34.16 分。总分优秀率和及格率最高的也都是城关一小，优秀率和及格率最低的分别是永阳镇和凤凰镇。其中优秀率最高和优秀率最低之间差距较大，分别为 91.13%和 28.66%，两者相差 62.47 个百分点。

表 2-30　吉安县 2013—2014 学年（下学期）初中二年级期末成绩统计

学校/乡镇	参加考试人数/人	语文 平均分	语文 优秀率/%	语文 及格率/%	数学 平均分	数学 优秀率/%	数学 及格率/%	英语 平均分	英语 优秀率/%	英语 及格率/%
城北中学	756	73.44	21.16	93.52	80.51	64.95	88.76	69.87	46.83	73.28
永和中学	291	67.90	11.68	79.73	62.80	43.30	63.23	64.50	29.90	65.29
凤凰	122	69.03	13.93	86.89	66.90	49.18	65.57	61.29	29.51	59.02
油田	194	66.87	4.64	81.96	56.31	25.77	46.91	52.78	9.79	45.36
敖城中学	119	62.10	5.04	63.03	53.90	22.69	43.70	55.60	15.97	49.58
官田	173	62.71	1.16	68.21	54.39	25.43	46.24	47.13	9.83	31.21
永阳中学	341	68.20	25.51	73.31	48.70	19.65	41.64	46.80	13.49	34.02
指阳	88	60.58	4.55	68.18	45.08	19.32	37.50	41.26	14.77	25.00
天矿学校	104	54.52	0.96	45.19	48.13	25.00	40.38	38.73	7.69	24.04
全县	5008	67.40	13.68	79.57	62.84	38.44	61.24	57.29	25.00	51.16

续表

学校/乡镇	参加考试人数/人	物理 平均分	物理 优秀率/%	物理 及格率/%	思想品德 平均分	思想品德 优秀率/%	思想品德 及格率/%	历史 平均分	历史 优秀率/%	历史 及格率/%
城北中学	756	71.76	45.37	73.41	51.27	35.05	86.90	38.59	52.25	84.39
永和中学	291	58.10	27.49	52.23	43.80	11.00	60.82	40.00	62.20	94.85
凤凰	122	53.45	21.31	45.08	45.25	19.67	66.39	36.39	34.43	86.07
油田	194	59.89	20.62	53.61	44.84	7.22	71.13	35.95	38.66	80.93
敖城中学	119	49.80	17.65	35.29	50.30	44.54	89.92	36.50	39.50	84.87
官田	173	53.20	19.65	41.62	40.42	8.09	47.40	36.01	33.53	82.66
永阳中学	341	44.80	18.48	32.84	39.80	2.64	47.21	38.10	50.15	87.68
指阳	88	51.88	19.32	35.23	41.92	13.64	57.95	32.44	31.82	69.32
天矿学校	104	42.09	10.58	26.92	38.15	3.85	50.96	30.64	19.23	57.69
全县	5008	56.69	25.74	49.22	45.45	17.25	70.65	36.75	47.25	84.03

学校/乡镇	参加考试人数/人	地理 平均分	地理 优秀率/%	地理 及格率/%	生物 平均分	生物 优秀率/%	生物 及格率/%	总计 总分	总计 优秀率/%	总计 及格率/%
城北中学	756	7.22	0.53	2.12	10.95	1.19	12.04	403.61	47.88	80.56
永和中学	291	19.10	17.18	69.42	21.40	43.64	77.32	377.60	26.46	62.54
凤凰	122	13.43	0.82	25.41	20.07	28.69	70.49	365.81	21.31	61.48
油田	194	12.72	2.58	21.65	17.69	14.43	51.03	347.05	8.25	51.55
敖城中学	119	7.42	0.00	5.88	15.60	5.88	43.70	331.22	15.13	50.42
官田	173	14.55	8.09	30.64	19.83	30.06	67.63	328.23	10.40	44.51
永阳中学	341	12.70	2.93	25.51	19.60	30.50	63.93	318.70	13.78	41.35
指阳	88	13.75	9.09	29.55	17.51	22.73	53.41	304.42	10.23	34.09
天矿学校	104	14.77	6.73	38.46	18.29	27.88	58.65	285.32	3.85	35.58
全县	5008	13.86	7.97	33.29	18.25	26.12	57.81	358.53	21.59	57.87

资料来源：根据调研资料整理。

由于2013—2014学年（下学期）初中二年级期末成绩包含的考试科目比较

多，这里只分析最优学校/乡镇和最低学校/乡镇之间的差距（表2-30）。语文成绩最高的平均分在县城的城北中学，最低的在天矿学校，两者相差18.92分。而全县语文平均分为67.40分，其中所选取的9所乡镇学校，有5所学校在平均分以下。永阳中学的优秀率在全县最高，为25.51%；而天矿学校的优秀率只有0.96%，两者差距明显。及格率最高和最低也分别在城北中学和天矿学校，两者相差48.33个百分点。

从数学和英语学科来看，无论是平均分、优秀率还是及格率，城北中学都是全县最高的。其数学平均分比最低的指阳乡多35.43分，优秀率比最低的指阳乡高出45.63个百分点，及格率比最低的天矿学校高出48.38个百分点。英语最低平均分为天矿学校，比城北中学低31.14分，其优秀率也为全县最低，比城北中学低39.14个百分点。天矿学校的及格率只有24.04%，比城北中学73.28%的及格率低了49.24个百分点。

接着再看物理、思想品德、历史、地理、生物等学科的成绩。物理成绩最高的城北中学比最低的天矿学校高29.67分；思想品德最高的城北中学比天矿学校高13.12分；历史平均分最高为永和中学，比最低的天矿学校高9.36分。地理、生物成绩平均分最高的都是永和中学，为19.10分和21.40分，比最低的城北中学的地理和生物平均分分别高11.88分和10.45分。

在优秀率方面，全县物理优秀率最高的是城北中学，比天矿学校高34.79个百分点。敖城中学的思想品德优秀率为全县最高，比最低的天矿学校高40.69个百分点。历史优秀率最高的是永和中学，最低的是天矿学校，两者相差42.97个百分点。地理优秀率最高的是永和中学，为17.18%，最低的在敖城中学，为0.00%。生物成绩优秀率最高的是永和中学，最低的是城北中学，两者相差42.45个百分点。

在及格率方面，物理学科最高的城北中学比最低的天矿学校高46.49个百分点。思想品德学科及格率最高的敖城中学比永阳中学高42.71个百分点。历史学科及格率最高的是永和中学，最低的是天矿学校，两者相差37.16个百分点。地理及格率最高的永和中学比最低的城北中学高67.30个百分点，生物及格率最高的永和中学比最低的城北中学高65.28个百分点。

全县总分平均分最高的是城北中学，为403.61分，最低的是天矿学校，仅有285.32分，两者相差118.29分。全县平均分为358.53分，其中9所学校中有6所学校在平均分以下。在优秀率方面，全县最高的城北中学达 47.88%，最低的天矿学校只有 3.85%，两者相差 44.03 个百分点。全县的优秀率为 21.59%，调查的这 9 所学校中只有 2 所学校达到了平均水平。在及格率方面，最高的为城北中学，占 80.56%，最低的为指阳中学，仅有 34.09%，和城北中学相差 46.47 个百分点。全县及格率为 57.87%，调查的 9 所学校中有 6 所学校没有达到平均水平。

以上情况说明，吉安县在义务教育阶段的教学质量方面，各地和各校之间还存在较大的差距。这种差距在小学阶段主要体现在平均分和优秀率上，特别是在优秀率方面，县城和靠近县城乡镇的学校的学生成绩明显优于偏远乡镇学校学生的成绩。在初中阶段，这种差距体现得更加明显，无论是平均分、优秀率还是及格率，各地和各校差距都较大。

虽然教育的质量不能只是看学生的考试成绩，但它在一定程度上反映了教育的效果。从学生的成绩数据来看，吉安各地和各校之间存在一定的差距，某些方面差距还较大。

第三章　铜鼓县义务教育均衡发展的调查与分析

铜鼓县于2011年被评为"江西省义务教育均衡发展示范县"。本章通过对深入该县实际调查所掌握的数据的统计，分析该县被评为"江西省义务教育均衡发展示范县"前后五年期间（2010—2014年）的义务教育在城乡和学校之间均衡程度的变化情况。具体内容主要包括该县在推进义务教育均衡发展中所采取的策略、取得的成效和存在的问题。

第一节　铜鼓县概况[①]

一、铜鼓县的历史沿革

铜鼓，汉、吴、晋、南朝均属艾地。隋，开皇九年（589年），艾入建昌县。唐，武后长安四年（704年），析建昌置武宁县，艾入武宁县。景云元年（710年），改武宁县为豫宁县。代宗宝应元年（762年），豫宁县复为武宁县。德宗贞元十六年（800年）二月，析武宁西八乡置分宁县，隶属洪州。五代，仍称分宁县。

宋，设江南西路，下辖洪州镇南军，改分宁县为宁县。太祖开宝八年（975年），改洪州镇南军为洪州，宁县复为分宁县。建炎四年（1130年），升分宁县为义宁军。元，至元二十三年（1286年），于武宁置宁州，隶龙兴路，下辖武宁、分宁。大德八年（1304年），升分宁县为宁州，仍隶龙兴路。

元至正二十三年（1363年），朱元璋打败陈友谅，改洪都府为南昌府，隶州如故。洪武三年（1370年）十二月，改江西行中书省为江西都卫，改宁州为宁县，仍隶南昌府。弘治十六年（1503年），又升宁县为宁州，属南昌府。万历五年（1577年），设铜鼓营，以境内有"铜鼓石"而得名。

清初沿用明制，仍为宁州。嘉庆六年（1801年）六月降旨，改宁州为义宁州。光绪三十四年（1908年），江西提督学政吴士鉴，奏清廷改铜鼓为抚民厅。宣统二年正月初一（1910年2月10日），铜鼓废营建抚民厅，从义宁州析出，隶南昌府。

民国二年（1913年）七月，铜鼓废厅建县，直隶省。民国三年（1914年）全省划分四道，属浔阳道。民国十五年（1926年），废道，铜鼓直隶省政府。民国二十年（1931年）夏，南昌国民党陆海空军总司令部行营党政委员会将全省区域43个县划为9个区，每区设立党政分会，铜鼓属第一区，分会驻地修水。民国二十一年（1932年）六月，江西省划为13个行政区，铜鼓属第二行政区，设治武宁。民国二十三年（1934年）二月，国民党先后设立8个县治特别区政治局，铜鼓东北

[①] 根据铜鼓县人民政府网站相关资料整理。

部属找桥特别区，设治找桥。民国二十四年（1935年）四月，撤销特别区，江西省缩为8个行政区，铜鼓属第一行政区，设治武宁。民国二十六年（1937年）六月一日至二十七年（1938年）六月一日，设湘鄂赣边区政治局四处，江西省属第二局，铜鼓隶属第二局。民国二十八年（1939年）三月，日本侵略军占领南昌，是年冬，江西省扩大为11个行政区，铜鼓仍属第一行政区，设治铜鼓。民国三十一年（1942年）八月，经江西省1489次省务会议决定，全省调整为9个行政区，铜鼓属第二行政区，设治宜春。民国三十八年（1949年）七月十四日铜鼓解放，七月二十八日成立铜鼓县人民政府，隶属江西省人民政府袁州分区督察专员公署。

1952年9月，袁州专区并入南昌专区，铜鼓隶属南昌专员公署。1958年12月，南昌专区改为宜春专区，铜鼓隶属宜春专员公署。1968年2月，宜春专区改为宜春地区，铜鼓隶属宜春地区革命委员会。1978年7月，宜春地区革命委员会改为宜春地区行署，铜鼓隶属宜春地区行署。2000年8月，撤销宜春地区，改设宜春市，铜鼓隶属宜春市至今。

二、铜鼓县的地理环境

铜鼓县地处罗霄山脉北端东部，修河上游，位于东经 114°05′—114°44′，北纬 28°22′—28°50′。因城东有一巨石色如铜、形似鼓，击之有声，故名铜鼓。铜鼓东邻宜丰县，南接万载县，西接湖南省浏阳市、平江县，北连九江市修水县。地势由西南向东北倾斜，地形西宽东窄，略呈三角形。总面积1551.94平方千米，其中山地占87%以上，丘陵盆地占13%，有海拔1000米以上的山峰20余座，属典型的南方山区。

铜鼓是绿色之城，全县森林覆盖率居江西省之首，高达87.4%。境内有江西南方红豆杉森林公园、天柱峰国家级森林公园、官山国家级自然保护区。铜鼓年均气温16.2℃，是理想的"避暑胜地"；空气质量达国家一级标准，负氧离子含量达7万个/厘米^3，被誉为"天然氧吧"。

三、铜鼓县的经济社会发展状况

铜鼓县拥有丰富的旅游资源和源远的客家文化。它是赣西北客家人的聚居地。

截至 2014 年，铜鼓全县人口 14 万，其中 70%为客家人，下辖 6 镇 3 乡 4 个国有林场，共有 90 个村民委员会，1143 个村民小组，6 个社区居委会，是典型的地广人稀山区县。

2014 年，全县完成生产总值 35.2 亿元，比上一年增长 9.5%，其中，第一产业增加值 53 466 万元，同比增长 4.2%，第二产业增加值 148 675 万元，同比增长 11%，第三产业增加值 135 888 万元，同比增长 9.2%。第一、第二、第三产业增加值占国内生产总值比重由上一年 16.12∶44.3∶39.58 发展到 15.82∶43.98∶40.2。财政总收入 7.19 亿元，同比增长 16%，其中地方收入 5.88 亿元，同比增长 22%；500 万元以上固定资产投资 20.9 亿元，同比增长 25%；实现社会消费品零售总额 8.63 亿元，同比增长 15%；城镇居民人均可支配收入和农民人均纯收入分别达到 16 875 元和 5913 元。

四、铜鼓县的教育事业发展情况

近年来，铜鼓县先后荣获"全国'两基'工作先进县""江西省'两基'巩固提高工作先进县""江西省山区寄宿制学校试点县"等称号。2007 年，在全省教育综合督导评估中获总分第二名。2008 年，荣获"江西省教育工作先进县"和"江西省'两基'工作先进集体"称号。2009 年，荣获"江西省教育规范管理活动先进集体"称号。2011 年，荣获"江西省义务教育均衡发展示范县"称号。2013 年，在全省教育综合督导评估中获总分第三名。2014 年，顺利通过江西省政府县域义务教育均衡发展督导评估。

2014 年，全县有小学 48 所（中心小学 8 所、村完小 9 所、教学点 31 个），初中 5 所，九年一贯制学校 3 所，普通高中 1 所，教师进修学校 1 所。在校学生 22 845 人，其中普通高中 1654 人，职业高中 602 人，初中 4313 人，小学 11 542 人。2014 年，全县小学入学率 100%，巩固率 100%，初中入学率 100%，巩固率 99.28%，初升高比例 85.3%，全县高考本科二批上线 234 人，本科三批上线 59 人，专科上线 241 人。在编在岗中小学教师 1156 人。省定师生比应配专任教师数 715 人（其中小学 483 人，初中 232 人），实际在编专任教师 860 人（其中小学 532 人，初中 328 人）。县镇小学师生比为 1∶23.2（高于省定标准），农村小学师生比为1∶22.1。县镇初中师生比为1∶18.0，农村初中师生比为1∶9.5。

全县校园总面积482 901平方米，其中校园面积：高中97 385平方米，初中111 776平方米，九年一贯制学校46 407平方米，完小171 127平方米，教学点56 206平方米。体育运动场总面积为164 485平方米，校舍总面积为197 195平方米。

该县学校标准化建设不断推进。2010—2014年，累计投入1.5亿元，实施校建工程40个，城乡中小学基本普及现代化教学手段。2011—2014年，在计算机、图书、电子白板等教育技术装备上投入共计8 292 193元，实现电子白板全面覆盖。其中，每百名学生拥有计算机台数，小学和初中分别为5.39台、6.63台；生均图书册数，小学和初中分别为17.2册、29.34册。薄弱学校改造也在稳步推进，2010—2014年，共计投入资金1155万元，改造9600平方米校舍，所有学校和教学点的校舍都已达到省定标准。其中生均教学及辅助用房面积，小学和初中分别为4.23平方米、3.87平方米；生均体育运动场馆面积，小学和初中分别为4.68平方米、7.53平方米。

2011—2013年，教育经费达到"三个增长"：预算内教育经费拨款逐年增长，依次增长45.18%、29.42%、36.73%，2013年达1.2555亿元；预算内义务教育学校年生均教育事业费稳步增长，小学依次增长33.4%、12.7%、24.3%，2013年达6715元；初中依次增长0.73%、86.4%、36.9%，2013年达14 055元；预算内义务教育学校年生均公用经费不断增长，小学依次增长24.3%、8.3%、10.9%，2013年达639元；初中依次增长16.6%、1.3%、8.2%，2013年达767元，地方财政教育经费支出占一般预算支出的比例达到规定要求。

另外，各项税费均严格按照规定比例用于教育；农村税费改革转移支付资金用于义务教育的比例达到省定要求，2011—2013年每年用于教育的资金均为150万元；土地出让净收益中按10%比例足额计提教育资金并全部用于教育。

近几年，铜鼓县的义务教育均衡发展在稳步推进，农村学校面貌大为改观，基本实现了城乡教育资源的均衡发展。

第二节　铜鼓县推进义务教育均衡发展的策略

2015年1月，铜鼓县顺利通过全国县域义务教育基本均衡督导评估，成为江西省首批义务教育基本均衡县。除此之外，前文也提及该县获得了不少其他表彰。究其原因，铜鼓县在推进义务教育均衡发展方面采取了一系列有力的举措。在调查中发现，为实现《国家中长期教育改革和发展规划纲要（2010—2020年）》提出的义务教育均衡发展目标，国务院和教育部于2012年先后颁发《国务院关于深入推进义务教育均衡发展的意见》及《县域义务教育均衡发展督导评估暂行办法》。铜鼓县根据有关要求，结合本县的实际情况及特殊条件，全面且有特色地推进了义务教育的均衡发展。

一、实行"三权统筹"教育管理体制

1986年，我国第一部《义务教育法》的颁布打响了我国教育事业的"两基"攻坚战，但未对教育管理体制做出明确规定。当时，各地都采用县、乡、村办学，县、乡（镇）管理的"三级办学，两级管理"模式。而由于乡镇财政薄弱，义务教育的推进受阻。直到21世纪初，我国才明确"分级管理，以县为主"的教育管理体制。但早在20世纪80年代，铜鼓县便意识到传统体制的弊端，率先实现"三权统筹"的教育管理体制，将教育发展和规划管理权，教师工资发放和经费管理使用权，教师考核招聘、培养培训、任命调配权全部收归县教育行政部门，实现以县为主的管事、管财、管人的"三权统筹"。

"三权统筹"的管理体制为义务教育均衡发展的推进打下了良好的基础，为教师资源的均衡配置及义务教育经费的均衡配置等提供了便利。

二、做到"四个到位"保障教育经费

铜鼓县始终坚持"优先发展是态度，优质均衡是目标"的发展理念，把义务教育摆在优先发展的战略高度，做到"四个到位"。

1）目标明确到位。铜鼓县把《铜鼓县教育事业"十二五"规划》作为指导性文件，在每年的《县委、县政府工作要点》《政府工作报告》中，都对教育的发展思路及具体发展目标任务有明确的阐述。

2）领导重视到位。县乡两级建立并严格执行行政"一把手"抓教育等制度，提高县乡领导对教育的认识及重视程度。

3）部门联动到位。教育事业仅靠教育部门一己之力无法顺利发展。铜鼓县将教育工作按不低于5%的权数纳入对乡镇、县直有关部门的年终考核内容，充分调动其他部门关心和支持教育事业发展的积极性。

4）财政资金投入保障到位。将义务教育经费全部纳入县财政支出预算，建立了优先保证义务教育投入的"三优先、三增长"保障机制。实行"校财局管"制度，使各级专项资金及县级配套资金全额用于学校公用开支。

在"四个到位"政策支持下，铜鼓县的义务教育均衡发展不断取得进步。

三、依托寄宿制学校调整学校布局

1998年的洪水使铜鼓县的许多学校毁于一旦，在原址修缮和选址新建的抉择中，第一所寄宿制学校——天柱峰小学应运而生。在特定的历史条件下，天柱峰小学以寄宿学习的形式吸纳了原有三所学校的全部学生及周边地区的其他学生。由于是新建的学校，办学基础设施条件得到提升，又整合了原有学校的教师，师资力量也得到加强，办学仅一年其效益就凸显出来。

再者，铜鼓县作为典型的地广人稀的山区县，教学点过多且过于分散，不仅有管理困难的困扰，更多的是教育资源得不到有效利用，造成教育投入高，办学效益反而低的局面。结合本县的现实，加之天柱峰小学寄宿制办学模式成功的启发，铜鼓县开始在全县推广农村寄宿制办学模式。2014年，已推广创建24所寄宿制学校，且寄宿制学校不额外收取学生任何费用。

有别于传统模式的是，寄宿制学校可以集中整合优势资源，包括义务教育的办学经费及优秀的教师资源，改善办学条件和提高教学质量。另外，铜鼓县寄宿制学校学生住宿除餐费自理外不收取任何其他费用，且学校管理规范严格，这就为广大农村的家庭减轻了许多负担，自然也赢得了家长的支持。这样一来，农村学校的办学条件和质量与县城学校的差距明显缩小。

铜鼓县始终把合理配置教育资源作为推进教育均衡发展的基础。以寄宿制学校建设为基础，加大农村学校经费投入，积极推进村小网点建设。

1）均衡全县学校网点布局。铜鼓县依托农村寄宿制学校办学模式，在全县范围内进行学校网点的撤并、新建等。寄宿制学校在管理和质量上取得了非常好的成绩，受到家长及学生的广泛好评，甚至有外地学生慕名而来。寄宿制学校实现了群众满意，家长放心，学生"进得来、留得住、学得好"的发展目标。

2）改善城乡办学条件。2012—2014年，该县累计投入1.6亿元，实施校建工程项目65个，所有义务教育学校基本完成了标准化建设。投入560多万元，按照省颁最新标准对全县义务教育学校添置了图书及音、体、美器材，完善了现代教育技术设施，城乡中小学基本普及现代化教学手段。同时，投资8000万元新建了教育园区。

现代教育技术的推广是教育在新形势下的新趋势。随着互联网社会的发展，越来越多的教育资源可以通过现代教学设备呈现到教师和学生面前，现代教育教学设备作为辅助教学手段，越来越成为当前学校教学的重要选择。优秀教师可以通过现代多媒体技术录制教学课程视频，这些教学课程视频通过互联网传输到农村及偏远地区，让这些地方的学生也能够享受到城市学生能够获得的教师资源，这也为拉近义务教育阶段教师资源的城乡差距做出了贡献。因此，现代教学设备的配置成为学校办学条件的一项重要评估指标。

2011—2014年，铜鼓县在电教装备上投入共8 292 193元，其中多媒体投影设备投入288 840元，计算机投入1 829 030元，电子白板投入2 775 000元。原则上村完小以上级别学校全部配备电子白板。2014年，该县已经实现28所学校共计293套电子白板的配备，这28所学校包括所有村完小以上级别学校及部分村教学点。

3）推进村小网点建设。该县在推进寄宿制学校建设中，重视村小及教学点建设。从2012年开始，县财政通过按工程建设资金30%的标准以"以奖代补"的方式，积极鼓励引导各类资金参与建设村级小学网点，掀起了村小及教学点建设的高潮。2012—2014年，投入资金800多万元，完成了12所村小及教学点的建设。

四、"向农村倾斜"优化教师队伍

师资水平的均衡是义务教育均衡发展的重要内容。铜鼓县通过从四个方面向农村学校倾斜，大大提升了全县义务教育学校，尤其是农村义务学校，教师队伍的整体水平。

1）调配机制上倾斜。首先是新教师的补充机制。2011—2014年，该县共补充大专以上学历毕业生112名，将其全部安置在农村学校进行锻炼。其次是城市教师支教帮扶机制。每年选派10—20名城区骨干教师及紧缺学科教师到农村薄弱学校支教帮扶；同时大力开展"送教下乡"活动，每年组织城区学科带头人、骨干教师到农村学校授课。最后是校长交流制度。2012—2014年，从城区学校选派了三名优秀副校长到乡镇学校担任校长。

2）政治待遇上倾斜。首先，农村教师优先评优评先，农村学校教师享有各项表彰指标的70%，每年受到各级政府表彰奖励的优秀农村教师都有100余名；其次，从晋升机会来看，农村教师中高级职务晋升的比率和机会超过了城区学校；从职称的评聘来看，农村义务教育学校中级以上教师、市级以上骨干教师、学科带头人与城区学校在总体比例上的差距逐步缩小。

3）经济待遇上倾斜。从20世纪80年代开始，铜鼓县就实行教师工资按照不低于当地公务员工资标准发放。此外，县财政为教师统一安排养老、医疗、失业保险"三险"及住房公积金；农村教师每月享受特殊津贴；教师进行定期健康体检并建立健康档案；为教师新建232套"周转宿舍"，在住房问题上给教师提供了极大的便利。

4）培养机制上倾斜。教师培训经费由县财政按年度公用经费预算总额的5%列入财政预算，并全额用于教师培训。建立了县、乡、校三级教研网络，积极为农村学校教师开展包括"国培计划"在内的各项教师培训项目，让农村小学教师参与教师培训。除此之外，为提升基层教师的专业素养，铜鼓县定期邀请教育专家举办"天柱峰之春"全国名师教学观摩研讨会。

五、"关注特殊群体"着力"控辍保学"

该县以"提高入学率、控制辍学率"作为保障教育公平的重要举措，做好扶贫助学工作，妥善解决好进城务工随迁子女及留守儿童等特殊群体的入学、就学问题。

1）巩固提高"两基"成果。该县严格执行义务教育阶段适龄儿童免试、划片、就近入学制度，取缔重点校、重点班。严格执行"三项制度"，即学籍管理制度、学籍变动监控制度和生源流失责任追究制度，切实做好"控辍保学"工作。目前，全县小学、初中入学率均达100%，学生体质健康合格率达86%。

2）扶贫助学。为确保每一位学生不因贫困失学，县政府出台了《贫困学生资助工作实施方案》，全面落实教育民生工程。近年来，下拨生均预算内公用经费1.86亿元，为近7000名寄宿生补助生活费，全部采取"一卡通"形式按时、足额发放到位。大力开展各类助学活动，设立政府保学基金和政府教育奖励基金，成立扶贫助学专户，鼓励并接收社会个人捐助，民政、工会、教育等部门按扶贫助学制度对贫困学生进行补助；各中小学校通过减、免、捐、垫、补等措施，为家庭贫困学生入学铺设"绿色通道"。

3）进城务工随迁子女教育工作。县政府下发了《铜鼓县进城务工农民子女入学的有关规定》，确保进城务工农民子女与当地学生入学享受同等待遇。学校在学生管理、评优等方面确保其与当地学生同等对待，并坚持把农民工子女接受义务教育工作纳入对学校的目标管理考核和校长的年度工作考核。

4）留守儿童管理。该县制定了《铜鼓县关爱留守儿童的实施意见》，在各校成立以校长为组长的领导小组，做好留守儿童的校内教育、管理和校外协调教育工作，全面登记和掌握留守儿童有关情况。同时，开展丰富多彩的互助活动，为留守儿童送去关爱。要求各乡镇党委政府、村委会、社区积极配合，形成政府协调、部门各负其责、社会齐抓共管的关爱留守儿童的工作机制。

六、构建"一校一品"特色教育模式

在结合寄宿制学校的特点及国家提倡素质教育的契机下，铜鼓县以"特色教育"为突破口，在设立"四队"（田径队、文艺队、乒乓球队及竹竿舞队）的基础上，构建"一校一品"的特色教育模式，加强素质教育。这一模式下主要有三个项目。

1）"四队"的推广。铜鼓县在全县的中小学中推广创建"四队"，每年举办全县规模的"中小学特长技能竞赛""中小学田径运动会""小学生竹竿舞比赛"

"师生文艺汇演"等活动，为学生提供展示平台。"四队"的推广，有利于改变传统的只向文化学习要成绩的现状，为学生的发展创造了多种可能性。

2）"四大课堂"的打造。抓常规课堂建设，开齐开足各类文化课程；抓活动课堂建设，推广"四个一小时"活动（从每天下午四点半开始，有序开展"一小时文体活动""一小时处理个人事务""一小时观看电视节目""一小时自主学习"）；抓环境课堂建设，精心构建教室文化、寝室文化、餐厅文化、长廊文化；抓生活课堂建设，做到饭食起居军事化、同学关系亲情化、劳动锻炼制度化。"四大课堂"的打造，优化了学校的育人环境，大大丰富了学生的课余生活，有利于培养学生良好的生活习惯。

3）开设校品课程。在"四队"设立的基础上，同时鼓励各校根据实际，选择特色项目，努力培养"合格＋特长"的学生。全县所有学校均形成自己鲜明的办学特色。例如，三都中学的养成教育，排埠小学的"三种文化"，其他学校的魔术表演、根雕艺术、中草药种植、篆刻、芒杆画、竹文化等，特色纷纷涌现。校品课程作为补充课程，结合学校自身特色，为学生提供"接地气"的教育。

在此基础上，该县还重视学生体质健康，全面实施《国家学生体质健康标准》，建立学生体质健康档案，开展学生体质标准检测，学生体质健康及格率达85%以上；中小学校全面开展"阳光体育"活动，保证学生每天一小时的校园体育活动时间，中小学校每年举办一次校运动会。

综上所述，铜鼓县坚持特色的"三权统筹"管理体制、依托农村寄宿制学校进行网点建设、"一校一品"带动质量提升、"四个到位"保障经费支持、教师队伍管理向农村倾斜及关注弱势群体的"控辍保学"，从这六个层面做到既有自己特色又符合国家要求，切实推动该县义务教育的均衡发展。

第三节 铜鼓县推进义务教育均衡发展的成效

由于铜鼓县近年来在推进义务教育均衡发展进程中采取了一系列有力的举措，义务教育阶段在教育经费投入、学校网点布局、学校基本建设、基础设施配置、师资队伍优化、学生入学机会、学校教育质量、教育均衡发展满意度等方面，取得了较为明显的成效。

一、学生入学机会逐步公平

瑞典教育家胡森认为，教育公平包含机会公平、过程公平和结果公平三个方面，而机会公平很大程度上反映为入学机会的公平，亦即起点的公平，这也是教育公平的关键。县域义务教育均衡评估办法主要从随迁子女入学、留守儿童、三类残疾儿童及学校招生四个方面进行考核。铜鼓县根据评估标准认真落实并取得了较好的成效。

（一）随迁子女入学

铜鼓县从财政和政策两个层面给予随迁子女入学保障：将进城务工人员随迁子女就学纳入全县教育发展规划和财政保障体系，与当地学生享受同等政策；明确规定进城务工人员子女不受户籍限制，以全日制公办中小学为主接收进城务工人员随迁子女，并建立健全了进城务工人员随迁子女就学教育档案，保障了进城务工人员随迁子女的就学要求。该县的随迁子女接收以县城的三所学校（铜鼓一小、铜鼓二小及铜鼓二中）为主，同时县城附近的永宁中心小学及三都中学有少数随迁子女就读。2012～2014年的相关数据如表3-1所示。

表3-1　铜鼓县2012—2014年随迁子女入学情况

学校	年份	随迁子女入学人数/人	比重/%
铜鼓一小	2012	365	23.4
	2013	389	24.31
	2014	425	24.31
铜鼓二小	2012	331	13.47
	2013	355	14.48
	2014	378	14.48
永宁中心小学	2012	9	1.29
	2013	9	1.49
	2014	11	1.49

续表

学校	年份	随迁子女入学人数/人	比重/%
铜鼓二中	2012	115	5.76
	2013	119	5.92
	2014	121	5.59
三都中学	2012	3	0.81
	2013	4	1.07
	2014	4	1.07

资料来源：根据铜鼓县教育局提供的资料整理

从表 3-1 的数据可以看出，铜鼓县进城务工随迁子女入学人数及占比都在逐年增加，从 2012 年的 823 人增长到 2014 年的 939 人，且县城学校为接收随迁子女的主体，随迁子女的入学问题得到保障。

（二）留守儿童及三类残疾儿童入学

因为铜鼓县为典型的山区贫困县，外出务工人员较多，所以留守儿童数量也较多，每年在校留守儿童人数均超过在校学生总数的 20%。因此，留守儿童的就学及教育问题深受教育主管部门及学校的关注。该县为切实做好留守儿童教育问题，建立了以政府为主导、社会各方面参与的留守儿童关爱体系，全面建立留守儿童档案、联系卡，建立结对帮扶、家校联系和心理辅导机制，完小以上学校配备心理健康室和心理辅导教师，整合各方资源，为留守儿童的学习营造了良好的环境。

在三类残疾儿童教育方面，铜鼓县积极建立了残疾儿童、少年确认、登记和组织入学的制度。由于铜鼓县人口在 30 万以下，没有建立特教学校的要求，三类残疾儿童、少年均在义务教育学校随班就读。留守儿童及三类残疾儿童入学情况如表 3-2 所示。

表 3-2 铜鼓县 2012—2014 年留守儿童及三类残疾儿童入学情况

学校	在校留守儿童							三类残疾儿童						
	人数/人			比重/%			人数/人			比重/%		
	2012年	2013年	2014年	2012年	2013年	2014年	2012年	2013年	2014年	2012年	2013年	2014年
铜鼓二中	210	156	152	10.53	7.85	7.18	5	10	14	0.25	0.50	0.66
温泉中学	99	104	85	22.76	23.42	18.64	2	6	7	0.46	1.35	1.54
高桥中学	15	17	14	10.79	12.14	9.40	2	2	3	1.44	1.43	2.01

续表

学校	在校留守儿童 人数/人 2012年	2013年	2014年	比重/% 2012年	2013年	2014年	三类残疾儿童 人数/人 2012年	2013年	2014年	比重/% 2012年	2013年	2014年
棋坪中学	96	106	131	26.97	29.86	34.84	4	5	5	1.12	1.40	1.33
港口中学	39	35	25	48.75	48.61	32.051	1	1	2	1.25	1.39	2.56
三都中学	64	80	90	17.25	21.56	24.06	2	3	4	0.54	0.81	1.07
大段中学	191	218	148	45.05	36.44	28.08	3	5	7	0.71	1.08	1.33
带溪中学	105	60	60	64.02	37.50	32.09	0	1	3	0.00	0.62	1.60
铜鼓一小	217	226	252	13.91	13.44	14.42	4	3	3	0.26	0.18	0.17
铜鼓二小	258	415	224	10.50	16.19	8.58	7	5	4	0.28	0.20	0.15
温泉镇中心小学	251	297	354	22.96	26.49	32.15	10	6	12	0.91	0.54	1.09
高桥中心学校小学部	47	89	96	12.14	23.67	28.40	3	3	2	0.78	0.79	0.59
棋坪镇中心小学	283	287	274	27.21	27.33	27.08	2	1	1	0.19	0.10	0.10
港口中心学校小学部	90	86	80	28.13	27.74	28.78	2	2	1	0.63	0.65	0.36
排埠镇中心小学	81	213	191	12.94	32.97	29.48	4	2	1	0.64	0.31	0.15
永宁中心小学	110	174	186	15.85	23.77	25.24	4	4	3	0.58	0.55	0.41
三都中心小学	197	223	264	18.67	20.55	23.22	6	5	4	0.57	0.46	0.35
大段中心小学	680	508	429	52.71	39.41	32.62	6	4	1	0.47	0.31	0.08
带溪中心学校小学部	100	199	199	15.50	28.07	31.49	5	4	2	0.78	0.56	0.32
合计	3133	3493	3254	20.57	22.19	20.58	72	72	79	0.48	0.46	0.50

资料来源：根据铜鼓县教育局提供的资料整理

相关数据显示，铜鼓县三类残疾儿童、少年占全县总人口的万分之六左右，2012—2014年实际人数为83人。结合表3-2我们可以发现，2012年铜鼓县三类残疾儿童有 72 人随班就读，入学率为 86.7%，2014 年人数上升为 79 人，入学率达 95.2%。这说明铜鼓县为三类残疾儿童的入学提供了与普通儿童基本相同的机会。

（三）均衡招生

自 2007 年江西省实行普通高中招生指标均衡分配到初中招生改革以来，铜鼓县已试行了九年。该县 2010—2014 年均衡生的具体招录情况如表 3-3 所示。

表 3-3　铜鼓县 2010—2014 年重点高中均衡生招录情况

年份	学校类别	初三在校生数/人	均衡生人数/人	占总均衡生比/%
2010	县城初中	630	69	49
	农村初中	628	72	51.0
2011	县城初中	568	89	55.3
	农村初中	645	72	44.7
2012	县城初中	584	113	56.5
	农村初中	608	87	43.5
2013	县城初中	604	176	52.4
	农村初中	547	160	47.6
2014	县城初中	622	194	51.3
	农村初中	592	184	48.7

资料来源：根据铜鼓县教育局提供的资料整理

从表 3-3 数据可以得出以下结论：该县均衡生总人数逐年增长，无论是县城初中还是农村初中均呈现逐年递增的趋势；农村初中均衡生数占总均衡生数的比例在 2012～2014 年呈增长趋势，说明重点高中招生政策在保证招生质量的同时逐渐向农村初中倾斜，对农村初中的照顾力度加大。重点高中均衡招生政策在一定程度上弥补了城乡教育资源差异对农村初中学生造成的影响，为农村初中学生进入重点高中学习、享受优质教育资源提供了更大的可能性，缩小了城乡初中学生进入重点高中的机会差异。

二、教育经费投入同步增长

教育经费是保障义务教育均衡发展的关键性因素，铜鼓县一直以来的教育经费都是封闭运行、专款专用，归财政局统一管理，各级拨付的教育经费全部纳入专户，并直接拨付到学校账户。这样就有效地提高了资金使用效率，杜绝了截留挪用现象，从而保障教育经费落到实处。同时，为进一步促进义务教育均衡发展，该县近年来各项教育经费也在不断增长，具体情况如表3-4所示。

表3-4 铜鼓县2010—2014年教育经费投入情况

年份	义务教育预算内经费拨款		地方财政经常性收入		预算内教育经费占财政支出的比例/%
	拨款值/千元	比上年增长比例/%	收入/千元	比上年增长比例/%	
2010	57 790	—	96 640	—	10.96
2011	84 150	45.61	107 270	10.99	12.16
2012	104 760	24.49	120 180	12.03	12.98
2013	125 550	19.85	132 190	9.99	17.49
2014	148 660	15.55	143 660	7.98	14.75

资料来源：根据铜鼓县教育局提供的资料整理

表3-4数据显示，义务教育预算内经费逐年增长，虽然从增长幅度来看有所减缓，但增长比例每年都远高于地方财政经常性收入增长比例；预算内教育经费占财政支出的比例逐年增长，由2010年的10.96%增长到2013年的17.49%，虽然2014年的比重不及2013年的，但基本维持在较高的水平。

在小学和初中的生均预算内教育事业费及生均预算内公用经费两个层面上，铜鼓县在全县所有学校标准一致，城市与农村学校统一划拨的基础上，保证逐年增长，且不足100人的农村小学及教学点按100人核拨公用经费。具体情况如图3-1、图3-2所示。

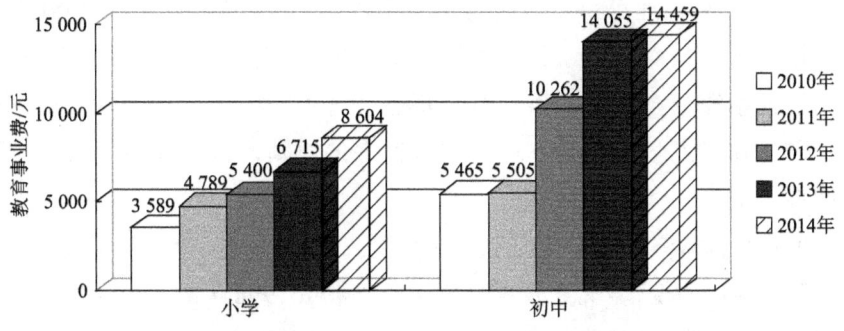

图3-1 铜鼓县2010—2014年生均预算内教育事业费

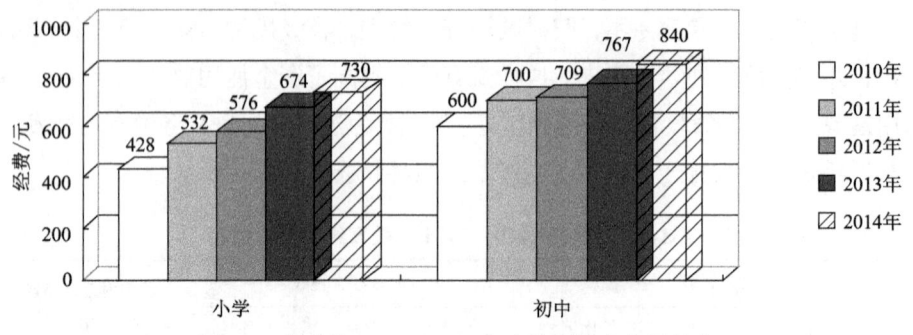

图 3-2 铜鼓县 2010—2014 年生均预算内公用经费

通过两项指标的柱状图，我们可以直观地看出，铜鼓县中小学生均预算内教育事业费及生均预算内公用经费保持逐年增长的趋势。小学和初中的生均预算内教育事业费从 2010 年的 3589 元和 5465 元分别增至 2014 年的 8604 元和 14 459元，而生均预算内公用经费从 2010 年的 428 元和 600 元分别增至 2014 年的 730元和 840 元。

三、学校网点布局日趋合理

铜鼓县是典型的地广人稀的山区县，在学校网点规划上有其特殊性。以往从保障所有适龄儿童就近入学的角度考虑，必然导致学校网点过于分散且办学规模小，造成投入高但效益低的局面，加之县级财政薄弱，农村义务教育学校处于低水平维持状态。

2000 年秋季，在第一所农村寄宿制学校——天柱峰小学办学模式取得成功后，该县开始全面推进农村寄宿制模式。依托农村寄宿制模式及危房改造项目，根据生源分布及办学条件合理定位，每年集中力量建设好几所寄宿制学校，秉持在定点学校建设好后再实行撤并的原则，该县逐步进行学校网点布局调整。

首先看学校数量的调整。从表 3-5 数据我们可以明显看出，铜鼓县学校网点布局调整前后的变化：义务教育阶段学校总数从 1998 年的 181 所调整到 2014年的 56 所，且基本稳定在 56 所；寄宿制学校从无到有，2012—2014 年从 23所调整到 22 所，且基本稳定在 22 所；初中学校从 12 所调整为 5 所，外加 3

所九年一贯制学校；完小调整幅度较大，从1998年的79所调整到2014年的17所。尤其要说明的是"教学点数"和"村小数"两项数据，由于1998年没有"教学点"这一提法，是将村小及"一师一校"情况共同计入"村小数"一栏，38所"一师一校"及52所村小全部撤并调整为31个教学点。另外，根据铜鼓县教育局提供的具体资料，县城的1所中学和2所完小这3所学校是从1998年就有的，之后对其未做任何增减调整，所做的调整都是对乡镇及村一级学校进行的。

表3-5　铜鼓县义务教育阶段学校布局调整情况　　　（单位：所）

年份	义务教育学校总数	寄宿制学校总数	初中学校数	九年一贯制学校数	完小数	教学点数	村小数
1998	181	0	12	0	79	0	90
2012	57	23	5	3	19	29	1
2013	56	22	5	3	18	29	1
2014	56	22	5	3	17	31	0

资料来源：根据铜鼓县教育局提供的资料整理

单从数量来看，小学由原来的169所锐减到2014年的51所（其中17所完小、31个教学点及3所九年一贯制小学部）。"一师一校"及办学规模较小的村小撤并，极大地优化了义务教育经费及师资的配置，把用来维持这些低水平办学的经费和师资集中起来办好几所水平较高的寄宿制学校。再深入来看，随着办学条件及师资配置的强化，寄宿制学校的办学效益日益凸显，农村学校的办学质量逐步提高，与县城学校的差距不断缩小。而且撤并闲置的校舍也主要用作学前教育事业的发展，保证了资产不会因为学校调整而流失，尽可能地发挥其最大的剩余价值。

其次看学校网点布局。表3-6的数据显示，该县下辖六镇三乡，永宁镇为县城所在镇，因此除排埠镇外，其余乡镇至少设立一所中学及一所完小或一所九年一贯制学校。其中，排埠镇常住人口较少（排埠镇派出所统计数据显示，截至2014年末，18岁以下人口为2914人），因此学生数也较少，且在地理位置上与县城所在地永宁镇相邻，排埠小学划入铜鼓二中的招生范围，因此不再单独设立中学。带溪、港口、高桥三乡虽然常住人口及学生数也较少，但由于地处偏远山区，分别设立一所九年一贯制学校，以满足当地学生的需求。在此基础上，各乡镇根据人口分布、生源情况及办学情况，又分设不同数量的完小及教学点。

表 3-6　铜鼓县 2014 年中小学网点分布情况

网点名称	中小学网点分布数/所					学生数/人	
	小计	初中	九年一贯制学校	完小	教学点	初中学生数	小学学生数
县城	3	1	0	2	0	2 166	4 359
永宁镇	2	0	0	2	0	0	737
三都镇	8	1	0	3	4	374	1 137
大段镇	7	1	0	3	3	527	1 303
排埠镇	4	0	0	2	2	0	648
温泉镇	7	1	0	3	3	456	1 101
棋坪镇	11	1	0	2	8	376	1 012
带溪乡	6	0	1	0	5	187	632
高桥乡	4	0	1	1	2	149	338
港口乡	4	0	1	0	3	78	278
合计	56	5	3	18	30	4 313	11 545

资料来源：根据铜鼓县教育局提供的资料整理

由此看来，铜鼓县在学校网点布局上日趋合理，不仅依托寄宿制学校集中力量办优质学校，还照顾到每个地域的具体情况，让学生尽可能地就近入学。这样既保障了每个农村学生的入学机会平等，又尽可能地为农村学生提供了更高质量的教育，促进了城乡学生学习过程及结果的平等。

四、农村学校基建成效显著

学校基本建设主要包括校园面积、校舍、生活用房、体育用地等，其是评估学校办学水平的重要指标。铜鼓县通过薄弱学校改造、教师周转房建设、危房改造及校安工程等项目，使大部分学校有了全新的面貌。2010—2014 年 5 年间，该县在薄弱学校改造项目中完成了 4 所县镇学校扩容改造及 3 所农村寄宿制学校改造，共计投入资金 1155 万元，规划新建校园面积 31 866 平方米，改造校舍面积 9600 平方米，新增班级 28 个，可多容纳学生 1466 名。5 年间，在危房改造项目中共投资 713.3 万元，完成 23 所学校抗震加固改造校舍 560 平方米、D 级危房改造建设 9169 平方米；在校舍安全工程项目中共投入 1379.97 万元，完成 D 级危房重建面积 10 400 平方米，消除危房面积 9330 平方米。2012 年在 14 所学校内共建成 232 套教师"周转房"，总投资达 1200 万元，建设规模 8120 平方米。

在各项目的支持下，铜鼓县义务教育阶段学校基本建设取得了明显的成效。我们将该县学校分为县城初中、乡镇初中、县城小学、乡镇中心小学、村完小及九年一贯制学校六个类别，将生均校园面积、生均校舍面积及生均体育用地面积以柱状图表示，如图 3-3～图 3-5 所示。

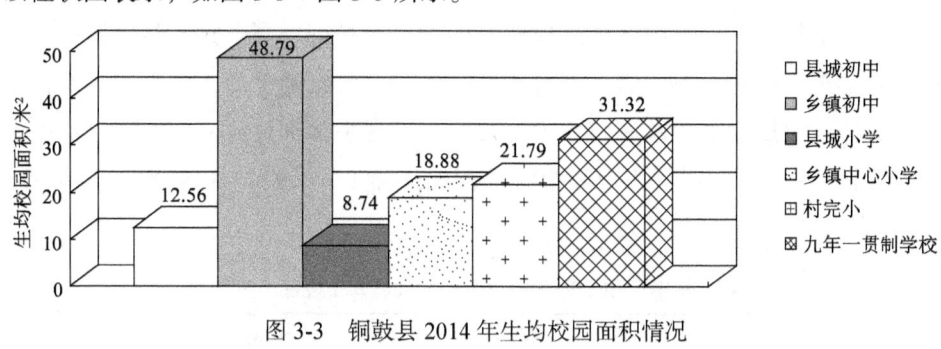

图 3-3　铜鼓县 2014 年生均校园面积情况

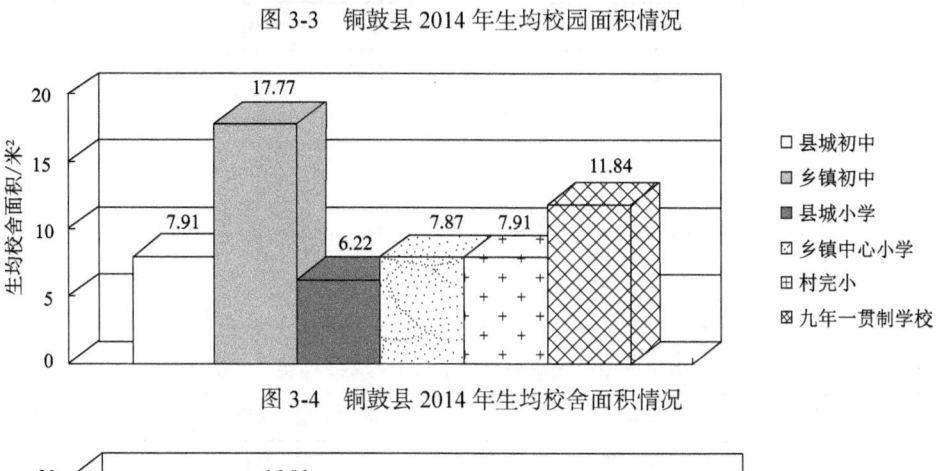

图 3-4　铜鼓县 2014 年生均校舍面积情况

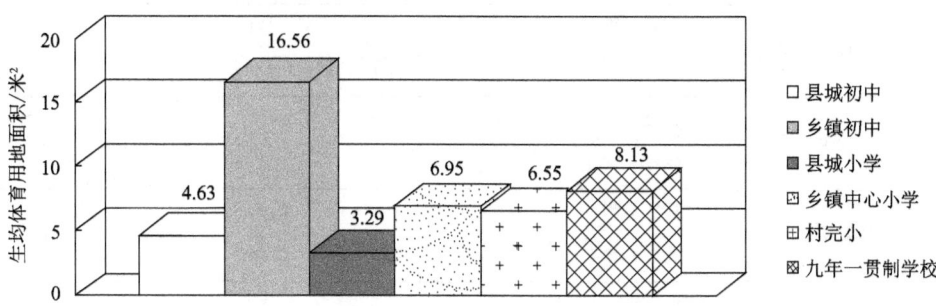

图 3-5　铜鼓县 2014 年生均体育用地面积情况

从图 3-2~图 3-5 中不难发现，农村各类型学校三项指标均高于城市学校且高于省定标准，这说明农村学生相比城市学生享有更多的空间资源。而且从质量来看，农村学校大部分校园校舍都是改造过、重建或者新建的，与城市学校相比毫不逊色，有的甚至还要好一些。出现这种情况的原因，一方面是农村学校发展预留土地相对宽裕，扩建、改建计划基本不受土地限制；另一方面是对农村学校基本建设重视程度较高，投资力度较大。

我们进一步利用 SPSS 数据处理软件，用 2014 年的数据分析生均校园面积、生均校舍面积及生均体育用地面积的城乡及校际差异。城乡差异的比较针对不同学校类别进行独立样本 t 检验，将初中学校类别分为县城初中、农村初中，小学分为县城小学及农村小学（九年一贯制小学部计入农村小学，初中部计入农村初中），分别对初中和小学进行独立样本 t 检验，具体结果如表 3-7、表 3-8 所示。

表 3-7　初中三项面积学校类别的独立样本 t 检验（$p<0.05$）

测评指标	学校类别	样本量	均值	标准差	t	p
生均校园面积	县城初中	1	12.56	—	-1.395	0.212
	农村初中	7	58.20	30.599		
生均校舍面积	县城初中	1	7.91	—	-0.946	0.381
	农村初中	7	24.64	16.546		
生均体育用地面积	县城初中	1	4.63	—	-1.392	0.213
	农村初中	7	12.94	5.580		

表 3-8　小学三项面积学校类别的独立样本 t 检验（$p<0.05$）

测评指标	学校类别	样本量	均值	标准差	t	p
生均校园面积	县城小学	2	9.20	3.253	-1.316	0.205
	农村小学	18	27.24	18.905		
生均校舍面积	县城小学	2	6.21	0.424	-0.804	0.432
	农村小学	18	10.45	7.281		
生均体育用地面积	县城小学	2	3.48	1.294	-1.424	0.171
	农村小学	18	9.06	5.400		

数据显示,农村初中及小学在生均校园面积、生均校舍面积及生均体育用地面积的均值上都远高于县城学校,呈现这一现状主要是因为受极端数值的影响,部分农村学校这三项面积存在极大值,导致农村学校均值偏大。独立样本 t 检验分析显示,生均校园面积、生均校舍面积及生均体育用地面积,县城学校与农村学校在得分均数上均无显著差异($p>0.05$)。也就是说,在这三项指标上,铜鼓县达到城乡均衡。

比较校际的差异,我们需要引入差异系数这一计算方法。某项指标的差异系数=该指标的标准差÷该指标的平均值。标准差是统计学通用的计量方法,反映了各义务教育学校某项指标的数值与该指标县域内所有学校平均值的离散程度。差异系数取值范围为(0,1),差异系数值越大,均衡水平越低;差异系数值越小,均衡水平越高。计算差异系数结果如表3-9所示。

表 3-9 生均校园、校舍及体育用地面积差异系数

学校类型	项目	生均校园面积	生均校舍面积	生均体育用地面积
小学	均值	25.4345	10.0270	8.4970
	样本量	20	20	20
	标准差	18.73903	7.00965	5.39671
	差异系数	0.74	0.70	0.64
初中	均值	52.4988	22.5488	11.8975
	样本量	8	8	8
	标准差	32.60355	16.42083	5.94234
	差异系数	0.62	0.73	0.50

根据教育部 2012 年颁发的《县域义务教育均衡发展督导评估暂行办法》的规定,小学和初中的总体差异系数分别小于或等于 0.65 和 0.55 的县,方可通过义务教育发展基本均衡县的评估认定。我们暂且将 0.65 和 0.55 分别作为小学和中学差异系数的标准,差异系数值高于此标准则读为"校际存在差异",低于此标准则读为"校际无明显差异"。

表 3-9 数据显示,铜鼓县义务教育学校在生均体育用地面积上,校际无明显差异,而在生均校园面积及生均校舍面积两项指标上,校际存在差异。

五、教学设施设备趋于均衡

义务教育学校标准化建设除上文提及的学校基建外，还有一个重要部分，那就是学校设施设备的配置。设施设备包括图书、计算机、多媒体教学设备、教学仪器设备、功能室设备等。在 2013—2015 年，铜鼓县投入 204 万元针对 31 所学校增加图书册数分别为 5800 册、4500 册和 3000 册，购置教学仪器设备分别为 23 套、27 套和 23 套。在 2011—2014 年 4 年间，该县在基础设施装备配置上投入近 830 万元，其中投入笔记本 5.2 万元、多媒体投影系统 28.884 万元、录音机 5.3 万元、打印机 3.74 万元、计算机 182.903 万元、图书 76 万元、音体美器材 111.4573 万元、电子白板 277.5 万元、教学仪器设备 85.8634 万元、卫生器材 26.1702 万元、综合实践设备 17 万元、心理咨询室设备 9 万元。

在持续的投资建设后，到 2014 年，该县所有村完小及以上的义务教育学校实现专业教室配备小学 7 个、中学 9 个，达省定标准；乡镇中心学校以上的义务教育学校实现通用和专业教学设备全配置，村完小也实现近 99%的配置率；村完小及以上学校共配置计算机 1099 台，生均计算机配置除 4 所村完小外其余学校均达省定标准；共配置图书 317 502 册，生均图书册数所有村完小及以上义务教育学校均达省定标准；实现 291 套电子白板的配置，全面覆盖所有村完小及以上级别的义务教育学校。

这里将铜鼓县学校分为县城初中、乡镇初中、县城小学、乡镇中心小学、村完小、九年一贯制小学部及九年一贯制初中部七个学校类别，其配备设施配置的数据如表 3-10 所示。

表 3-10　铜鼓县 2014 年完小及以上级别义务教育学校基础设施情况

学校类型	学校数/个	学生数/人	计算机总台数/台	生机比	图书总册数/册	生均图书册数/册	电子白板套数/套
县城初中	1	2 166	180	12.03	60000	27.70	40
乡镇初中	4	1 733	188	9.22	46896	27.06	39
县城小学	2	4 358	289	15.08	86330	19.81	76
乡镇中心小学	6	3 562	253	14.08	63 135	17.72	82
村完小	9	2 359	88	27.03	30 971	13.02	41
九年一贯制小学部	3	980	47	20.85	17 000	17.35	39
九年一贯制初中部	3	414	54	7.67	13 170	31.81	10

资料来源：根据铜鼓县教育局提供的资料整理。

根据江西省的相关规定，小学学校生机比应低于30，初中学校生机比低于15，生机比的数值越小，说明学校计算机配置率越高；而生均图书册数小学应高于15，初中应高于25，数值越大说明学校生均图书册数越多。从表3-10数据我们可以明显看出，总体来看，各级各类学校在生机比与生均图书册数上基本达到省定标准，设备设施配置基本情况良好，只是村完小在生均图书册数上有微小的差距；在生机比上，乡镇初中及九年一贯制初中部均低于县城初中，即乡镇初中及九年一贯制初中部计算机配置率均高于县城初中，而小学则只有乡镇中心小学生机比略低于县城小学，村完小及九年一贯制小学部生机比与县城小学有一定差距；在生均图书册数上，县城学校也高于农村学校，但差距较小。

我们进一步利用SPSS数据处理软件，用2014年的数据分析生机比及生均图书册数的城乡及校际差异。城乡差异的比较针对不同学校类别进行独立样本t检验，分别对初中和小学进行独立样本t检验。具体结果见表3-11和表3-12。

表3-11 铜鼓县2014年初中生机比及生均图书册数学校类别的独立样本t检验（$p<0.05$）

测评指标	学校类别	样本量	均值	标准差	t	p
生机比	县城初中	1	12.0300	—	1.123	0.304
	农村初中	7	8.7386	2.74070		
生均图书册数	县城初中	1	27.7000	—	−0.392	0.709
	农村初中	7	30.0257	5.54880		

表3-12 铜鼓县2014年小学三项面积学校类别的独立样本t检验（$p<0.05$）

测评指标	学校类别	样本量	均值	标准差	t	p
生机比	县城小学	2	16.0450	8.06809	−0.628	0.538
	农村小学	18	18.7694	5.66088		
生均图书册数	县城小学	2	19.5100	2.13546	0.418	0.681
	农村小学	18	18.2394	4.16310		

数据显示，农村学校与县城学校在生机比及生均图书册数的均数上均有一定差异，但差异不大。县城初中在两项指标均数上均不及农村初中，而县城小学则相反，在两项指标均数上都优于农村小学。独立样本t检验分析显示，在生机比及生均图书册数上，县城学校与农村学校在得分均数上均无显著差异（$p>0.05$），

也就是说在这两项指标上,铜鼓县已达到城乡均衡。

再看校际的差异分析,通过差异系数的计算方法对铜鼓县 2014 年的数据进行处理,结果如表 3-13 所示。

表 3-13　铜鼓县 2014 年生机比及生均图书册数的差异系数

学校类型	项目	生机比	生均图书册数/册
小学	均值	18.4970	18.3665
	样本量	20	20
	标准差	5.72726	3.98748
	差异系数值	0.31	0.22
初中	均值	9.1500	29.7350
	样本量	8	8
	标准差	2.79152	5.20258
	差异系数值	0.31	0.17

差异系数值显示,小学和初中学校的生机比和生均图书册数的差异系数值均较小,低于前定标准。也就是说,铜鼓县在生机比及生均图书册数两项指标上,做到了校际的均衡。

六、师资队伍差距不断缩小

义务教育城乡间均衡发展的实现,其实主要是硬件与软件——办学条件和师资配置均衡的实现。作为硬件的办学条件,经费投入的增加能有效地促进其均衡配置,相比而言,重点在于教师资源这一软件的均衡。当然,师资配置均衡也需要经费的支持,但教师的成长有其自身的周期性和成长规律,教师资源的配置也受到多个因素的影响,要实现城乡间师资的均衡配置是一项长期而复杂的工作。而铜鼓县从 20 世纪八九十年代就已经将教师的人事权集中在县级教育主管部门,这为教师资源配置均衡打下了良好的基础。该县在教师的配备、待遇、交流及培训等层面逐步推进,旨在建设一支合理均衡优质的教师队伍。我们对教师资源配置是否均衡的评估主要从生师比、教师职称、教师学历、教师培训及教师待遇等方面入手。

(一)生师比

生师比即学生人数与教师人数的比值,也就是平均多少学生拥有一位教师的数值反映。生师比主要揭示的是教师数量是否达标。生师比数值越高,说明该区域或学校教师数量越紧张。铜鼓县由于一直以来实行"以县为主"的教师管理制度,中小学教师归县级教育主管部门统一调配,有了良好的基础。总体来看,2010—2014年铜鼓县教师调整幅度较小,教职工在编人数2010年和2011年均为1163人,2012—2014年调整后均为1185人,增加22人;专任教师同期补充112人,自然减员78人。表3-14所示是该县部分学校(县城小学、县城中学、乡镇中学、乡镇中心学校、村完小及九年一贯制学校各1所)的专任教师数及生师比的变化情况。

表3-14 铜鼓县2010—2014年义务教育学校专任教师数及生师比变化情况(部分)

学校名称	类别	2010年	2011年	2012年	2013年	2014年
铜鼓二小	专任教师数	87	93	98	106	106
	生师比	24.1	24.5	25.1	23.2	24.6
铜鼓二中	专任教师数	118	118	117	113	128
	生师比	16	16.9	17.1	18.3	16.9
大段中心小学	专任教师数	64	72	75	73	74
	生师比	18.5	17.4	17.2	17.6	17.6
温泉镇石桥小学	专任教师数	14	14	14	13	12
	生师比	15.9	15.6	15	15.4	15.6
棋坪中学	专任教师数	30	32	32	33	34
	生师比	12.7	10.4	11.1	11.1	11.1
高桥中心学校	专任教师数	42	44	43	42	41
	生师比	9	8.7	8.9	9.1	9.2

资料来源:根据铜鼓县教育局提供的资料整理

我们所选的上述学校教师的情况,基本反映了铜鼓县教师的基本情况。从表3-14数据来看,该县大部分学校生师比虽然处于波动状态,但波动幅度较小,近2010~2014年基本处于较为稳定的状态。这从侧面反映出,该县能根据学生数的变化不断调整教师人数,做到各校生师比趋于合理和稳定。

另外，我们通过 2014 年的数据，将学校按顺序分成县城初中、乡镇初中、九年一贯制初中部、县城小学、乡镇中心小学、村完小及九年一贯制小学部七个类别进行生师比的比较。结果如图 3-6 所示。

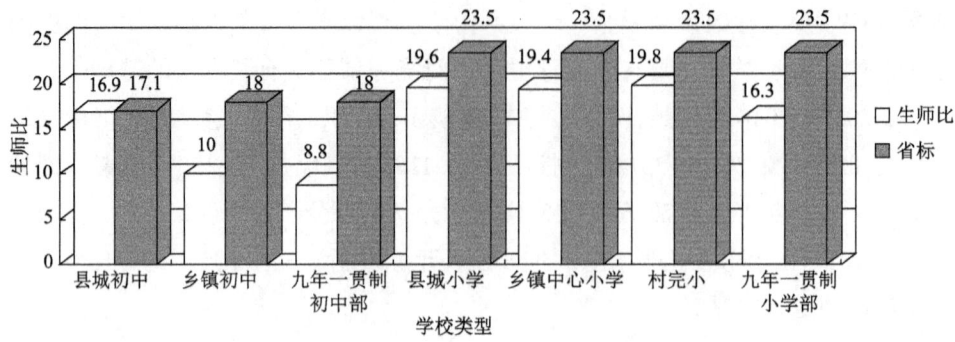

图 3-6 铜鼓县 2014 年各类型学校生师比情况

从图 3-6 可以看出，所有类型学校的生师比均达到省定标准。其中，小学各类型学校该指标值不仅低于省定标准不少，且生师比均衡度非常高，县城小学与乡镇中心学校及村完小间的差距只有 0.2。但初中学校间存在差异，县城初中生师比仅略低于省定标准，且比乡镇初中高出许多。

我们进一步利用 SPSS 数据处理软件，用 2014 年的数据分析生师比的城乡及校际差异。城乡差异的比较针对不同学校类别进行独立样本 t 检验，同样分别对初中和小学进行独立样本 t 检验。具体结果如表 3-15 所示。

表 3-15 铜鼓县 2014 年生师比学校类别的独立样本 t 检验（$p<0.05$）

测评指标	学校类别	样本量	均值	标准差	t	p
生师比	县城初中	1	16.900	—	2.266	0.064
	农村初中	7	9.786	2.9368		
生师比	县城小学	2	19.600	0.2828	1.230	0.235
	农村小学	18	16.083	3.9469		

描述数据显示，在生师比方面，县城学校与农村学校均存在一定差异，且农村学校生师比均数低于县城学校，也就是说，农村学校生师比优于县城学校。独立样本 t 检验分析显示，在生师比方面，县城学校与农村学校在得分均数上无显著差异（$p>0.05$）。也就是说，铜鼓县生师比已达到城乡均衡。

现在再对2014年各校生师比的数值进行差异系数分析,结果如表3-16所示。

表3-16 铜鼓县2014年生机比及生均图书册数的差异系数

学校类型	项目	生师比
小学	均值	16.435
	样本量	20
	标准差	3.8877
	差异系数值	0.237
初中	均值	10.675
	样本量	8
	标准差	3.7040
	差异系数值	0.347

差异系数值显示,在生师比上小学和初中学校均无明显的校际差异,可以说,铜鼓县在生师比上做到了校际的均衡。

(二)教师职称

铜鼓县中、小学教师职称类别可分为中学三级、二级、一级与高级,小学二级、一级、高级、特高。我们通过2010—2014年5年的数据,分别对城乡初中与小学进行对比,结果如表3-17和表3-18所示。

表3-17 铜鼓县2010—2014年初中学校教师职称情况 (单位:%)

学校类别	年份	中学三级	中学二级	中学一级	中学高级
县城初中	2010	0	44.06	34.75	21.19
	2011	0	39.83	37.29	22.88
	2012	0	39.83	37.29	22.88
	2013	0	41.32	38.02	20.66
	2014	0	38.84	41.33	19.83
农村初中	2010	0.47	49.77	35.41	14.35
	2011	0.93	44.35	38.21	16.51
	2012	0	44.55	39.34	16.11
	2013	1.44	42.79	37.98	17.79
	2014	0.96	39.71	40.19	19.14

资料来源:根据铜鼓县教育局提供的资料整理

透过表3-17中的数据,可以说,铜鼓县初中学校城乡之间教师职称趋于均衡,各级职称情况占比城乡之间无显著差异。中学一级教师的比例在逐年小幅度地上升,其他职称均处于小幅波动状态,但总体呈现较为平稳的状态。

表3-18　铜鼓县2010—2014年小学学校教师职称情况　　（单位：%）

学校类别	年份	未评职称	小学二级	小学一级	小学高级	小学特高
县城小学	2010	0	0.63	54.72	44.65	0
	2011	0	0.61	54.88	43.90	0.61
	2012	0	0.59	55.29	43.53	0.59
	2013	0	1.11	55.31	43.02	0.56
	2014	0	1.08	53.52	44.86	0.54
农村小学	2010	2.79	5.81	44.43	46.74	0.23
	2011	6.36	8.18	34.09	51.14	0.23
	2012	4.95	12.61	33.11	49.10	0.23
	2013	5.62	13.26	34.60	46.07	0.45
	2014	8.28	12.18	31.95	47.36	0.23

资料来源：根据铜鼓县教育局提供的资料整理

从表3-18数据可以看出,该县小学阶段教师职称总体上达到较好的状态,其中小学高级教师占比,农村小学还高于县城小学;当然,其他层次职称教师占比,县城小学优于农村小学。

（三）教师学历

教师学历在一定程度上代表学校教师队伍的质量,我们将教师学历分为高中及以下、中专、专科、本科及研究生五个层次,通过对县城初中、农村初中、县城小学及农村小学进行对比,其中九年一贯制拆分成小学部与中学部,归入农村小学及农村初中计算,对2010—2014年的数据整理,如表3-19所示。

表3-19　铜鼓县2010—2014年教师学历情况　　（单位：%）

学校类别	年份	高中及以下	中专	专科	本科	研究生
县城初中	2010	0	0	43.22	56.78	0
	2011	0	0	43.22	55.93	0.85
	2012	0	0	43.59	55.56	0.85
	2013	0	0	44.25	54.87	0.88
	2014	0	0	39.84	59.38	0.78

续表

学校类别	年份	高中及以下	中专	专科	本科	研究生
农村初中	2010	1.43	1.43	50.48	46.19	0.48
	2011	1.43	1.43	48.10	49.05	0
	2012	1.43	1.43	49.05	48.10	0
	2013	0.98	1.46	48.29	49.76	0
	2014	0.96	1.44	47.60	50.48	0
县城小学	2010	0	10.34	60.92	28.74	0
	2011	0	9.68	63.44	26.88	0
	2012	0	9.18	64.29	26.53	0
	2013	0	8.49	63.21	28.30	0
	2014	0	8.49	62.26	29.25	0
农村小学	2010	0.96	32.27	58.15	8.63	0
	2011	0.90	27.11	60.84	11.14	0
	2012	0.60	24.70	61.31	13.39	0
	2013	0.60	24.55	58.98	15.87	0
	2014	0.30	22.99	57.91	18.81	0

资料来源：根据铜鼓县教育局提供的资料整理

通过表 3-19 的数据，比照江西省对义务教育阶段学校教师学历的要求，我们可以对铜鼓县当前的教师学历现状及其发展趋势做出以下判断。

1）铜鼓县义务教育阶段学校教师学历基本达标。县城初中教师全部具有专科以上学历，农村初中的教师有专科以上学历的占近 98%；县城小学教师全部具有中专以上学历，农村小学有中专以上学历的占 99.7%。县城无论是小学还是初中都不存在高中及以下学历教师，农村学校还有少数几个存在高中及以下学历教师，但所占比重非常小且呈下降的趋势。从发展趋势来看，该县不久便可实现全县义务教育阶段学校不存在高中及以下学历教师的目标。

2）城乡教师学历不断趋于均衡。近年来，铜鼓县义务教育阶段学校教师主要以专科学历为主，但本科学历教师所占比重逐年上升，专科以下学历教师所占比重均呈下降趋势。从 2014 年的数据来看，该县城乡教师学历总体上趋于均衡。

（四）教师培训

从教师培训项目来看，铜鼓县通过教师进修学校及广播电视大学合作办学，开展了全县中小学教师全员远程培训,"国培计划"远程培训,县域内校长、中层干部,新教师培训等活动。此外,该县还积极组织教师参加"国培计划"教师培训,开展教育专家报告会等形式的教师培训活动。

从教师培训经费保障来看,中小学教师培训经费列入财政预算,按照工资总额的1.5%预算教师培训经费。2010—2012年共拨付107.09万元,用于教师培训。2013年按照工资总额应安排培训经费49.8万元,按照基本工资额已安排并支付了20.6万元,差额部分追加安排。按年度公用经费预算总额的5%足额用于教师培训,没有出现挪用、套取培训专项经费行为。2011年用于教育培训55.3万元,占年公用经费预算总额比例为6.82%;2012年用于教育培训57.3万元,占年公用经费预算总额比例为6.65%;2013年用于教育培训62.4万元,占年公用经费预算总额比例为6.11%。

(五)教师待遇

铜鼓县全面实施义务教育绩效工资制度,教师平均工资水平按照不低于当地公务员的平均工资水平发放,并在逐步提高。教师工资的发放及教师"三险一金"等社会保险待遇也都按照严格的发放程序及标准进行,保证工资及各项福利全部及时足额拨付到位。该县教师绩效工资与年人均工资具体情况如图3-7所示。

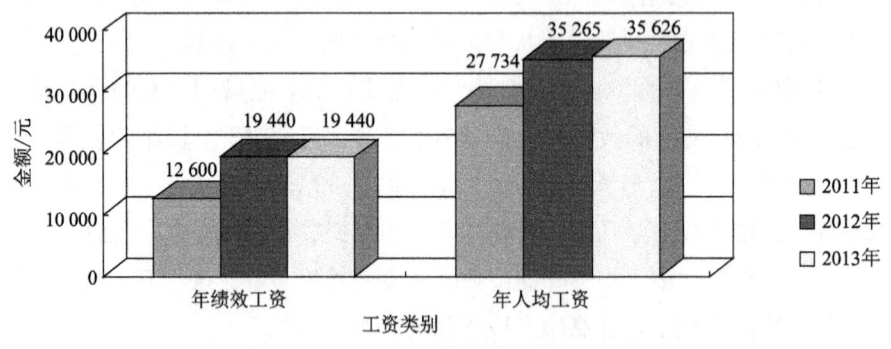

图3-7 铜鼓县2011—2013年教师工资情况

图3-7数据显示,铜鼓县教师年绩效工资及年人均工资呈逐年增长的趋势,尤其是2012年增长了27.15%。此外,2009年以来,实行了边远山区教师特殊津贴,每月向农村教师发放50—180元不等的特殊津贴,全县年标准为80万元。2013年,最边远教学点标准提高至500元/月/人;2012年投资1200万元,新建232套教师"周转房",加上原有学校教职工宿舍,基本上能够满足教师住宿的需要。

七、城乡教育质量稳步提升

在入学及招生政策的改革和素质教育的推动下,教育质量的衡量评估指标已告别过去单一的以分数论英雄的情况。当前,对义务教育阶段学校教育质量的衡量主要从巩固率、学生体质健康合格率及录取率等方面进行考察。

(一)巩固率

巩固率反映的是学校在"控辍保学"方面所取得的成效,是学校教育质量的重要体现。2012—2014年,铜鼓县的所有小学及部分初中学校巩固率达100%,有4所初中学校巩固率虽未达100%,但也高达99%以上,巩固率稳定在100%的学校不列入表中讨论。具体情况如表3-20所示。

表3-20 铜鼓县2012—2014年义务教育巩固率情况(部分)

学校	在校学生数/人			辍学人数/人			巩固率/%		
	2012年	2013年	2014年	2012年	2013年	2014年	2012年	2013年	2014年
铜鼓二中	1995	2011	2 166	21	18	14	98.95	99.10	99.35
温泉中学	435	458	456	0	0	4	100.00	100.00	99.12
三都中学	371	373	374	2	3	2	99.46	99.20	99.47
大段中学	424	472	527	4	1	0	99.06	99.79	100.00

资料来源:根据铜鼓县教育局提供资料整理

表3-20数据显示,该县义务教育阶段辍学人数总体呈现下降趋势,亦即巩固率总体呈上升趋势,大段中学在2014年巩固率已达100%。单从辍学人数来看,位于县城的铜鼓二中是辍学人数最多的学校,每年辍学人数是农村初中辍学人数的几倍,但人数在逐年减少。而从巩固率来看,两者趋于接近,无明显差异。

(二)体质健康合格率

为了促进学生的体质健康发展,铜鼓县中小学校全面开展了"阳光体育"活动,保证学生每天一小时的校园体育活动时间,且保证每年举办一次校运动会。该县重视建立学生体质健康档案,开展体质健康标准检测。表3-21是2012—2014年学生体质健康测试的情况。

表 3-21　铜鼓县 2012—2014 年义务教育阶段学校体质健康测试情况

学校类别	年份	测试人数/人	合格人数/人	合格率/%
县城初中	2012	1 995	1 725	86.5
	2013	2 011	1 724	85.7
	2014	2 166	1 895	87.5
农村初中	2012	1 969	1 685	85.6
	2013	2 064	1 786	90.0
	2014	2 147	1 865	86.9
县城小学	2012	4 017	3 446	85.8
	2013	4 244	3 729	87.9
	2014	4 395	3 769	85.8
农村小学	2012	7 150	6 107	85.4
	2013	4 405	3 816	90.0
	2014	7 177	6 180	86.1

资料来源：根据铜鼓县教育局提供的资料整理

从表 3-21 数据可以看出，铜鼓县所有类型学校在所有年份体质健康合格率均达 85%以上。以 2014 年数据为准进行城乡对比，可以看出城乡学校间的体质健康合格率相当接近，并无明显差异。

（三）中考录取率

中考录取率指的是被高级中学（铜鼓二中及铜鼓职业高中）录取人数占初三在校生总人数的比例，这是初中学校教学质量的重要反映。该县 2010—2014 年初中学校录取情况如表 3-22 所示。

表 3-22　铜鼓县 2010—2014 年初中学校录取情况

年份	项目		铜鼓二中	温泉中学	三都中学	大段中学	带溪中学	高桥中心学校	棋坪中学	港口中学
2010	统招	非均衡生/人	162	31	20	22	7	3	14	2
		均衡生/人	69	20	11	10	7	4	17	3
	择校生/人		115	12	8	5	4	3	12	1
	职中录取人数/人		96	35	24	12	4	4	16	0
	初三应届在校生/人		630	164	107	135	55	39	104	24
	录取率/%		70.16	59.76	58.88	36.30	40.00	35.90	56.73	25.00

续表

年份	项目		铜鼓二中	温泉中学	三都中学	大段中学	带溪中学	高桥中心学校	棋坪中学	港口中学
2011	统招	非均衡生/人	150	30	28	16	4	5	8	0
		均衡生/人	89	20	18	12	7	1	13	1
	择校生/人		84	18	16	13	4	1	8	2
	职中录取人数/人		61	25	18	12	3	5	15	4
	初三应届在校生/人		568	171	117	144	50	40	100	23
	录取率/%		67.61	54.39	68.38	36.81	36.00	30.00	44.00	30.43
2012	统招	非均衡生/人	120	16	26	21	2	4	8	3
		均衡生/人	113	15	22	19	8	6	17	0
	择校生/人		17	4	1	0	1	0	0	0
	职中录取人数/人		52	20	17	4	5	9	17	3
	初三应届在校生/人		584	144	125	125	43	41	109	21
	录取率/%		51.71	38.19	52.80	35.20	37.21	46.34	38.53	28.57
2013	统招	非均衡生/人	107	13	8	7	0	1	8	0
		均衡生/人	176	38	34	33	13	6	30	6
	择校生/人		42	7	7	4	3	5	11	1
	职中录取人数/人		52	18	16	7	3	6	16	2
	初三应届在校生/人		604	129	106	112	35	48	96	21
	录取率/%		62.42	58.91	61.32	45.54	54.29	37.50	67.71	42.86
2014	统招	非均衡生/人	107	10	16	12	4	2	8	3
		均衡生/人	194	36	24	42	15	12	45	10
	择校生/人		37	4	1	5	3	0	1	0
	职中录取人数/人		51	16	7	13	2	4	3	1
	初三应届在校生/人		622	137	116	124	47	39	106	23
	录取率/%		62.54	48.18	41.38	58.06	51.06	46.15	53.77	60.87

资料来源：根据铜鼓县教育局提供的资料整理

表 3-22 数据反映了铜鼓县所有初中学校 2010—2014 年包括择校生在内的被高级中学录取的人数及录取率情况。从总体上看，县城初中录取率均高于农村初中，但由于均衡招生政策向农村倾斜，两者差距正在不断缩小。

八、教育均衡发展满意度高

上文主要从义务教育事业各项具体数据反映铜鼓县义务教育均衡发展的成效。而公众是否感受到这些成效，对当前本县义务教育均衡发展状况是否感到满意，这也是评价义务教育均衡发展的重要指标。

2014 年 5 月 8—10 日，江西省人民政府教育督导委员会派出了省教育督导检查组，对铜鼓县义务教育均衡发展情况进行了督导评估。本次督导评估是依据《义务教育法》《教育督导条例》及《国务院关于进一步深入推进义务教育均衡发展的意见》的要求，按照《江西省人民政府办公厅关于印发〈江西省县域义务教育均衡发展督导评估实施办法〉的通知》和省政府与教育部签订的《推进义务教育均衡发展备忘录》要求进行的。督导评估期间，评估组先后召开了人大代表、政协委员、校长、教师、家长座谈会，发放满意度调查问卷 620 份，回收有效问卷 616 份。同时采取随机走访、电话访谈等形式访谈了公众，就有关义务教育均衡发展的相关问题征求不同群体的意见。检查组结合问卷、座谈会、实地走访、电话随机访问等进行了公众满意度调查，调查结果显示公众满意度为 94%。这说明，铜鼓县绝大多数公众对本县义务教育均衡发展持满意态度。

通过对铜鼓县在入学机会、经费投入、网点布局、基本建设、设施设备、教师队伍、教育质量及公众满意度等各层面的调查与分析，我们不难发现，铜鼓县在义务教育均衡发展上取得了重大的进展，表现在大部分指标逐渐达到均衡状态，某些尚未达到均衡的方面（如教师队伍及教育质量等）也呈现不断趋于均衡的趋势，各项差异正逐步缩小，公众对于本县义务教育均衡发展的状况也较为满意。该县义务教育均衡发展总体呈现出良好的发展势头。

第四节　铜鼓县义务教育均衡发展存在的问题

义务教育事业发展的特性，决定了推进义务教育均衡发展是一个长期的过程，义务教育均衡发展的某些指标无法在短期内完成。铜鼓县的义务教育均衡发展也不例外。该县近年来在义务教育均衡发展方面采取了不少有力措施，也取得了较明显的成效。但同时应该看到，该县在义务教育均衡发展方面存在一些有待解决的问题。

我们通过问卷调查和访谈调查的方式，对铜鼓县义务教育均衡发展的情况进行了实地调查。我们抽取了18所学校进行调查，18所学校覆盖全县所有乡镇，其中铜鼓县所有初中学校5所及3所九年一贯制学校，县城小学2所、乡镇中心小学及村完小各4所。在调查中，共发放问卷350份，回收问卷350份，回收率100%，有效问卷339份，问卷有效率96.9%。通过分析问卷调查与访谈调查的结果，发现该县在义务教育均衡发展方面还存在如下问题。

一、农村教师队伍建设有待加强

上文提及铜鼓县在生师比上做到了城乡与学校之间的基本均衡，这是对教师队伍最直观的比较。但利用SPSS对问卷调查所收集的数据进行处理后发现，在教师数量均衡的背后还隐含着一些并不均衡的问题，具体表现在以下方面。

（一）教师队伍结构存在差距

1. 教师的职称结构

小学教师职称分为小学特级、小学高级、小学一级、小学二级，分别记1、2、3、4分，中学教师职称分为中学高级、中学一级、中学二级，分别记5、6、7分。得分越低，说明职称越高。这里从学校类别对教师职称进行独立样本 t 检验。具体结果见表3-23。

表 3-23　铜鼓县教师职称学校类别的独立样本 t 检验（$p<0.05$）

测评指标	学校类别	样本量	均值	标准差	t	p
教师职称	县城初中	17	5.94	0.748	2.075	0.044
	农村初中	134	5.46	1.715		
	县城小学	62	2.52	1.052	−2.933	0.004
	农村小学	126	3.13	1.793		

数据显示，农村初中教师职称得分均数低于县城初中的教师，说明农村初中教师职称普遍高于县城初中。而小学则相反，县城小学得分均数低于农村小学的教师，说明县城小学教师职称普遍高于农村小学。独立样本 t 检验分析显示，初中和小学在教师职称上得分均数差异显著（$p<0.05$）。

2. 教师的学历结构

我们将学校类别分为初中和小学，初中分为县城初中和农村初中，九年一贯制学校数据计入"农村初中"，小学分为县城小学和农村小学。教师学历分为高中（中专）及以下、专科、本科、研究生及以上，分别记 1、2、3、4 分。得分越高，说明学历越高。这里从学校类别对教师学历进行独立样本 t 检验，具体结果见表 3-24。

表 3-24　铜鼓县教师学历学校类别的独立样本 t 检验（$p<0.05$）

测评指标	学校类别	样本量	均值	标准差	t	p
教师学历	县城初中	17	2.82	0.529	2.155	0.033
	农村初中	134	2.52	0.545		
	县城小学	62	2.31	0.589	2.053	0.041
	农村小学	126	2.12	0.588		

数据显示，县城学校得分均数均高于农村学校，说明县城学校教师学历结构优于农村学校。独立样本 t 检验分析显示，初中和小学在教师学历上得分均数差异显著（$p<0.05$）。

（二）教师兼科现象较为严重

兼科现象以教师所教课程数来体现，分为教一门、两门、三门、四门及以上，分别记 1、2、3、4 分。得分越高，说明兼科现象越严重。在教师所教课程数上，对学校类别进行独立样本 t 检验。具体结果见表 3-25。

表 3-25　铜鼓县教师所教课程数学校类别的独立样本 t 检验（$p<0.05$）

测评指标	学校类别	样本量	均值	标准差	t	p
教师任教课程数	县城初中	17	1.29	0.588	−3.055	0.003
	农村初中	134	2.01	0.938		
	县城小学	62	2.08	0.816	−5.883	0.000
	农村小学	126	2.91	1.081		

数据显示，农村初中和小学得分均数高于县城学校，即农村学校兼科现象比县城学校严重，农村学校教师学科结构不甚合理。独立样本 t 检验分析显示，初中和小学学校在教师所教课程数的得分均数差异显著（$p<0.05$）。

农村学校出现兼科现象的主要原因是教师学科结构不合理，部分学科教师缺乏，不得不让其他学科教师兼任。对 399 位教师所教课程数进一步分析发现，只有 27.4%的教师只教一门课程，31.9%的教师任教两门课程，21.8%的教师任教三门课程，更有 18.9%的教师任教四门及以上课程。我们通过调查发现，农村学校尤其是农村小学，由于义务教育均衡发展对课程开设的要求，学校开设的课程类型较多，但教师配备却没有及时跟进，音乐、体育、美术和小学英语教师的配置还存在较大的缺口。

（三）教师教学任务较为繁重

教学任务主要通过周课时数的情况来比较，将课时数分为 10 节及以下、11—15 节、16—20 节、21 节及以上，分别记 1、2、3、4 分。得分越高，说明教学任务越繁重。在教师周课时数上，对学校类别进行独立样本 t 检验。具体结果如表 3-26 所示。

表 3-26　铜鼓县教师周课时数学校类别的独立样本 t 检验（$p<0.05$）

测评指标	学校类别	样本量	均值	标准差	t	p
教师周课时数	县城初中	17	1.53	0.514	−2.389	0.018
	农村初中	134	1.90	0.604		

续表

测评指标	学校类别	样本量	均值	标准差	t	p
教师周课时数	县城小学	62	2.08	0.417	−5.702	0.000
	农村小学	126	2.56	0.722		

数据显示，农村学校教师周课时数得分均数明显高于县城学校，也就是说农村学校教师的周课时数高于县城学校，教学任务比县城学校繁重。尤其是农村小学得分均数较高，说明农村小学教师的教学任务繁重。独立样本 t 检验分析显示，初中和小学在教师周课时数上得分均数差异显著（$p<0.05$）。

（四）教师科研能力相对较弱

科研能力主要通过教师研究成果数来分析，将研究成果数分为没有发表、1—3 篇（部）、4—6 篇（部）、7 篇（部）及以上，分别记 1、2、3、4 分。得分越高，说明科研能力越强。在研究成果上，对学校类别进行独立样本 t 检验，具体结果见表 3-27。

表 3-27　铜鼓县教师科研成果学校类别的独立样本 t 检验（$p<0.05$）

测评指标	学校类别	样本量	均值	标准差	t	p
科研成果	县城初中	17	2.53	1.068	2.303	0.033
	农村初中	134	1.91	0.836		
	县城小学	61	1.87	0.974	−0.313	0.754
	农村小学	126	1.91	0.858		

数据显示，县城初中教师在科研成果的得分均数明显高于农村初中教师，说明县城初中教师科研能力较强。虽然小学教师科研成果得分均数差异较小，但得分均数较低，说明小学教师的科研能力需要加强。独立样本 t 检验分析显示，初中学校在教师科研成果上得分均数差异显著（$p<0.05$），而小学在教师科研成果上得分均数上差异不显著（$p>0.05$）。

（五）教师流动趋向县城学校

就流动意向来看，通过对学校类别进行独立样本 t 检验，分析结果显示县城学校与农村学校教师流动意向差异不显著。但从流动事实来看，教师由农村学校向县城学校单向流动一直以来都是县域义务教育教师队伍不可避免的现实。我们选取 15 所学校就 2011—2014 年教师流动情况进行整理，具体情况如图 3-8 所示。

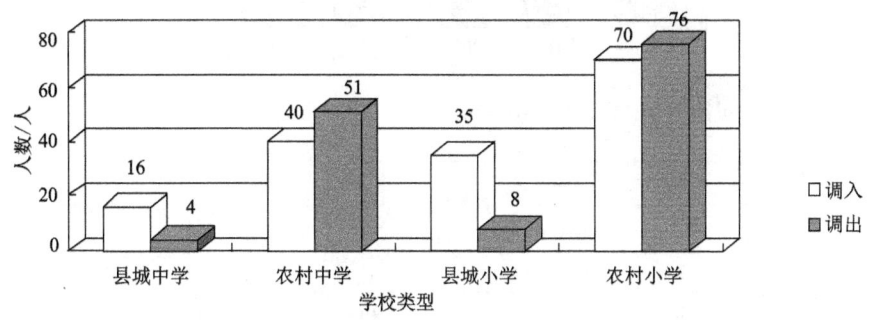

图 3-8　铜鼓县 2011—2014 年部分学校教师流动总人数

从图 3-8 我们可以明显看出，县城教师调入人数远高于调出人数，而农村学校则相反，调出人数超过调入人数。而且由于当前铜鼓县每年新进教师要先到农村学校学习锻炼，一定年限后才可以通过选拔的方式进入县城学校工作。在访谈时有部分校领导提及，"新老师进来几年，刚把他培养出来，觉得比较胜任教学工作了，又被调走了""农村学校沦为教师培养中心，培养一批调走一批"。这对农村学校教师队伍建设及教学质量提升来说，无疑是重大的挑战。

二、乡村学校教育质量尚有差距

初中教学质量的最直观的反映就是重点高中的录取情况。通过表 3-22，将 8 所初中根据地域分为县城初中和农村初中两个类别进行统计，我们可以提炼出其中通过统招进入重点高中学生中"非均衡生"（指达到重点高中正常录取分数线而被录取的学生）的情况。

图 3-9 和图 3-10 的数据显示，无论是重点高中非均衡生录取人数还是录取率，该县的县城学校都要高出农村学校许多。换言之，农村学校从这个层面反映出来的教学质量明显落后于县城学校的教学质量。由于均衡招生的政策影响，两个类别的学校"非均衡生"的人数及比例都在下降，但是农村学校的情况更不稳定。

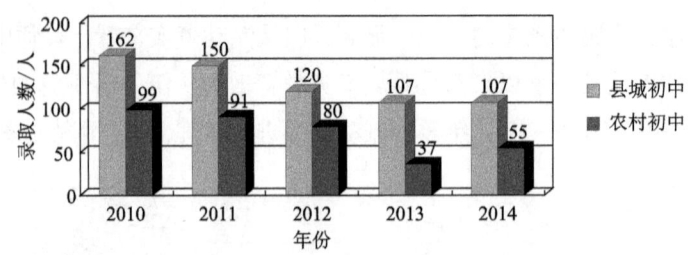

图 3-9 铜鼓县 2010—2014 年重点高中非均衡生录取情况

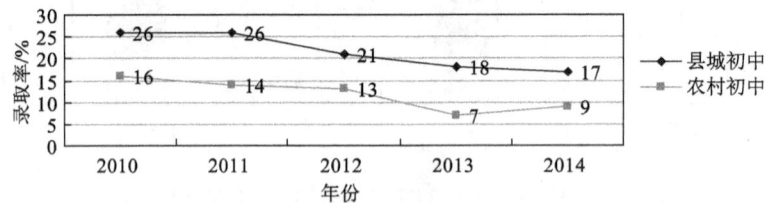

图 3-10 铜鼓县 2010—2014 年重点高中非均衡生录取率情况

另一个反映教学质量的指标是学业成绩。调研数据显示，城乡学校间的成绩也存在一定差异。尤其是在小学英语成绩上，城乡学校间差异明显。我们以六年级英语成绩为例，选取铜鼓二小、丰田小学、永宁小学、大段中心小学、排埠中心小学及带溪中心学校小学部 6 所学校数据进行整理，具体情况见表 3-28。

表 3-28 铜鼓县 2014 年部分学校六年级英语成绩情况表

学校名称	平均成绩	及格率/%	优秀率/%
铜鼓二小	72.50	75.00	67.00
永宁丰田小学	66.85	71.20	25.00
永宁中心小学	64.69	81.90	19.70
大段中心小学	70.60	62.30	58.10
排埠镇中心小学	36.30	4.76	0.95
带溪中心学校小学部	57.40	28.00	9.00

资料来源：根据铜鼓县教育局提供的资料整理

从表 3-28 的数据来看，县城小学英语成绩中的平均分、及格率和优秀率都要优于农村小学，尤其在优秀率上差异更是显著。究其原因主要是农村小学专业英语教师的配置不够齐全，许多农村学校英语课程由其他学科教师兼任，使得农村学生无论是从直观的英语成绩还是英语发音上，都与县城学校学生有较大差异。

尤其是农村小学学生升入初中一年级后，学生英语水平参差不齐，初中一年级的英语教师教学压力颇大。

三、城乡教育资源出现新的变化

以往我们对义务教育发展城乡之间不均衡现象的探讨，往往集中在城市资源优于农村的"一边倒"现象，而近几年在学校标准化建设及城镇化的推动下，出现了新的不均衡现象。

（一）县城学校生均面积较为紧张

铜鼓县城区现有小学 2 所，初中 1 所，小学占地面积 38 106 平方米，初中占地面积 27 200 平方米。以 2014 年在校学生数为准，该县小学生共 4358 人，初中生 2166 人。由此可得出，铜鼓县城区小学生生均占地面积为 8.74 平方米，初中学生生均占地面积为 12.56 平方米。而江西省相关标准规定，铜鼓县 2 所城区小学应达到生均占地面积 15 平方米，城区初中应达到生均占地面积 20 平方米的标准。可见铜鼓县城区学校生均占地面积与省标有较大的差距，生均占地面积严重不足。

另外，随着城镇化的推进和教育事业的发展，铜鼓县城区学生人数不断增加。从 2012—2014 年的数据来看，该县 2012 年小学和初中学生人数分别为 11 167 人和 15 131 人，城区学校的分别为 4017 人和 1995 人，2014 年全县分别增长到 11 545 人和 15 858 人，城区学校的分别增长到 4358 人和 2166 人，全县小学和初中学生人数增长率分别为 3.4%和 4.8%，而城区学校的分别为 8.5%和 8.6%，城区学校学生增长率大大超过全县总增长率。到时，该县城区中小学校生均占地面积缺口将进一步加大。

我们在调研中还发现，由于城区学校占地面积不够，没有预留发展用地，学校不能横向要面积，便只好纵向要空间，导致所有的城区学校教学楼均存在超高的现象，学生的安全得不到有力的保障。

（二）县城学校大班额问题较为严重

随着城镇化进程的加快，进城务工人员的随迁子女人数不断增加，城区学校的班额负担不断加重。根据江西省相关规定，小学标准班额为 45 人，初中标准班额为 50 人，超过此标准则称之为"大班额"。以 2014 年数据为准，铜鼓县城区学校小学教学班级数为 74 个，初中教学班级数为 38 个，其中班额达标率为 0，112 个教学班级均超过班额标准。换言之，铜鼓县城区学校所有教学班均为大班额，具体情况如表 3-29 所示。

表 3-29　铜鼓县 2014 年城区学校平均班额情况　　（单位：人）

学校	校平均	一年级	二年级	三年级	四年级	五年级	六年级
铜鼓一小	55	52	52	56	55	58	56
铜鼓二小	62	61	62	63	62	62	63
铜鼓二中	57	60	56	54	—	—	—

资料来源：根据铜鼓县教育局提供的资料整理

总体来说，铜鼓县的城区学校没有出现超大班额的情况（指小学超过 65 人，初中超过 70 人），但大班额现象还是需要正视，其中大班额情况小学比初中严重，有的小学班额已非常接近超大班额。从数据来看，铜鼓二中的大班额不太严重，但据学校领导反映，为了增加教学班级数减轻大班额情况，学校只得不断挤压功能室。因此，从总体上来说，城区学校班额过大依然是亟待解决的问题。

（三）农村学校资源出现浪费现象

学校标准化建设等项目对农村学校的大力扶持，使农村学校在基础建设及硬件设施上有了很大的改善。但由于城镇化导致的农村人口流失及人口出生率下降，部分农村学校生源较少，资源存在一定的浪费情况。例如，港口中学，一个年级学生数量维持在 25 人左右，三个年级总共不到 80 人，2014 年生均校园面积达 126.9 平方米，是省定标准的 5 倍多，且农村学校生均面积均高出省定标准不少；在生师比上，不到 80 人的规模由于课程需要配备了 14 名教师，生师比达 5.6，也是远远超过省定标准。当然，该学校是最为典型的，还有部分学校虽然不及该校严重，但也存在一定的不合理情况。

第四章 青云谱区义务教育均衡发展的调查与分析

青云谱区于2012年被评为"江西省义务教育均衡发展示范县"。本章通过对深入该县实际调查所掌握的数据的统计，分析该县被评为"江西省义务教育均衡发展示范县"前后五年期间（2010—2014年）的义务教育在城乡和学校之间的均衡程度的变化情况。具体内容主要包括该区在推进义务教育均衡发展过程中所采取的策略、取得的成效和存在的问题。

第一节 青云谱区概况[①]

一、青云谱区的历史沿革

青云谱区得名由来已久。宋朝学者乐史在其编著的《太平寰宇记》中早有"青云浦在（南昌）城南十五里"的记载。明末清初八大山人朱耷（画家）在此隐居，改青云浦为青云圃。清嘉庆二十年（1815年），礼部尚书戴均元又将"圃"改为"谱"，即今名。史载其"为南昌灌城乡"，汉朝开国名将灌婴筑城事，可知它原是南昌的发祥地。溯其渊源，此地先后隶属豫章郡（汉）、宜善县（新莽）、洪州（唐至北宋）、隆兴府（南宋、元初）、龙兴路（元）、南昌府（明、清）。

青云谱有悠久的文明历史。约在5000年前，此地抚河东岸的岗地丘陵（窑头村）一带，早有新石器时期的原始人居住，最初的居民为百越族。由出土的石刀、石斧、石箭头等可知，先民靠渔猎、农耕为生。据《尚书·禹贡》记载，在夏、商、周三代，区境已被列入扬州地域。春秋战国时，此地处吴之东、楚之西，故称"吴头楚尾"之地。周元王三年（前473年）越灭吴，属越地；楚威王七年（前333年），楚灭越，属楚地。秦始皇统一中国，区境属九江郡，但其时尚无城市之设。汉高祖六年（前201年），南昌建城后，区境改名灌城乡。晋朝建兴元年（313年），道士许逊偕弟子黄仁览入境，于梅仙祠旧址创建道院，该道院名"太极观"。隋开皇九年（589年），隋文帝杨坚赐号南昌全真道士万振为"天师"，改"太极观"为"太乙观"。明末清初，画家八大山人在此隐居。现辟为八大山人纪念馆。历代文人墨客多慕名来此，称赞道："南昌名胜之区，首推青云谱。昔人莫不喜憩斯地，以览风光，而拓胸臆。"有内十景外十景（或内外各十二景）之谓。民国时期，先直隶豫章道，省辖；后隶属江西省第一行政区（其中1939—1941年隶属第11行政区）。

[①] 根据青云谱区人民政府网站相关资料整理。

1949年9月以前，曾划为南昌市第六区；同年10月，一度划到南昌县；1950年下半年，又划为南昌市第六区；1958年10月，三家店镇、青云谱乡、城南乡三者合并，成立青云谱区。

二、青云谱区的地理环境与经济社会发展

青云谱区地处赣抚平原腹地，位于南昌市城区的南部，东经115°51′15″—115°56′3″，北纬28°36′22″—28°39′32″。该区地势东部和北部平坦开阔，西南端为一小片低矮丘陵，平均海拔高度为23米，最高点为岱山，海拔高度为54.16米。

该区与全市两县三区接壤，是南昌市繁荣板块之一。如果把南昌县、新建县、东湖区、西湖区、青山湖区连接成一个大圆，则青云谱区为圆心。

青云谱区生态环境优美，河湖水系资源丰富。2014年，该区的绿化覆盖率达43.7%，被评为"江西省生态城区"。目前，区域面积约43.2平方千米，总人口约32万，辖5街道1镇1省级工业园，共有67个社区居委会和12个村民委员会。2015年，城镇居民人均可支配收入为32 408元，全区的国内生产总值为2 902 010万元。全区的经济实力位居江西省第一方阵中的第一梯队。

值得注意的是，青云谱区在区位上有其特殊性，属于南昌城郊，同时属于老工业城区。在城市基础建设方面，青云谱区相对于南昌市西湖区、东湖区、青山湖区等区域相对薄弱。这样一种比较特殊的社会空间使得青云谱区集聚了不少外来务工人员，并形成了一些企业职工的集聚生活区。近几年，为推进新型城镇化进程，改造旧城容貌，青云谱区被江西省列入国家老工业基地调整改造规划的城区。

三、青云谱区的教育发展基本情况

青云谱教育发展与其工业区的历史定位紧密相连。由于区域内有大量的国有企业，青云谱区部分学校采取企业办学模式。为支持企业的发展及老城区的规划调整工作，1999—2006年，区政府接收了大批企业和农村的薄弱学校。先后接收了14所中央、省、市属企业自办学校和10所农村中小学校，占全区学校总数的

78%。接收企业和农村的教师 1353 名（含离退休教师 432 名）。[①]相对于南昌市其他区域，青云谱区的教育底子较薄，被烙上"老旧落后"的历史印记。

青云谱区政府在接管义务教育学校之后，均衡发展成为政府义务教育工作的焦点议题。近几年来，区政府一方面从网点布局、办学条件、师资队伍等方面不断优化教育资源配置；另一方面引导区属各校在规范办学的基础上，打造个性特色，实施内涵发展，推动全区教育的均衡优质发展。2013 年，青云谱区被授予全省"义务教育均衡发展示范县区"称号。2015 年，青云谱区顺利通过国务院教育督导委员会"全国义务教育发展基本均衡县（区）"督导评估。

青云谱区的教育主要是义务教育和学前教育。目前，辖区内各级各类学校共 29 所，含九年一贯制学校 7 所（其中南昌三中青云谱实验学校、二十八中教育集团青云学校属于教育集团办学模式），完小 15 所（含 7 所农村小学），初级中学 2 所，市属完中 2 所，民办学校 3 所。2014 年，全区共有教职工 1908 人，中小学生 32 662 人，其中义务教育阶段中小学生 27 000 余人。全区适龄儿童入学率 100%，小学升初中阶段比例 100%，小学和初中辍学率均为 0。

第二节　青云谱区推进义务教育均衡发展的策略

均衡发展作为国家治理义务教育的政策，正逐步从理念构想走向实践诉求。由此，不少地方政府在不断探索促进义务教育均衡发展的实践模式，初步形成了一些具有地域特色的义务教育均衡发展推行机制。南昌市青云谱区在推行义务教育均衡发展过程中也探索出三种推进路径，即基于底线公平式的均衡发展，基于城乡[②]教育资源整合式和共享式的均衡发展，基于"校（高校）-政（教育行政部门）-校（中小学）"协作式的均衡发展。这三种路径相互依赖、相互补充，共同推进青云谱区义务教育的均衡发展。

[①] 资料来源于青云谱区教育局。
[②] 这里的"城乡"除了指传统的城市和乡村的二元对立结构，同时指目前城市内部日益分化的城乡格局。

县域义务教育均衡发展探究
基于江西省义务教育均衡发展示范县的实证研究

一、基于底线公平式的均衡发展路径

义务教育由于制度性的政策、城乡二元结构等原因，呈现出失衡的状态。而薄弱学校、弱势群体的出现则是这种失衡状态的现实表征，它们在义务教育发展格局中处于"失语"的尴尬境地。更为糟糕的是，在快速城镇化的进程中，薄弱学校与优质名校的差距在不断拉大。而流动儿童、留守儿童群体也常常陷入"他者化生存"状态，并未引起足够的关注。基于底线公平的共识，政府需要推进补偿性关怀政策。青云谱区对此进行了有益的探索：一方面，实行农村义务教育薄弱学校改造、农村义务教育学校标准化建设工程；另一方面，保障进城务工人员随迁子女、城区拆迁户子女[①]的入学机会。同时，为缓解"择校热"现象，实施就近入学与划片招生政策，并推行普通高中招生制度改革，实施"均衡招生"政策。

从 2010 年起，江西省为促进义务教育的均衡发展，实施农村义务教育薄弱学校改造计划。青云谱区结合本地实际情况制订了薄弱学校改造计划项目建设总体规划。2010—2014 年，青云谱区对曙光小学等 15 所义务教育学校进行改造，具体情况如表 4-1 所示。

表 4-1 青云谱区 2010—2014 年农村义务教育薄弱学校改造项目学校

年份	项目学校
2010	曙光小学、熊坊小学
2011	灌婴小学、青云谱实验学校、熊坊小学、楞上小学、万溪小学
2012	墅溪路学校、迎宾中学
2013	城南小学、京山小学
2014	育英学校、定山小学、京山学校、三店小学

资料来源：青云谱区教育局办公室

从青云谱区义务教育薄弱学校改造进程来看，2010—2011 年，主要针对青云谱农村薄弱学校[②]进行改造，体现了义务教育均衡发展的现实急需。从 2012 年开始，注重对青云谱城区义务教育薄弱学校进行改造。该区义务教育薄弱学校改造

[①] 青云谱区位于南昌城郊，工业发展快，城镇化率较高，吸引了大量的进城务工人员。同时，青云谱区实施城镇化建设，因土地房屋被征收致使部分居民迁出原地。

[②] 曙光小学、熊坊小学、青云谱实验学校、楞上小学、万溪小学属于农村义务教育学校，灌婴小学则属于城区学校。

主要针对教学装备添置和校舍改造两项。其中教学设备又分为教学实验仪器设备、实验室器材、图书、多媒体远程教学设备。尤其在多媒体远程设备添置方面，2012年，区域内所有学校都在推进"班班通"建设，实现教育的信息化。由于青云谱区不存在寄宿制学校，校舍改造主要用于县镇学校的扩容改造，解决青云谱城区学校大班额问题。而薄弱学校的改造资金以中央和省级拨款为主，县市调配配套资金。该区通过实施薄弱学校改造策略，缩小了学校之间办学条件的差距，体现了底线公平的治理思路。

从2013年开始，青云谱区实施农村义务教育学校标准化建设，与薄弱学校改造配套进行。标准化的项目也主要是校舍和教学设备两项。而标准化学校建设的经费主要来源于江西省财政拨款和市县两级配套辅助经费。从项目学校来看，2013—2015年，区域内标准化建设项目学校共有8所，全部在青云谱区农村地区。标准化学校建设立足于"兜底"，即改善农村学校办学条件，缩小与城区优质学校办学条件的差距。事实上，上述两项义务教育均衡发展政策的配套实施，使城乡和学校间办学条件的差距缩小，同时该区的校园面貌得到整体改善。

底线式的公平同样需要向边缘群体倾斜。青云谱区的地域特殊性使得进城务工人员群体数量庞大。[①]合理安置进城务工人员子女的教育，成为该区政府推进义务教育均衡发展的重要一环。为此，青云谱区政府制定了《青云谱区进城务工就业人员子女义务教育工作暂行办法》，建立以政府管理为主的进城务工人员随迁子女义务教育经费保障机制，为其提供专项补助资金，同时推出扩容增量、购买学位[②]等举措。2010年以来，青云谱区政府共计提供403.6万元专项补助资金，为进城务工人员随迁子女更好地接受义务教育提供资金保证。同时，该区完善了进城务工人员随迁子女就学教育档案。全区的随迁子女均在青云谱区内的义务教育学校入学。因城镇化建设，部分居民房屋被拆迁。2014年，青云谱区教育局发布《关于切实做好2014年中小学招生工作的意见》，对于城市拆迁户子女入学提出三种方案：城市拆迁户子女入学持家庭拆迁证明材料，可以在原户籍所在地按原招生办法入学；在安置房所在地就近入学；也可以在被征收人租赁房屋附近就近入学。

为缓解"择校热"现象，青云谱区实行就近入学与划片招生政策。区政府建

---

① 从横向对比来看，青云谱区随迁子女人数占中小学学生总人数比例高于南昌市其他城区。

② 扩容增量指的是扩大学校的办学规模，通过新建、扩建学校等方式实施。购买学位指学生在民办学校就读，但其所需学费的部分或全部由当地政府承担。

立教育、公安户籍、房产信息联审机制，以便及时、准确地掌握户籍和居住信息。在学年初，区教育局公布义务教育阶段学校所在的学区范围，学校严格按照划定的学区招生。同时，为减少人为因素的干扰，建立网上管理系统，小升初工作推行网上报名。这样，区域内有效缓解了"择校热"现象。为调动薄弱初中的办学积极性，江西省从2007年开始，从优质高中统招计划中划出不少于20%比例的普通高中招生计划指标均衡分配到初中招生。青云谱区严格执行均衡生招生计划，均衡生的比例逐年提高，2015年南昌市城区优质高中（省级重点高中）均衡招生比例达70%，按照初三毕业学生人数计划名额分配到每个学校，同时规定不在学区范围连续就读三年的学生不享受均衡指标。

通过补偿性、"兜底"式的均衡发展策略，青云谱区薄弱学校办学条件、生源质量得到了提升，并保障了随迁子女等弱势群体的入学机会公平。

二、基于城乡教育资源整合式和共享式的均衡发展路径

传统的城乡二元结构分治模式使县域内不同学校发展出现差距。在教育均衡发展视野下，县域内薄弱学校与优质学校如何在联动和互通中获得发展，实现校际均衡，是政府治理义务教育的主要着力点。近年来，青云谱区政府通过整合教育资源，不断完善学校网点布局。该区在整合的基础上，开展城乡、学校之间教师交流，推动名师带动计划；寻求与市域层面的合作，建立学区共同体、引入教育集团等均衡发展策略，实现优质教育资源共享式的均衡发展。

青云谱区政府通过改扩建、撤并、新建、配套一批教育网点来实现全区义务教育资源的整合。①改扩建。主要是针对服务半径大但配套建设滞后的学校，加大硬件设施的投入。2010年，改扩建了象湖实验学校、曙光小学、熊坊小学、青联学校。2014年，洪都小学1、2号楼被拆除并扩建。②撤并。主要撤并了学校网点密集地段中办学规模小、师资力量薄弱、硬件条件差的学校。撤并之后，将师资及生源并入临近规模大、师资强、硬件好的学校。2010年，青云谱中学、广州路小学被撤除，并入青云谱实验学校。撤除施尧小学，将其并入象湖实验学校。2012年，撤除建设路学校、南通学校，将小学部分并入灌婴小学，中学部分并入南通学校并更名为玉河中学。2013年，撤除十字街小学，将师生分流至育英学校、灌婴小学。

③新建。按照网点布局规划，新建了一批学校。2010年，建成农村九年一贯制青云谱实验学校，学校的师生来源于被撤并的青云谱中学和广州路小学。2012年，建成灌婴小学，学校师生来源于被撤并的建设路学校和南通学校两所学校的小学部分。2013年，建成九年一贯制城南经适房配套学校，即南昌二十八中青云学校。2015年9月，该学校正式投入使用。④配套，即推动楼盘、住宅小区的配套学校建设。水榭花都小区配套学校（洪都小学分校）完成建设并于2014年9月投入使用。通过资源整合式的推进路径，全区形成了布局合理、规模合适的教育网点格局。

教师队伍的均衡发展是义务教育均衡发展的核心。从义务教育均衡发展的实践来看，所有的制约性因素最后都受制于教师队伍的均衡发展。事实上，不少薄弱学校的物质条件并不差，甚至在某些方面比城区学校更优越。但是，这些学校的教育质量却相对较差，其中最关键的一个要素就是教师队伍在城乡之间、学校之间不均衡。教师轮岗交流制度实质上是教师资源的"二次调配"[1]，用于逐渐化解学生向部分优质学校过度集中的问题。青云谱区先后就推动城乡、学校之间教师交流分别制定了工作实施方案。2010—2014年，该区共有144名校长、教师参与了交流。应该说，这一时期青云谱区的教师交流制度还处于初步探索阶段。[2]2014年，教育部等三部委联合印发《关于推进县（区）域内义务教育学校校长教师交流轮岗的意见》，提出用三到五年实现县（区）域内校长教师交流制度的制度化、常态化，以达到教师资源的均衡配置。从2015年开始，青云谱区教师交流制度有了新的变化，进入制度化阶段。教师交流的规模加大，交流的时间比前期长。

为进一步优化师资配置，青云谱区推动"教师进修学校"和"教研室"两大阵地，建设教师研修平台。积极推进"三名工程"，即名师、名校长、名科。名师、名校长、名科具有辐射带动作用，能够帮助年轻新入职教师成长。通过推动区域内教师交流、教师研修平台的建立和名师的带动，薄弱学校和年轻教师获得了发展，城乡和学校之间的均衡状态有了进一步的改善。

除推动区域内城乡、学校之间教师资源的流动之外，青云谱区还寻求与市域层面的合作，一方面，在辖区内建立学区共同体，共同体成员内部共享教育资源；另一方面，实行集团化办学模式，先后成立南昌三中青云谱实验学校和南昌二十

---

[1] 刘善槐. 2015. 我国城镇义务教育学校布局调整研究. 教育研究，（11）：108.
[2] 从交流人数来看，交流的力度较小。而且交流时间较短，两份方案都规定交流时间为一年。

八中青云学校。

具体而言，青云谱区建立了三个学区共同体：①三店小学学区，包括三店小学和熊坊小学；②育英学校学区，包括育英学校和玉河中学；③洪都小学学区，包括洪都小学和水榭花都小学。熊坊小学和玉河中学属于学区内的薄弱学校，而水榭花都小学属于新校，实质上是洪都小学的分校。三店小学、育英学校、洪都小学属于学区内的优质学校，办学规模较大。通过"名校+弱校""名校+新校"等办学模式，推动区域内优质教育资源均衡发展。学区内部学校通过"三个共享、两个贯通"来共享各种硬件和软件资源，打通师生交流的通道，实现校际资源共享并发展的目的。"三个共享"指的是共享教学设施资源、共享教育教学资源、共享管理课程资源。"两个贯通"一方面指的是贯通教师交流的通道，通过教师有序流动、跨校支教、短期支教、跟班学习等方式打通交流的通道；另一方面指贯通学生交流的通道，通过校际统一编班、学生跨校选课、听课、跨校参加社团活动、社会实践活动等形式打通学生交流的通道。

另一种运行模式则是通过集团化办学，扩大优质教育资源的辐射力度，加快集团内部各个分校的发展。青云谱区先后引进南昌三中集团、南昌二十八中集团等优质教育资源合作办学，成立南昌市第三中学青云谱校区、南昌第二十八中学青云学校。在调研中发现，南昌市第三中学青云谱校区原本是青云谱实验学校，属于农村九年一贯制学校。而南昌第二十八中学青云学校刚建立不久，原本是城南经济适用房配套学校，学校辖区范围内进城务工随迁子女人数较多。教育集团仍采用"名校+弱校""名校+新校"的办学模式。集团分校全权委托集团总部管理，人、财、物所有权归青云谱学校。[①]同时，集团内部搭建分层、分批的教师培养梯队和发展平台，盘活教师优质资源，并建立硬件共享、信息资源共享、教学研修共享三大共享机制。这样，薄弱学校利用名校品牌的无形资本、先进的管理方式获得了发展。

该区通过学校网点布局调整，实现了教育资源的整合。在整合的基础上，无论是教师交流的改善，还是建立学区共同体、引进教育集团，都是基于城乡、薄弱学校与优质学校这样一个二元结构视角，实现优质与薄弱学校之间的资源共享，推动了青云谱区义务教育的优质均衡发展。

---

① 事实上，各大教育集团校采取的办学机制未必统一。多法人共同体、单法人均衡体、市区结合共享体等多种办学机制决定了集团校与成员校之间的关系不同，进而决定了集团化办学思路的变革能否成功。

三、基于"校-政-校"协作式的均衡发展路径

随着义务教育均衡发展走向深化，仅仅依靠以政府输血为主的底线均衡发展路径已满足不了义务教育均衡发展的现实需求，而基于城乡二元结构视角互动式的均衡发展路径同样需要拓宽。于是，青云谱区在推进义务教育均衡发展过程中，创生出基于高校、区教育局、中小学三方联动的均衡发展路径，即"校-政-校"协作式的均衡发展。

"校-政-校"协作式的均衡发展路径是在高校、区教育局、义务教育相关学校共同参与下运行的，不同于以往高校自上而下的课题研究思路，亦不同于中小学内部自下而上的学校变革。2014年，青云谱区教育局、教研室、部分中小学牵手与江西师范大学教育学者为主体的联盟进行协作研究。青云谱教育局就全区的义务教育发展现状作基本介绍，并提出协作基本需求。各个学校介绍目前学校的发展现状和面临的困惑。三方共同商讨，形成课程与教学、学校改进、教师专业发展的初步方案：以课题为抓手组建研究小组，高校提供子课题、子项目，并与中小学一线教师商议形成主题，成立研究小组，每个项目都有教育局负责人、江西师范大学教育研究人员和中小学的教师加入；成立学校改进小组，合作学校设相关负责人，负责统筹与联络；江西师范大学派驻协作负责人，要求每月至少四天在学校工作；创建对话平台，为三方提供成果分享与发表的机会。

在合作后期，江西师范大学教育学者通过实地调研与每个学校共同制定个性化的、有针对性的研究方案，同时参与课堂教学听评课，与学校教师、领导进行交流，对学校的文化建设、教师专业发展、课程与教学的整体情况进行诊断性评价。每一所中小学校针对学校改进过程中遇到的困惑提出研究的问题，与高校学者合作开展行动研究，商讨学校的改进策略。

学校文化改进是"校-政-校"协作式均衡发展路径的核心问题，通过有针对性的学校文化诊断和建议，各个学校在原有文化建设的基础上，形成了富有特色和朝气的文化，例如，三店小学的"香樟教育"文化，洪都小学的"蓝梦"文化。基于"校-政-校"协作式的均衡发展路径，为高校教育研究者提供实践场地和科研素材，而高校利用专业的特长为区域政府推进县域义务教育均衡发展提供智力

支撑。作为区域义务教育均衡发展的子单元,学校在三方协作式的均衡发展推进路径中实现转型性变革。

综上所述,青云谱区在推进义务教育均衡发展的进程中,既有同构性的推进策略,如薄弱学校改造、学校标准化建设和学校网点布局调整等,又创生出基于青云谱区的独特举措,如建立学校共同体,引进教育集团,与高校协作开展行动研究等。这一系列举措构成青云谱区推进义务教育均衡发展的三大路径。从推进路径来看,既有政府行政主导式的思维模式,又有多元建构、多方联动式的创新机制,寻求市域层面及高校的合作。政府在推进义务教育均衡发展显示出"确定性的寻求"[①]的路线,而义务教育均衡发展在实践进程中可能产生新的问题,如何生成新的治理策略推进义务教育优质均衡发展,需要在实践中积极思考、不断探索和逐步完善。

第三节　青云谱区推进义务教育均衡发展的成效

义务教育均衡发展是政府主导并不断推进的。近年来,由于青云谱区政府在推进义务教育均衡发展的过程中采取了一系列举措,义务教育均衡发展不断取得新的成绩。

一、学生入学机会基本均衡

(一)随迁子女入学

保障学生入学的机会公平是近年来青云谱区推进义务教育均衡发展的一条主线。由于青云谱区位于南昌城郊,企业较多,区域内集聚了大量的进城务工人

---

① 约翰·杜威在《确定性的寻求——关于知行关系的研究》一书中,澄清传统哲学对知行关系的认识误区,重申行动、经验的力量。本书沿用这一概念,意在表达政府在推进义务教育均衡发展的现实语境背后是公平、正义的进程,反映了确定性的诉求。而实践领域纷繁复杂,仍显示出诸多不确定性,需要依靠行动的力量来寻求确定性。

员。如图 4-1 所示，2010—2014 年，来青云谱区随迁子女入学人数分别为 5774、7959、5946、12661、10451。尤其在 2013 年和 2014 年，人数突破了 1 万，而青云谱区域内学生人数逐年增长，截至 2014 年，人数达 27072 人。

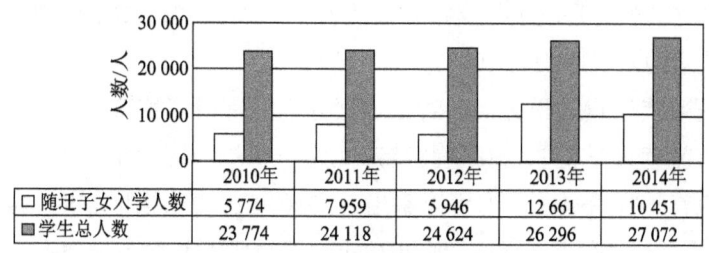

图 4-1　青云谱区 2010—2014 年随迁子女入学人数

统计显示，2010—2014 年，该区随迁子女人数占比分别为 24.30%、33.00%、24.15%、48.15%、38.60%。因此，从占比来看，进城务工随迁子女是青云谱区义务教育学生中的庞大群体，尤其在 2013 年，人数接近一半。据青云谱教育局工作人员反映，青云谱区 2015 年和 2016 年义务教育阶段学生中的随迁子女已经超过了一半。青云谱区政府对于随迁子女的入学问题进行了统筹安排，2010—2014 年，青云谱区随迁子女入学比例均在 95% 以上，基本保证了随迁子女的入学机会公平问题。

（二）留守儿童及三类残疾儿童入学

青云谱区留守儿童及三类残疾儿童数量相对较少。2010—2014 年，留守儿童人数呈稳中上升的趋势，2012 年达到峰值，为 136 人。留守儿童占区域内学生总人数的比例为 0.55%。

表 4-2　青云谱区 2010—2014 年留守儿童入学情况表

年份	2010	2011	2012	2013	2014
留守儿童入学人数/人	28	26	136	80	95
区域内留守儿童总人数/人	28	26	136	80	95
入学率/%	100	100	100	100	100

资料来源：青云谱区教育局办公室

青云谱区为留守儿童的教育问题专门制定了《关于进一步加强农村留守儿童

少年教育和管理工作的指导意见》。该意见构建以政府为主导的、社会各方面广泛参与的留守儿童关爱体系，并建立了留守儿童、少年档案登记管理制度，监护人联系制度，结对帮扶制度与心理疏导制度。通过一系列举措，确保全区留守儿童均能在良好的教育环境下健康成长。从表4-2数据可知，2010—2014年，青云谱区留守儿童的入学率均为100%。

在三类残疾儿童入学方面，青云谱区建立并完善了特殊儿童、少年确认、登记和随班就读入学机制，使适龄特殊儿童、少年与同龄正常人一样能接受并完成义务教育。从表4-3数据可以看出，2010年，青云谱区域内三类残疾儿童人数为57人，入学率为82.6%。到2012年，三类残疾儿童入学率提高到88.9%。2013—2014年，三类残疾儿童入学率继续保持在88%以上。

表4-3 青云谱区2010—2014年三类残疾儿童入学情况表

年份	2010	2011	2012	2013	2014
三类残疾儿童入学人数/人	57	65	64	71	78
区域内三类残疾儿童总人数/人	69	78	72	79	88
入学率/%	82.6	83.3	88.9	89.9	88.6

资料来源：青云谱区教育局办公室

（三）学生班级规模

班级规模可以反映学生就学机会的均衡情况。"格拉斯-史密斯曲线"已经表明教学效果会随着班级规模的扩大而降低。有研究者指出，就教学而言，班级规模影响到教师的"教育关照度"，影响到课堂教学管理，也影响到教学效果。[1]因此，引入学校平均班额这一指标，也可以在一定程度上观测到学生入学机会的均衡程度。首先，从校际维度看青云谱区学校间平均班额是否有差异。通过学校学生总人数与班级数量的比值计算出每所学校的平均班额，九年一贯制学校拆分为小学部和初中部，分别计算。通过计算差异系数、倍率等来衡量学校间的班额差异，结果如表4-4所示。

---

[1] 和学新. 2001. 班级规模与学校规模对学校教育成效的影响——关于我国中小学布局调整问题的思考. 教育发展研究，（1）：18.

表 4-4 青云谱区 2010—2014 年学校平均班额的校际差异

年份	学校类别	最小值	最大值	均值	标准差	差异系数	前20%均值	后20%均值	倍率
2010	小学	34.17	52.18	43.41	4.84	0.11	37.41	50.12	1.34
	初中	30.67	49.33	42.72	5.78	0.14	33.75	48.80	1.45
2011	小学	33.09	56.43	44.64	6.00	0.13	36.31	52.82	1.45
	初中	28.33	50.71	43.46	7.53	0.17	30.75	49.36	1.61
2012	小学	26.82	55.17	45.30	6.62	0.15	34.60	53.47	1.55
	初中	38.17	54.73	46.45	4.80	0.10	40.59	52.17	1.29
2013	小学	31.72	53.40	46.42	5.10	0.11	38.89	52.27	1.34
	初中	37.85	57.04	44.85	6.11	0.14	38.34	52.45	1.37
2014	小学	36.90	50.50	44.30	2.97	0.07	40.13	48.33	1.20
	初中	39.20	55.10	47.40	5.47	0.12	40.00	54.15	1.35

资料来源：根据青云谱区教育局提供的资料整理

从差异系数来看，在 2010—2014 年，青云谱区学校之间小学和初中平均班额的差异系数均小于 0.2，而倍率均在 2 以内。因此，青云谱区校际平均班额基本均衡。从均值来看，除 2013 年外，该区小学平均班额为 45.30 人，稍高于班额的合理区间。[①]在其余年份，小学和初中均达标。

从城乡差异来看，通过独立样本 t 检验可知，2010—2014 年，p 值均大于 0.05，表明青云谱区中小学平均班额在城乡维度呈不显著差异，基本均衡。从差异系数来看，城乡内部的班额同样达到均衡标准。从综合均值和差异系数不难发现，城区学校的班额普遍大于农村学校，并且城区学校内部班额的差异性要高于农村学校（表 4-5）。

表 4-5 青云谱区 2010—2014 年小学平均班额的城乡差异

年份	学校地域	样本量	均值	标准差	差异系数	显著性检验
2010	城市	8	46.84	4.80	0.10	t=2.017,
	农村	7	42.70	2.23	0.05	p=0.053
2011	城市	8	47.54	7.33	0.15	t=1.326,
	农村	7	45.09	2.31	0.05	p=0.413

---

① 关于班额的规模到底多大为合理区间，学界有不同的看法。本书使用国务院和教育部制定的班额底线标准：小学为 45 人，初中为 50 人。

续表

年份	学校地域	样本量	均值	标准差	差异系数	显著性检验
2012	城市	9	46.06	8.70	0.19	$t=-0.309$, $p=0.910$
	农村	7	46.45	2.39	0.05	
2013	城市	8	47.97	4.48	0.09	$t=0.677$, $p=0.661$
	农村	7	47.08	2.89	0.06	
2014	城市	8	45.95	2.86	0.06	$t=1.748$, $p=0.174$
	农村	7	44.16	1.73	0.04	

资料来源：根据青云谱区教育局提供的资料整理。

从平均班额来看，青云谱区中小学城乡间和学校际均呈均衡状态。为了进一步衡量学校间办学条件的均衡性，我们对青云谱区2010—2014年小学（包含九年一贯制）平均班额（≥45人）的学校数量进行统计，结果发现在这5年间，小学平均班额超过45人的学校占比分别为30.43%、47.83%、54.55%、61.90%、38.10%，尤其是2013年，比例较高。同样，我们分别统计了大班额（≥56人）和超大班额（≥66人）的班级数量，统计结果如图4-2所示。

从年度变化趋势看，在2010—2013年，大班额数量较稳定，均在70人以上。相对于2010年，2011和2012年数量在减少，而2013年又呈上升趋势，数量高达85人。2014年，大班额数量迅速下降，青云谱区域内有16个班级人数高于56人。而超大班额班级的数量较少，2010—2012年分别为4个、4个、2个，2013年以后，全部消除了超大班额。从整体上看，青云谱区逐年逐步消除大班额，特别是2014年，区域内大班额数量相比前3年大幅度减少，班额趋向均衡。

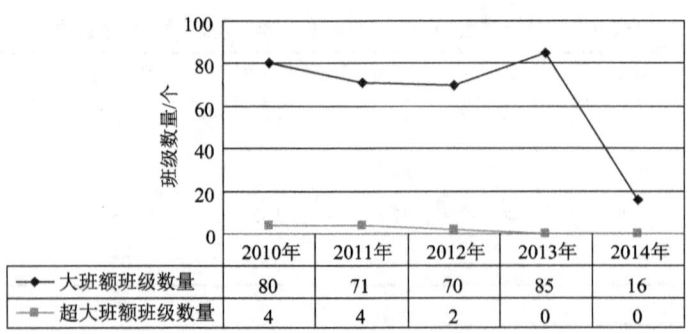

图4-2 青云谱区2010—2014年义务教育学校大班额数量趋势图

从城乡地域来看，2010—2013 年，城区学校大班额数量逐年下降，农村学校大班额数量呈逐年递增的趋势，这与青云谱区学校布局调整有密切的联系。[①]不过从两者对比来看，城区学校大班额班级的数量均大于农村学校。2014 年，城乡学校大班额的数量均在下降（图 4-3）。

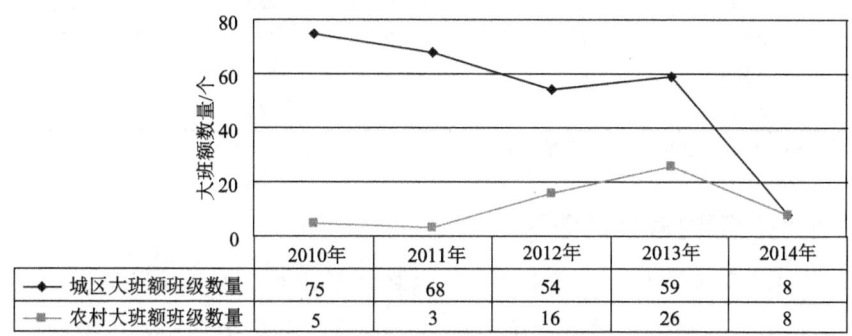

图 4-3　青云谱区 2010—2014 年城乡义务教育学校大班额数量对比图

二、教育经费投入同步增长

教育经费是政府推进义务教育均衡发展的保障性因素，充足的教育经费能够保证义务教育均衡发展的稳步推进。2012 年国务院发布的《关于深入推进义务教育均衡发展的意见》明确指出："义务教育经费在财政预算中单列，近三年教育经费做到'三个增长'。"因此，教育经费问题重点是考察政府的教育经费支出是否逐年增长。

如表 4-6 所示，2010—2014 年，青云谱区义务教育预算内经费逐年增长，尽管增速有差异，但其增长比例均高于地方财政经常性收入的增长比例。2011—2014 年，预算内教育经费占财政支出的比例分别为 20.4%、25.9%、23.8%、22.5%。因此，无论从实际的拨款值还是从占比来看，青云谱区教育经费都比较充足，为推进义务教育均衡发展提供了物质基础。

---

① 这里最为典型的是青云谱实验学校，该校属于农村九年一贯制学校，2010 年青云谱区进行调整布局，新建青云谱实验学校。2012 年，该校的大班额数量为 12 个，2013 年升至 18 个，2014 年农村学校大班额均在该校。

表 4-6　青云谱区 2010—2014 年教育经费投入情况

年份	义务教育预算内经费拨款 拨款值/千元	比上年增长比例/%	地方财政经常性收入 收入/千元	比上年增长比例/%	预算内教育经费占财政支出的比例/%
2010	93 450	—	273 300	—	—
2011	132 800	42.1	379 340	38.8	20.4
2012	161 720	21.8	446 850	17.8	25.9
2013	208 240	28.8	539 880	20.8	23.8
2014	286 780	37.7	682 480	26.4	22.5

资料来源：根据青云谱区教育局提供的资料整理

（一）生均预算内教育事业费

如表 4-7 所示，青云谱区生均预算内教育事业费呈逐年递增趋势。总体而言，2011 年涨幅最快，增长比例均在 40%以上。初中生均预算内教育事业费涨幅比小学的快，2010—2012 年，初中的生均预算教育事业费用均低于小学的。2013 年，初中的增长比例为 33%，生均预算内教育事业费达 6653.86 元，超过了小学的。

表 4-7　青云谱区 2010—2014 年生均预算内教育事业费统计表

年份	小学/元	增长比例/%	初中/元	增长比例/%
2010	4037.21	—	3347.46	—
2011	5805.37	43.80	4902.44	46.50
2012	5895.57	1.55	5002.49	2.00
2013	5971.00	1.28	6653.86	33.00
2014	6716.23	12.50	7124.39	7.07

资料来源：根据青云谱区教育局提供的资料整理

（二）生均预算内公用经费

公用经费是用于日常办公、业务活动等方面的经常性开支。目前，我国公用经费拨款以学生的规模为准，学校学生人数越多，公用经费数额就越高。青云谱区的生均预算内公用经费实行城乡学校统一划拨，统一基准定额。

如图 4-4 所示，2010—2014 年，青云谱区小学和初中生均预算内公用经费呈稳定增长的趋势，2011 年和 2014 年增长幅度较大。2012 年和 2013 年生均预算内公用经费增长较缓。初中生均预算内公用经费均高于小学。2014年,青云谱区小学、初中生均预算内公用经费分别达600元、800元。

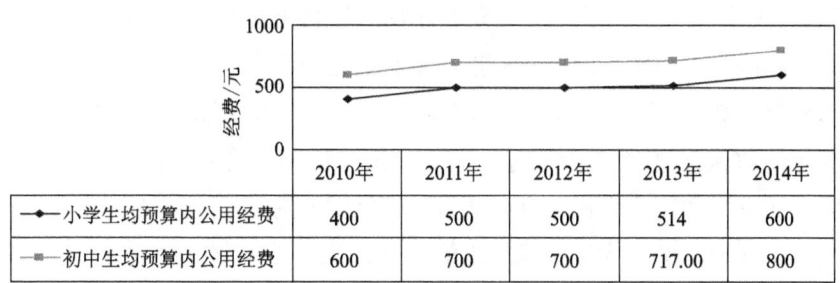

图 4-4　青云谱区 2010—2014 年生均预算内公用经费趋势图

三、教学设施设备趋向平衡

众所周知,学校的教育质量受办学条件的制约,良好的办学条件是学校教育教学活动顺利开展的基础。因此,办学条件的均衡是政府推进义务教育均衡发展的"兜底"工程。在本书中,我们沿用了教育部督导评估体系中"生均教学及辅助用房面积、生均体育运动场馆面积、生均教学仪器设备值、生机比、生均图书册数"五个指标,它们是衡量办学条件均衡发展的重要指标。考虑到均衡发展测算的信度和效度,采用倍率[①]与差异系数计算 2010—2014 年[②]青云谱区义务教育校际均衡发展的水平差异。而城乡均衡则采用独立样本 t 检验的方法计算差异性。

(一)生均教学及辅助用房面积

从表 4-8 数据可以看出,2010—2014 年,青云谱区小学生均教学及辅助用房平均面积分别为 3.11 平方米、2.92 平方米、3.05 平方米、2.92 平方米、2.83 平方米,初中分别为 3.60 平方米、3.58 平方米、4.35 平方米、4.68 平方米、4.67 平方米。整体而言,小学的生均面积均小于初中的。另外,前者整体呈下降趋势,而

[①] 指将样本进行升序排列,分别计算前 20%和后 20%的均值,倍率等于后 20%的均值除以前 20%均值,在很大程度上可以克服极差倍率的缺陷。

[②] 2010—2014 年,由于学校撤并、新建、扩建,学校数量及部分学校规模会发生改变。本书数据以当年的数据为准。

后者整体呈上升趋势，两者的差距逐年扩大。从最小值来看，2010—2014年小学生均教学及辅助用房面积分别为1.12平方米、1.28平方米、1.25平方米、1.32平方米、1.35平方米，说明部分小学教学用房呈紧张的态势。另外，最小值呈稳中上升的趋势，表明青云谱区政府正逐年改善这一不利局面。

从差异系数看，青云谱区义务教育阶段生均教学及辅助用房面积大多数低于国家规定的数值[①]，校际差异较小，各校之间整体相对均衡。值得注意的是，初中生均教学及辅助用房面积的差异系数呈逐年增大的趋势。特别是2014年，初中的差异系数为0.67，大于国家规定值0.55，说明2014年初中校际生均教学用房面积有明显差异。2014年，生均教学用房的倍率数值为3.81，为历年最高，与差异系数高达0.67相对应。

表4-8 青云谱区2010—2014年生均教学及辅助用房面积的校际差异

年份	学校类别	最小值	最大值	均值	标准差	差异系数	前20%均值	后20%均值	倍率
2010	小学	1.12	5.25	3.11	1.18	0.38	1.59	4.68	2.94
	初中	1.93	5.52	3.60	1.29	0.36	2.19	5.26	2.40
2011	小学	1.28	4.72	2.92	1.07	0.37	1.53	4.36	2.85
	初中	1.81	5.19	3.58	1.16	0.32	2.10	4.99	2.38
2012	小学	1.25	7.12	3.05	1.42	0.47	1.48	5.22	3.53
	初中	2.20	7.75	4.35	2.03	0.47	2.30	7.13	3.10
2013	小学	1.32	5.55	2.92	1.13	0.39	1.69	4.62	2.73
	初中	2.03	9.09	4.68	2.24	0.48	2.14	7.60	3.55
2014	小学	1.35	4.32	2.83	0.95	0.34	1.71	4.19	2.45
	初中	1.97	12.00	4.67	3.12	0.67	2.20	8.38	3.81

资料来源：根据青云谱区教育局提供的资料整理

表4-8的数据说明，青云谱区校际生均教学及辅助用房面积差异不大，基本达标。小学阶段相对均衡，差异系数逐渐缩小，初中近几年校际差距加大。值得注意的是，小学生均教学及辅助用房均值在逐步减小，教学用房资源承载压力较大。

[①]《县域义务教育均衡发展督导评估暂行办法》规定，小学和初中的差异系数分别小于或等于0.65和0.55的县，方可通过县域义务教育均衡发展基本均衡县的评估认定。

青云谱区小学阶段城市学校和农村学校样本数量差异较小，因此利用 SPSS 统计软件分析 2010—2014 年小学阶段生均教学及辅助用房面积的城乡差异，将城乡学校分别作为分组变量，生均教学及辅助用房面积作为检验变量，作独立样本 t 检验。具体结果如表 4-9 所示。

表 4-9　青云谱区 2010—2014 年小学生均教学及辅助用房面积的城乡差异

年份	学校地域	样本量	均值	标准差	差异系数	显著性检验
2010	城市	8	2.94	1.35	0.46	$t=-0.857$,
	农村	7	3.35	1.28	0.38	$p=0.558$
2011	城市	8	3.02	1.31	0.43	$t=3.381$,
	农村	7	2.51	0.71	0.28	$p=0.363$
2012	城市	9	3.54	1.88	0.53	$t=6.158$,
	农村	7	2.38	0.63	0.26	$p=0.113$
2013	城市	8	2.91	1.03	0.35	$t=5.928$,
	农村	7	2.30	0.59	0.26	$p=0.182$
2014	城市	8	2.94	1.03	0.35	$t=5.485$,
	农村	7	2.34	0.62	0.26	$p=0.193$

资料来源：根据青云谱区教育局提供的资料整理

从城乡整体来看，2010—2014 年，青云谱区城市和农村学校的生均教学及辅助用房面积基本均衡。在这 5 年间，p 值分别为 0.558、0.363、0.113、0.182、0.193（$p>0.05$），均无显著差异，城乡间生均教学及辅助用房面积基本均衡。从城乡内部均值来看，2010 年，城市学校平均教学用房面积小于农村学校的，2011—2014 年，城市学校平均教学用房面积均大于农村学校的。从标准差和差异系数来看，城市学校数值均大于农村学校的。但这两项指标在 2010—2014 年（2012 年除外）五年间逐年减小。2013—2014 年，无论是标准差还是差异系数，城乡内部基本稳定，呈均衡态势。

（二）生均体育运动场馆面积

运动场馆是影响学生身体发展的重要物质条件，生均体育运动场馆面积在很大程度上决定着学生体育活动能否顺利开展。因此，这一指标是衡量学校义务教育均衡发展的重要考量因素。从表 4-10 的数据可以看出，2010—2011 年，青云谱学校之间生均运动场馆面积差异较明显，小学差异系数为 0.80、0.78，初中为 1.01、0.90，远远超过规定值。而倍率值也证实了这一点，小学为 7.57、6.55，初中为 8.09、7.00，均大于 5。这表明 2010—2011 年，青云谱区域内生均体育运动场地呈极不均衡态势。2012—2014 年，生均体育运动场馆面积差异减小。其中，在 2012 年，无论是小学还是初中，生均体育运动场馆面积的校际差异为历年最小。从 2012 年开始，小学的校际差异系数均小于 0.65 的规定值，呈基本均衡状态。2013—2014 年，初中的校际差异系数分别为 0.62、0.64，略大于 0.55 的规定值。

表 4-10　青云谱区 2010—2014 年生均体育运动场馆面积的校际差异

年份	学校类别	最小值	最大值	均值	标准差	差异系数	前20%均值	后20%均值	倍率
2010	小学	0.52	14.74	4.46	3.55	0.80	1.27	9.62	7.57
	初中	0.87	16.61	4.68	4.71	1.01	1.45	11.73	8.09
2011	小学	0.77	14.54	4.42	3.44	0.78	1.46	9.56	6.55
	初中	0.85	14.01	4.47	4.04	0.90	1.54	10.78	7.00
2012	小学	1.25	7.12	3.05	1.42	0.47	1.48	5.22	3.53
	初中	2.20	7.75	4.35	2.03	0.47	2.30	7.13	3.10
2013	小学	1.67	11.92	4.89	2.68	0.55	1.87	8.80	4.71
	初中	2.18	13.11	6.25	3.89	0.62	2.24	11.15	4.98
2014	小学	1.72	12.30	4.98	2.67	0.54	1.87	9.02	4.82
	初中	2.18	13.50	6.67	4.26	0.64	2.19	12.20	5.57

资料来源：根据青云谱区教育局提供的资料整理

表 4-10 数据显示，2010—2014 年，生均体育运动场馆面积的校际差距逐步缩小。从 2012 年开始，小学生均体育运动场馆面积基本均衡。从最小值来看，尽管生均体育运动场馆面积逐年增加，但是部分中小学体育运动场馆依然未达到国家标准。[①]体育空间狭小，体育运动场馆资源比较紧张。

---

① 《中小学校建筑设计规范》规定，在生均体育场馆面积上，中学每个学生不宜小于 3.3 平方米，小学每个学生不宜小于 2.3 平方米。

在城乡维度上，2010—2014年，该区生均体育运动场馆面积 p 值分别为0.061、0.079、0.125、0.848、0.858。城乡均为不显著差异（$p>0.05$），而且差异逐年缩小。尤其是2013年之后，p 值大于0.8，说明生均体育运动场馆面积在城乡维度上达到理想均衡状态。

从差异系数来看，5年来，城区学校校际生均体育运动场馆面积差距逐步缩小。需要指出的是，城区学校间的差异系数基本上均大于农村学校（除2012年以外），其中，2010—2011年，城区学校间的差异系数分别高达0.76、0.67，均大于规定值0.65。从均值来看，虽然城乡生均体育运动场馆面积基本均衡，但2010—2014年，城区学校生均体育运动场馆面积均小于农村学校，呈逆差序格局，青云谱城区义务教育学校面临的教育资源承载压力较大（表4-11）。[①]

表4-11 青云谱区2010—2014年小学生均体育运动场馆面积的城乡差异

年份	学校地域	样本量	均值	标准差	差异系数	显著性检验
2010	城市	8	3.12	2.37	0.76	$t=-2.060$, $p=0.061$
	农村	7	6.06	3.19	0.53	
2011	城市	8	3.17	2.13	0.67	$t=-1.620$, $p=0.079$
	农村	7	6.15	3.80	0.62	
2012	城市	9	3.43	2.07	0.60	$t=-0.951$, $p=0.125$
	农村	7	5.97	4.06	0.68	
2013	城市	8	4.52	2.51	0.56	$t=-0.835$, $p=0.848$
	农村	7	4.72	1.39	0.29	
2014	城市	8	4.58	2.34	0.51	$t=-0.649$, $p=0.858$
	农村	7	4.76	1.48	0.31	

资料来源：根据青云谱区教育局提供的资料整理

（三）生均教学仪器设备值

生均教学仪器设备的合理配置也是保障教学工作顺利开展的基础条件。从表4-12可以看出，2010—2012年，青云谱区学校间生均教学仪器设备值差异巨

[①] 体育运动场在学校总的用地所占比例较大，因此，运动场可以作为衡量教育资源承载力的重要指标。事实上，城区教育质量较高，吸引不少学生就读，但土地资源稀缺。两者汇集加大了城区的教育资源承载压力。

大，教学仪器设备配置严重不均衡。小学、初中生均教学仪器设备值差异系数均超过规定值，小学的差异系数均在0.9以上。另外，从倍率来看，2010年小学和初中的倍率竟高达34.30、29.16。在这三年期间，尽管差异系数逐步减小，但是区域内差距极其显著。

2013年，小学、初中生均教学仪器设备值均衡差异系数分别为0.22、0.11，倍率分别为1.79、1.29。应该说，校际生均教学设备值达到均衡的状态。另外，2013年，小学和初中生均教学设备最小值分别为415.80、830.50。与此相对应，2012年，其最小值分别是16.92、43.24，两年的数据相差较大。可见，向薄弱学校倾斜的底线式均衡发展策略取得了明显成效。2014年，小学和初中差异系数分别为0.29、0.30。同时，从均值来看，青云谱区加大了教学仪器设备的投入，各个学校之间基本实现生均教学仪器设备值的均衡发展。

表4-12 青云谱区2010—2014年生均教学仪器设备值的校际差异

年份	学校类别	最小值	最大值	均值	标准差	差异系数	前20%均值	后20%均值	倍率
2010	小学	15.31	896.06	289.70	287.16	0.99	22.14	759.41	34.30
	初中	16.84	976.22	457.29	393.43	0.86	31.66	923.18	29.16
2011	小学	15.26	1333.01	344.35	323.15	0.94	37.73	832.57	22.07
	初中	95.39	1466.31	648.91	423.05	0.65	143.18	1219.02	8.51
2012	小学	16.92	1582.30	418.99	375.94	0.90	35.71	1034.68	28.97
	初中	43.24	1740.50	752.78	617.86	0.82	105.14	1656.40	15.75
2013	小学	415.80	835.70	654.87	143.13	0.22	459.83	824.18	1.79
	初中	830.50	1132.00	919.70	103.58	0.11	832.85	1074.50	1.29
2014	小学	443.00	1425.00	720.10	208.74	0.29	514.50	1016.75	1.98
	初中	788.00	1568.00	1041.25	317.30	0.30	804.00	1549.50	1.92

资料来源：根据青云谱区教育局提供的资料整理

通过独立样本t检验发现（表4-13），生均教学仪器设备的城乡差异不明显，2010—2014年，p值分别为0.177、0.606、0.112、0.721、0.805（$p>0.05$），p值呈稳中上升的趋势，说明城乡间生均教学仪器设备达到均衡的标准，而且差异逐步缩小。

从样本均值来看，在2010年和2011年，农村学校的生均教学仪器设备数大于城区学校,从 2012 年开始,城市学校的生均值大于农村学校的,城区的教学仪器设备数量更充足。从城乡学校内部的差异系数来看,在 2010—2014 年 5 年间,城区学校校际差异系数均大于农村学校的,进一步表明城区学校校际间的差异较农村学校明显。2010—2012 年,城区学校生均教学仪器设备差异系数分别是 0.99、1.11、0.72,超过 0.65 的标准值,呈不均衡状态。农村仅有 2010 年差异系数大于规定值。2013—2014 年,无论是城区还是农村,该区生均教学仪器设备均达到均衡。

表 4-13 青云谱区 2010—2014 年小学生均教学仪器设备值的城乡差异

年份	学校地域	样本量	均值	标准差	差异系数	显著性检验
2010	城市	8	161.44	159.10	0.99	$t=-5.461$,
	农村	7	324.33	274.91	0.85	$p=0.177$
2011	城市	8	197.34	218.69	1.11	$t=-1.137$,
	农村	7	249.50	151.48	0.61	$p=0.606$
2012	城市	9	465.31	333.84	0.72	$t=3.535$,
	农村	7	234.67	146.84	0.63	$p=0.112$
2013	城市	8	612.91	175.96	0.29	$t=2.116$,
	农村	7	587.69	76.66	0.13	$p=0.721$
2014	城市	8	658.38	178.09	0.27	$t=2.734$,
	农村	7	640.57	83.21	0.13	$p=0.805$

资料来源:根据青云谱区教育局提供的资料整理。

(四)生机比

生机比一般用于衡量一个学校教学信息化的建设水平。从校际差异来看,2010 年,青云谱区初中生机比的差异系数为 0.61,大于规定值(表 4-14)。其余年份小学和初中的生机比均小于规定值,校际差异不明显,生机比达到基本均衡。从极小值来看,2010—2011 年,小学生机比为 0.92、0.90,均小于 1。初中生机比为 1.01、0.99,这意味着每百名学生平均共用 1 台计算机,可见当时部分学校信息化水平层次偏低。2012 年以后,生机比最小值均大于 4,生机比有较大提高。从均值来看,2010—2011 年,小学的生机比高于初中的。2012—2014 年,小学的生机比均低于初中的。

表 4-14 青云谱区 2010—2014 年生机比的校际差异

年份	学校类别	最小值	最大值	均值	标准差	差异系数	前20%均值	后20%均值	倍率
2010	小学	0.92	11.65	5.08	2.37	0.47	1.73	8.76	5.06
	初中	1.01	9.37	4.76	2.89	0.61	1.09	8.91	8.17
2011	小学	0.90	14.89	6.75	3.02	0.45	3.01	10.71	3.56
	初中	0.99	9.88	6.21	2.67	0.43	2.49	9.61	3.86
2012	小学	5.54	20.57	10.61	4.51	0.43	5.99	18.51	3.09
	初中	6.76	22.62	11.25	5.21	0.46	7.39	18.86	2.55
2013	小学	4.60	15.12	6.95	2.18	0.31	5.03	9.92	1.97
	初中	5.27	16.63	8.77	4.03	0.45	5.69	14.92	2.62
2014	小学	4.42	15.20	7.44	2.91	0.39	5.02	12.30	2.45
	初中	4.87	16.20	8.12	3.69	0.45	5.41	13.20	2.44

资料来源：根据青云谱区教育局提供的资料整理

依据独立样本 t 检验统计结果可知（表 4-15），2010—2014 年，p 值均大于 0.05，农村学校的生机比与城区学校的无显著性差异，城乡间达到基本均衡。值得一提的是，从 2011 年开始，农村学校的生机比均高于城区学校的，呈城乡逆差序格局。这一现象正好回应了前面的假设：城区学校大量涌入适龄儿童就学，导致生均比值降低。从差异系数来看，无论是城区学校还是农村学校，生机比都小于规定系数，呈均衡态势。

总之，从生机比来看，无论是城乡维度还是校际视角，2010—2014 年，青云谱区学校间都达到良好均衡的标准。

表 4-15 青云谱区 2010—2014 年小学生机比的城乡差异

年份	学校地域	样本量	均值	标准差	差异系数	显著性检验
2010	城市	8	5.72	1.35	0.24	$t=1.127$, $p=0.982$
	农村	7	5.69	2.93	0.51	
2011	城市	8	6.92	2.66	0.38	$t=-0.327$, $p=0.611$
	农村	7	7.80	3.80	0.49	
2012	城市	9	9.58	2.53	0.26	$t=-1.923$, $p=0.227$
	农村	7	12.60	5.65	0.45	

续表

年份	学校地域	样本量	均值	标准差	差异系数	显著性检验
2013	城市	8	6.34	1.36	0.21	$t=-3.207$, $p=0.189$
	农村	7	7.11	0.63	0.09	
2014	城市	8	7.31	3.35	0.46	$t=-1.068$, $p=0.821$
	农村	7	7.63	1.74	0.23	

资料来源：根据青云谱区教育局提供的资料整理

（五）生均图书

从表 4-16 数据可以看出，2010—2014 年，无论是小学还是初中，生均图书册数的差异系数均小于规定值，生均图书册数校际差异不明显，达到均衡标准。其中，2010—2013 年，小学生均图书册数差异系数均大于初中的。2014 年，两者的差异系数接近。从均值来看，小学的生均图书册数均小于初中的。

表 4-16　青云谱区 2010—2014 年生均图书册数的校际差异

年份	学校类别	最小值	最大值	均值	标准差	差异系数	前20%均值	后20%均值	倍率
2010	小学	11.39	27.71	21.20	4.40	0.21	14.88	26.96	1.81
	初中	23.76	31.35	27.27	2.75	0.10	24.15	30.82	1.28
2011	小学	22.14	33.90	21.27	5.15	0.24	14.41	28.48	1.98
	初中	10.61	32.97	26.99	4.20	0.16	22.61	32.71	1.45
2012	小学	8.77	40.68	21.09	6.72	0.32	13.03	31.38	2.41
	初中	21.32	38.27	29.58	6.15	0.21	22.19	37.41	1.69
2013	小学	15.51	24.14	20.15	10.30	0.51	15.54	23.88	1.57
	初中	22.54	28.81	25.70	5.43	0.21	23.04	28.81	1.25
2014	小学	15.10	31.60	20.74	4.35	0.21	15.28	27.45	1.80
	初中	21.40	38.90	28.63	6.37	0.22	22.45	36.85	1.64

资料来源：根据青云谱区教育局提供的资料整理

依据独立样本 t 检验统计结果可知（表 4-17），2011—2012 年，p 值分别为 0.046、0.024（$p<0.05$），这说明生均图书册数在城乡这一分组变量上极不均衡。从 2013 年开始，城乡生均图书册数呈均衡状态。从均值来看，2010—2014 年，

城乡生均图书册数基本达到省定标准。①不过城区学校的生均图书册数均高于农村学校的，5 年间城乡学校的生均差距分别为 6.83、7.70、8.61、5.17、5.65，两者间的差距明显。

表 4-17 青云谱区 2010—2014 年小学生均图书册数的城乡差异

年份	学校地域	样本量	均值	标准差	差异系数	显著性检验
2010	城市	8	22.72	2.85	0.13	$t=0.532$, $p=0.054$
	农村	7	15.89	2.57	0.16	
2011	城市	8	23.54	4.59	0.19	$t=0.968$, $p=0.046$
	农村	7	15.84	3.33	0.21	
2012	城市	9	23.56	7.09	0.30	$t=1.682$, $p=0.024$
	农村	7	14.95	3.50	0.23	
2013	城市	8	21.65	2.30	0.10	$t=1.323$, $p=0.348$
	农村	7	16.48	1.62	0.10	
2014	城市	8	22.16	2.84	0.13	$t=2.052$, $p=0.278$
	农村	7	16.51	2.07	0.13	

资料来源：根据青云谱区教育局提供的资料整理

四、教师队伍总体差距不大

（一）师生比

我国教师编制的方式经由师班比向师生比的转变，师生比是义务教育阶段配置教师资源的主要参照标准。由此观之，学校学生人数决定了教师资源的配置。2014 年，国务院发布《关于统一城乡中小学教职工编制标准的通知》，将城乡教师配置的标准统一，其中初中师生比为 1∶13.5（0.07），小学师生比为 1∶19（0.05）。此举提高了农村地区的师生比，缓解了农村教师数量不足的问题。因此，本书引入师生比这一指标主要用于观测教师的数量和分布情况。

---

① 《江西省义务教育均衡发展示范县评选细则》规定，农村地区初中、小学的生均图书册数分别为 25 册、15 册，城区的分别为 30 册、20 册。

表 4-18　青云谱区 2010—2014 年学校师生比的校际差异

年份	学校类别	最小值	最大值	均值	标准差	差异系数	前 20%均值	后 20%均值	倍率
2010	小学	0.04	0.07	0.049	0.008	0.16	0.040	0.062	1.55
	初中	0.03	0.09	0.053	0.017	0.32	0.035	0.075	2.14
2011	小学	0.04	0.09	0.056	0.011	0.20	0.048	0.072	1.50
	初中	0.06	0.13	0.087	0.022	0.25	0.065	0.115	1.77
2012	小学	0.04	0.09	0.056	0.013	0.23	0.045	0.075	1.67
	初中	0.06	0.11	0.081	0.016	0.20	0.065	0.105	1.62
2013	小学	0.04	0.07	0.053	0.008	0.15	0.040	0.063	1.58
	初中	0.05	0.12	0.089	0.023	0.26	0.065	0.120	1.85
2014	小学	0.05	0.07	0.055	0.006	0.11	0.050	0.063	1.26
	初中	0.06	0.11	0.073	0.018	0.25	0.060	0.100	1.67

资料来源：根据青云谱区教育局提供的资料整理

如表 4-18 所示，小学和初中师生比的差异系数均小于 0.4，表明 2010—2014 年青云谱区校际师生比均处于均衡态势。从均值来看，初中的师生比均高于小学的，因此初中的师资配置更为充足。从最小值来看，不少学校依然缺编，没有达到规定的师生比标准。经统计发现，2010 年，洪都小学的师生比仅有 0.04，青联学校初中部师生比为 0.03。其后，师生比逐年提高，2014 年，青云谱区中小学师生比基本达标，部分城区学校基本处于满编或超编状态。

依据独立样本 t 检验可知，青云谱区小学学校间师生比城乡差异较校际明显，尤其在 2010 年和 2013 年，t 检验结果均小于 0.05，呈显著性差异。而 2012 年和 2014 年，差异系数分别为 0.069、0.063，虽然大于 0.05，但基本处于边缘性质的差异。进一步分析发现，城区学校的师生比均高于农村学校的，说明城区学校教师资源总量比农村学校的更为充足（表 4-19）。

表 4-19　青云谱区 2010—2014 年小学师生比的城乡差异

年份	学校地域	样本量	均值	标准差	差异系数	显著性检验
2010	城市	8	0.058	0.007	0.12	t=2.068, p=0.017
	农村	7	0.047	0.008	0.17	
2011	城市	8	0.058	0.010	0.17	t=1.746, p=0.299
	农村	7	0.053	0.005	0.09	

续表

年份	学校地域	样本量	均值	标准差	差异系数	显著性检验
2012	城市	9	0.059	0.013	0.22	$t=1.725$, $p=0.069$
	农村	7	0.050	0	0	
2013	城市	8	0.058	0.005	0.08	$t=2.232$, $p=0.015$
	农村	7	0.050	0.006	0.12	
2014	城市	8	0.056	0.005	0.09	$t=1.387$, $p=0.063$
	农村	7	0.051	0.004	0.08	

资料来源：根据青云谱区教育局提供的资料整理

（二）教师的学历结构

对青云谱区专任教师学历结构进行差异分析前，我们对高于规定学历的教师人数进行了统计，其中小学规定的学历为专科及以上，初中为本科及以上。描述统计结果显示，2016年，青云谱区小学阶段高中或中专学历的教师频率为3，专科的为179，本科的为591，硕士的为11。因此，目前青云谱区的教师以本科学历为主，占75.4%，高于规定学历的教师占99.6%，超过规定的标准。初中阶段中专学历的教师频率为1，专科学历的为35，本科的为177，硕士的为7，本科学历的教师比例占主体地位，占比为82.3%。高于规定学历的教师频数为184，占85.6%。进一步将教师学历与年龄分组栏进行交叉分析发现，在小学组30岁及以下、30—40岁年龄段，以本科学历人数为最多，而40—50岁、50岁及以上年龄段的教师，专科学历的人数多于本科学历。初中组本科学历在各个年龄段的人数比例均为最高。

在教师问卷中，将教师学历一栏设置为五个选项，即高中、专科、本科、硕士、博士，分别记1、2、3、4、5分。得分越高，表明教师学历越高。由于学校样本数量大于3，因此选用对各个学校教师学历做单因素方差分析，小学和初中分别计算。所得方差分析结果为小学（$F=2.002$, $p=0.007$），初中（$F=0.989$, $p=0.433$）。[①]从结果中可以看出，初中学校间的教师学历差距呈不显著差异（$p>0.05$），学校间教师学历基本均衡，而小学学校之间的教师学历呈显著性差异（$p<0.05$）。

进一步对城乡学校间教师学历做差异分析，独立样本t检验结果如表4-20所

---

① 小学（包含九年一贯制学校）：共调查了20所学校；初中（包含九年一贯制学校）：共调查了8所学校。学校数量较多，因此，在校际均衡比较时，只呈现方差分析结果，不列表格，下同。

示。无论小学还是初中，城乡教师学历差异均不显著（$p>0.05$），这表明城乡间教师学历呈均衡状态。值得一提的是，初中城区学校的教师学历均值小于农村学校的，这可能与城乡学校样本的大小有关，农村学校仅有1所青云谱实验学校，并且该校刚建立不久，通过教师招聘考试录用的年轻教师人数较多，学历上具有一定的优势。

表 4-20 青云谱区 2016 年中小学教师学历的城乡差异

学校类别	学校地域	样本量	均值	标准差	差异系数	显著性检验
小学	城市	587	2.79	0.446	0.16	$t=0.909$, $p=0.364$
	农村	197	2.75	0.489	0.18	
初中	城市	150	2.85	0.454	0.16	$t=-0.359$, $p=0.720$
	农村	65	2.88	0.415	0.14	

资料来源：根据青云谱区教育局提供的资料整理

（三）教师的专业背景

本书准备从两个维度考查青云谱区中小学专任教师的专业背景：①教师所学第一专业是否属于师范类，主要考查师范类专业的比率；②第一学历所学的专业，计算教师专业对口率，利用方差分析和独立样本 t 检验做校际和城乡教师专业对口率均衡程度分析。

统计结果显示，2016 年，青云谱区小学阶段具有师范类学历的有 620 人，非师范的有 164 人，师范生占比为 79.1%。初中阶段具有师范类学历的 154 人，非师范类的 61 人，师范生占比为 71.6%。小学师范类学历的比例高于初中 7.5 个百分点。中小学教师的师范类学历比例均高于 70%，说明教师的专业化水平较高。

据统计，青云谱区小学教师第一学历所学的专业共有 51 个，由此可以看出，青云谱区教师专业背景广泛，也可以说，比较分散。其中普通师范专业[①]的教师人数最多，频数为 186，占比为 23.7%。语文相关专业类的居其次，频数为 91，占比为 11.6%。而初中教师第一学历所学的专业共有 32 个，其中语文相关专业背

---

① 普通师范专业指的是中等师范学校中普通的师范专业，进入 21 世纪后这类学校基本被取消，该专业的学生基础知识比较广泛。

景的教师人数最多,频数为35,占比为16.3%。其次为英语专业背景的教师,频数为27,占比为12.6%。教师专业对口率指的是第一学历所学的专业与所教的科目一致性的教师人数与教师总人数的比例。在统计时,我们发现尽管某些专业名称不一样,但实质一样。比如,"汉语言文学"和"语文教育",我们将其归结于"语文"这一大类进行统计。因此,该专业的教师只要从事语文学科的教学,即意味着专业对口。通过计算每个学校的教师专业对口率,并利用方差计算青云谱学校间教师专业对口率的差异,结果显示为:小学($F=0.768$,$p=0.212$),初中($F=2.324$,$p=0.569$)。由于p值均大于0.05,因此校际教师专业对口率基本均衡。

独立样本t检验结果显示,小学教师专业对口率p值为0.043($p>0.05$)。初中教师专业对口率p值为0.349($p>0.05$)。因此,中小学教师专业对口率在城乡维度上呈不显著性差异。(表4-21)。

表4-21 青云谱区中小学教师专业对口率的城乡差异

学校类别	学校地域	样本量	均值	标准差	差异系数	显著性检验
小学	城市	587	0.75	0.231	0.29	$t=1.868$,
	农村	197	0.67	0.245	0.33	$p=0.431$
初中	城市	150	0.76	0.245	0.30	$t=1.478$,
	农村	65	0.73	0.189	0.23	$p=0.349$

资料来源:根据青云谱区教育局提供的资料整理

五、学校教育质量不断提升

义务教育的均衡发展最终指向教育质量的提升。本书从义务教育巩固率、学生体质健康合格率及中考录取率三方面考查青云谱区义务教育质量的情况。

(一)巩固率

在计算巩固率时,我们以学校为单位分别做统计,结果显示,2010—2014年,青云谱区小学及部分九年一贯制学校的巩固率达到100%,有5所学校的巩固率未达到100%,但比例均在98%以上,具体情况如表4-22所示。

表 4-22　青云谱区 2010—2014 年巩固率情况（部分）　　（单位：%）

学校	2010 年	2011 年	2012 年	2013 年	2014 年
象湖实验学校	98.47	99.46	99.65	99.43	99.56
青云谱实验学校	99.74	99.85	99.78	100.00	100.00
迎宾中学	98.87	98.45	99.21	98.56	100.00
江铃学校	99.86	99.56	100.00	100.00	100.00
昌南学校	99.15	99.92	99.89	100.00	99.76

资料来源：根据青云谱区教育局提供的资料整理

从表 4-22 可看出，5 所学校的巩固率随年度发生变化，整体呈上升趋势，部分学校在 2013 年、2014 年巩固率达到了 100%。2014 年，青云谱区巩固率均在 99% 以上，青云谱实验学校属于农村九年一贯制学校，城乡学校巩固率无明显差异。

（二）体质健康合格率

教育质量反映教育结果的产出，以往的研究很少关注学生体质健康情况，学生的体质健康在学校场域中处于遮蔽的状态。事实上，学生的体质健康在某种程度上能够反映学校体育开展的成效。因此，这里引入"体质健康合格率"这一指标，重点测度青云谱区近年来学生体质健康的状况。借助青云谱区教育局对区属义务教育学校学生体质健康的测试结果，进行分析，具体情况如表 4-23 所示。

表 4-23　青云谱区 2010—2014 年义务教育阶段学生体质健康测试结果

学校类别	年份	测试人数/人	合格人数/人	合格率/%
城区初中	2010	3 105	2 655	85.5
	2011	3 018	2 746	91.0
	2012	3 050	2 538	83.2
	2013	3 057	2 461	80.5
	2014	3 143	2 891	92.0
农村初中	2010	1 061	796	75.0
	2011	1 064	958	90.0
	2012	1 204	1 204	100.0
	2013	1 312	1 246	95.0
	2014	1 432	1 396	97.5

续表

学校类别	年份	测试人数/人	合格人数/人	合格率/%
城区小学	2010	15 751	13 325	84.6
	2011	15 835	12 557	79.3
	2012	15 617	14 555	93.2
	2013	15 507	13 227	85.3
	2014	15 717	14 035	89.3
农村小学	2010	3 856	3 366	87.3
	2011	4 200	3 557	84.7
	2012	4 753	4 378	92.1
	2013	5 328	4 428	83.1
	2014	5 701	5 387	94.5

资料来源：根据青云谱区教育局提供的资料整理

统计数据显示，2010—2014年，青云谱区学生体质健康合格率整体呈稳中上升趋势。2014年，城区初中、农村初中、农村学校学生体质健康合格率均在90%以上，城区小学为89.3%。从整体来看，青云谱区学生体质健康达标，这也表明该区学校体育活动开展成效较为明显。从城乡学校比较来看，农村学校学生体质健康整体优于城区学校，尤其是初中学校，前期两者差距较为明显。2014年，城乡学校学生体质健康合格率较为接近，趋向均衡。

（三）中考录取率[①]

有学者指出，学业成绩作为评价教育质量的一个重要指标，对于描述、测量、评价和解释教育质量具有重要意义。[②]而初中学校学生的中考成绩是考量学业成绩的关键环节。因此，学生中考录取情况可以从侧面反映初中学校的教育教学质量。从城乡维度统计青云谱区八所初中（九年一贯制）学校的中考录取率（进入优质重点高中），所得结果如表4-24所示。

---

① 中考录取率指该校被优质高级中学录取人数与该校参加中考人数的比例，这里录取的群体包含直接升入优质高中的学生及优质普通高中均衡分配生。
② 秦玉友. 2012. 用什么指标表达教育质量——教育质量指标的选择和争议. 教育发展研究，（3）：21.

表 4-24　青云谱区 2010—2014 年初中学校中考录取情况

学校类别	年份	直升	均衡招生	初三应届在校生	录取率/%
城区初中	2010	206	145	1 035	34
	2011	287	150	1 006	43
	2012	354	208	1 017	55
	2013	262	232	1 019	48
	2014	296	212	1 047	49
农村初中	2010	97	34	339	38
	2011	110	52	345	47
	2012	101	39	401	35
	2013	135	63	437	45
	2014	100	72	403	43

资料来源：根据青云谱区教育局提供的资料整理

如表 4-24 所示，2010—2014 年，青云谱区初三学生进入省市重点高中的比例均在 34%以上，这里不包括通过择校进入重点高中及被职业学校录取的学生。2012—2014 年，城区学校的录取率均高于农村学校，2012 年差距较为明显。2013—2014 年，两者呈不显著差异。从均衡生的录取人数来看，农村初中学校呈稳中上升的趋势，这是政府在均衡生分配中重点向农村初中倾斜的结果。

六、教育均衡发展满意度高

有研究者指出，公众满意度是公众群体对公共政策执行的主观体验和态度意愿。它日益成为评估政府教育管理绩效的重要标准之一。[1]由此，公众参与的视角可以为县域义务教育均衡发展提供改进的思路。

2014 年 5 月 4—7 日，江西省人民政府教育督导委员会派出省教育督导检查组对青云谱区人民政府义务教育均衡发展情况进行了督导检查。督导检查组先后召开了人大代表、政协委员、校长、教师、家长座谈会，发放满意度调查问卷 801 份，回收有效问卷 784 份，同时采取随机走访、电话访谈等形式访谈了公众。督

---

[1] 赵丹. 2014. 县域义务教育均衡发展：公众满意度评价及问题透视——基于西北五县的实证调查. 华中师范大学学报（人文社会科学版），（4）：147.

导检查组结合座谈会、实地走访、电话随机访问等进行了调查。调查结果显示，该区公众对义务教育均衡发展的满意度为91.7%。

第四节　青云谱区义务教育均衡发展存在的问题

青云谱区在推进义务教育均衡发展的进程中，主要存在如下问题：随迁子女入学质量公平受到挑战、城区义务教育资源承载压力较大、城乡教师队伍结构和教师胜任力校际存在差距。

一、随迁子女入学出现"教育分化"现象

2012—2014年，青云谱区教育局连续三年发布《中小学招生工作实施意见》，对于区域内符合条件的生源按就近入学的方式进行并排序接收，以户籍和居住地为标准，而排在末位的是"适龄儿童及其父母户口不在学区范围内，但实际居住地为租借房属于学区范围内"。排在末位也意味着可能无法按正常学区范围入学。随着随迁子女人数不断增多，青云谱区一方面保障其入学机会，另一方面需要考虑区域内教育的吸纳能力。因此，超过学校接纳能力的这一部分群体通过政府统筹分配纳入，不少随迁子女进入当地民办学校或层次较低的学校，还有一部分学生只能返回原籍学校就读。这样一种分配机制基本保障了随迁子女的入学机会公平，但户籍和居住证的影响，在一定程度上造成学生入学的"身份区隔"。

二、城区义务教育资源承载压力较大

近几年，青云谱区大班额现象逐步得到控制。不过，超过班额标准，尤其是

学生规模庞大的"大校"现象还是较为突出。从大班额班级分布的学校看，66人次以上超大班额的班级均在青云谱城区的三店小学。事实上，从56人以上大班额所在的学校看，完小占据主导地位，其次是九年一贯制学校。其中，三店小学在2010—2013年分别有9、19、12、7个班级。尤其是2011年，三店小学全校班级总数共有30个，而56人以上的班级数量占63%。同时，该校每年平均班额的人数在小学阶段的学校中排在首位，大班额现象凸显。直至2014年，三店小学才基本消除大班额。值得一提的是，近几年青云谱区政府在学校调整布局过程中，采用扩容扩建学校的方式来解决大班额问题。这样一种方式使班级人数下降。但由于教育质量的差距，部分学校规模不断扩大，成为青云谱区义务教育学校中的"巨无霸"。

以洪都小学为例。如表4-25所示，洪都小学平均班额均在45人以上，大大超过小学班级人数的合理区间。同样，大班额的班级数量较大，2013年高达48个班级，占班级总数的53%。尽管2014年大班额现象已经消除，但是从班级数量和学生总数来看，洪都小学规模在不断扩大，2014年，尽管消除了大班额，但全校班级数高达101个，学生总人数达5020人。①

表4-25 洪都小学2010—2014年班级数量统计表

年份	平均班额/人	56人以上班级数量/个	全校班级数量/个	学生总数/人
2010	52.32	45	88	4604
2011	51.44	31	93	4784
2012	52.99	32	89	4716
2013	53.40	48	91	4859
2014	49.70	0	101	5020

资料来源：根据青云谱区教育局提供的资料整理

总而言之，2010—2014年，青云谱区城乡、学校之间平均班额趋向均衡，大班额数量逐步减少。但问题在于，部分城区学校依然存在着大班额，而且学校规模在不断扩张。反观之，农村学校却是另一番景象。例如，石马小学、前万小学在2014年仅有6个班级，学生人数均低于300人。

---

① 小学班级人数的合理区间为45人以内，班级数量合理区间为24个以内，因此学生人数合理区间为1080人。而洪都小学班级总量为101个，学生总人数是合理区间的4倍有余，是真正意义上的大班、大校。

三、教师队伍结构存在差距

(一)中坚教师比例城乡差距较明显

教师的年龄结构分布也是影响学校教师队伍整体质量的重要因素。比较合理的教师年龄结构应呈"倒U形",即中层年龄的教师数量比例最大,以30岁到50岁年龄的人数居多。同时,需要补充年轻的师资,即30岁及以下的教师,50岁以上的教师较少。因此,根据教师年龄的分布,我们将教师的年龄分成四组:30岁及以下、31—40岁、41—50岁、51岁及以上。将青云谱区小学教师按城乡类别进行统计,结果如图4-5所示。

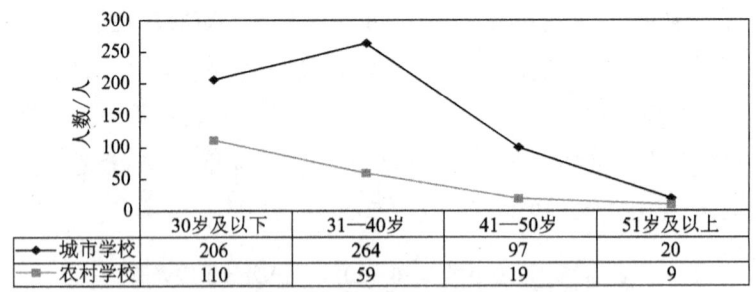

图4-5 青云谱区小学城乡学校教师年龄分布图

小学阶段城区的教师群体年龄分布基本呈"倒U形"分布,以31—40岁年龄阶段的教师人数为最多,占城区教师人数的45%,表明城区小学阶段教师结构较合理。这一年龄段的教师年富力强,成为城区教师的主力军。其次是30岁及以下年龄段的教师,共有206人,约占城区教师人数的35%。这一年龄段的教师成为城区教师的新生力量。在农村教师群体中,30岁及以下的教师占比高达56%,超过了农村教师群体的一半,呈明显的年轻化趋势。这也说明目前教师招考录用等教师补充机制的重点在向农村倾斜。31—40岁阶段的教师人数为59人,约占农村教师人数的30%,41—50岁、51岁及以上年龄段的教师人数依次递减,人数较少。比较来看,无论是农村还是城区,青云谱区教师整体呈年轻化的趋势,51岁以上的人数都较少,城区和农村学校占比分别为3.4%、4.6%。而城区学校处在31—50岁阶段的中年教师占61.5%,

农村的中年教师占 39.6%，两者差距高达 21.9 个百分点。就此而言，中坚教师的分布呈现不均衡状态，城区教师的年龄分布更为合理。

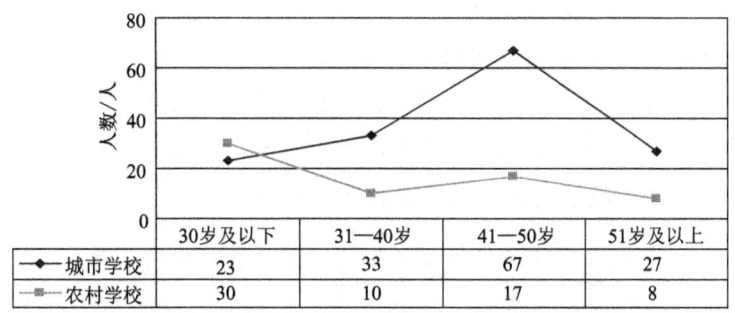

图 4-6　青云谱区初中城乡学校教师年龄分布图

初中教师的年龄分布与小学阶段存在某些差异。从图 4-6 可知，青云谱城区学校 41—50 岁的年龄段教师人数最多，总人数为 67 人，占城区教师样本总量的 44.7%，这一现象与小学城区教师分布的特点似乎不一致，不过初中教师年龄整体偏大，因此其骨干教师的年龄则集中于 41—50 岁，从这一点看，两者是相似的。另外，从图 4-6 可以看出，城市学校初中教师年龄结构基本也呈"倒 U 形"。30 岁以下年龄段的教师人数最少，仅有 23 人。这也表明城区教师整体年龄较大。而农村初中教师依然呈年轻化的趋势，30 岁及以下教师的人数占比为 46.2%。从 31—50 岁这一年龄段看，城区教师共有 100 人，占城区教师总量的 66.7%，是教师队伍的主体；而农村教师共有 27 人，占城区教师总量的 41.5%。两者差距达 25.2 个百分点。

总体而言，青云谱区在年轻教师的招考和分配上重点向农村学校倾斜，因此，农村学校教师呈现明显的年轻化。年轻教师虽有活力，但是教学经验相对不足。而从中坚教师（31—50 岁）的情况来看，城区学校明显优于农村学校。

（二）高级职称教师比例城乡学校差异较显著

专任教师的职称结构在某种程度上可以反映一个学校教师专业发展的现状。按照教师职称制度的规定，我们在教师队伍调查问卷中将中小学教师的职称选项分别设为小教三级、小教二级、小教一级、小教高级、未评职称，以及中教三级、中教二级、中教一级、中教高级、其他[①]，分别记1、2、3、4、0分。得分越高，说明职称越高。对抽取的2014年青云谱区20所小学（包含九年一贯制）、7所初中（包含九年一贯制）分别做方差分析。结果显示，小学和初中学校之间均存在显著差异，p值均为0.000，说明校际教师职称结构极不均衡。利用最小显著差数法（least significant difference，LSD）进一步做多重比较时发现，存在不均衡的学校大多是城区和农村"两端"的学校。因此，我们对2014年青云谱区按城乡地域进行独立样本t检验，具体结果如表4-26所示。

表4-26 青云谱区2014年学校教师职称结构的城乡差异

学校类别	学校地域	样本量	均值	标准差	差异系数	显著性检验
小学	城市	587	3.34	1.021	0.31	t=0.925，p=0.000
	农村	197	2.74	1.363	0.50	
初中	城市	150	3.12	0.996	0.32	t=1.656，p=0.000
	农村	65	2.42	1.310	0.54	

资料来源：根据调研资料整理

数据显示，城区教师职称的得分均值均高于农村，这说明城区教师的综合素质整体较高。独立样本t检验分析显示，初中及小学在教师职称的得分均数差异极其显著（p<0.05），这说明两者的差距悬殊。

为了进一步探究城乡教师职称的结构性差距，我们将各个层次职称结构的教师人数做了描述性统计（图4-7）。结果显示，青云谱区农村小学以小教一级职称的人数为最多，共有97人，占农村小学各个层次职称教师总数的49.2%；其次是小教高级职称，共有59人，约占30%。而城区学校则以小教高级职称的教师人数为最多，共有326人，占城区样本人数的55.5%；小教一级职称的人数为215人，占城区样本人数的36.6%。因此从整体来看，青云谱区小学阶段教师职称以小教高级和小教一级为主，职称结构符合国家的标准。值得注意的是，城区教师的高级职称结构比例高于农村学校25.5%，由此可以进一步证实城区教师的综合素质普遍较高，城乡教师质量严重不均衡。

[①] 新的教师职称制度改革提出在中小学设置正高级教师职务，不过青云谱区尚未实施，因此，本书依然沿用旧的教师职称体系。

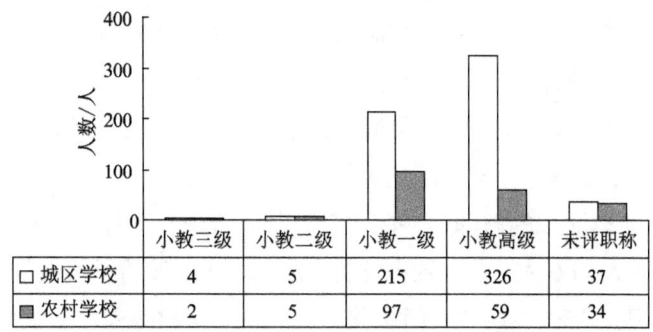

图 4-7　青云谱区小学城乡学校教师职称分布图

从初中城乡学校教师职称分布来看，城区学校中教高级的教师人数最多，共有 69 人，占城区教师样本人数的 46.0%；其次是中教一级，人数为 40 人，比例为 26.7%。而农村学校（仅一所）以中教一级和中教二级为主，比例均为 29.2%；而高级职称比例仅为 23.1%，与城区学校相比差距明显。因此，无论初中还是小学，城乡高级职称的教师比例差距都较大，学校的不同身份其实决定了职称结构的配置，特别是农村学校在高级职称的比例上明显处于劣势。相对于农村，城区教师的职称晋升空间更大，因此，这也能解释目前农村教师"向城性"流动的趋势（图 4-8）。

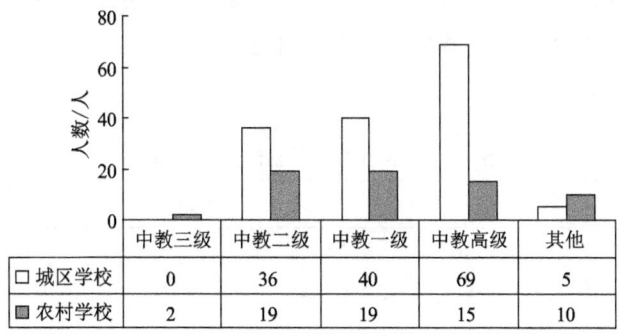

图 4-8　青云谱区初中城乡学校教师职称分布图

（三）专任教师学科配比不合理

从教师的学科配比，可以看出学校课程的开设情况，特别是音乐、体育、美术专业教师配比问题。在调研中，青云谱区教育局的人员反映了区域内音乐、体育、美术专业教师紧缺的难题。因此，我们在教师问卷统计中重点对教师任教的主要课程和兼教课程进行统计。结果显示，小学阶段任教语文的教师人数为 330

人，占教师总人数的42%；数学教师为258人，占比为33%。两个学科的任教教师比例为75%。而音乐、美术、体育的任教人数分别为42人、36人、24人，占比分别为5%、4%、3%。三个学科的任教教师比例仅有12%，这与语文、数学教师比例相差63个百分点，学科配比失衡。

进一步从兼教课程的教师学科配比看，兼教音乐、体育、美术的教师人数分别为35人、39人、66人，总人数占比为17.9%。从兼教的科目数量来看，有101人兼教两门课程，350人兼教一门课程，333人无兼教课程。从城乡地域来看，农村学校共有65人兼教两门课程，比例为64%，说明农村学校教师教学任务较重，音乐、体育、美术等学科教师比例低于城区学科。

（四）教师胜任力存在校际差距

在调研中，有不少教师反映目前他们杂事较多，疲于应付检查，容易产生职业倦怠。这提醒我们在注重师生比、教师学历等刚性指标的同时，要关注教师教学、生活、情感等隐性指标。我们引入教师胜任力指标，主要用于考查青云谱区教师胜任力（隐性）的情况，尝试对传统的县域义务教育均衡发展指标作一定的拓展。

教师问卷第二部分是主问卷，我们通过文献指标筛选和三轮专家咨询确定了教师胜任力的指标体系。该指标体系共设4个一级指标、11个二级指标和50个三级指标，具体内容见表4-27。

表4-27 中小学教师胜任力指标体系

一级指标	二级指标	三级指标
知识素养	教育知识	教育理论知识、教育实践知识
	学科知识	学科专业知识、学科发展动态
	通识知识	自然科学知识、人文社科知识
教学能力	教学设计	教学目标设定、教学对象分析、信息获取与处理、教学内容安排、教学方法选择
	教学实施	课堂组织、语言表达、教学演示、教育技术运用、启发技巧、激励艺术、师生互动、教学自主、教学评价
	教学探索	教学反思、教学研究、教学改革
职业品格	职业态度	责任心、进取心、严谨性
	职业情感	师生关系、教学情感、专业认同、待遇认同、单位认同
	职业追求	职业规划、职业理想、职业信念、职业境界

续表

一级指标	二级指标	三级指标
人格特质	自我特性	适应性、坚持性、计划性、自信心、幽默感、批判思维、自我调控、心理状态、身体状况
	人际特征	民主性、平等性、公正性、宽容性、沟通能力、合作精神

通过讨论确定各个维度下的题目编写，在问卷初稿完成后，对中小学教师进行了测试，调整或删除了一些交叉性、歧义性的题目，最终确定包含 84 个问题的测查问卷。问卷中的每个问题都有 6 个选项，即"极不符合""较不符合""有点不符合""有点符合""比较符合""完全符合"，按胜任力从低到高赋值为 1 分、2 分、3 分、4 分、5 分和 6 分。按"1=6""2=5""3=4""4=3""5=2""6=1"的关系将 19 道反向计分题重新赋值。因此，得分越高，教师胜任力就越高。我们利用该问卷测查青云谱区义务教育阶段教师的胜任力情况。通过这 84 道题目计算出每位教师（样本）的胜任力总分及各个指标的胜任力得分。在教师胜任力的均衡分析中，依然采用校际和城乡两个维度进行解析。

1. 教师总体胜任力

对青云谱区校际教师胜任力总分作方差分析，结果显示，小学阶段 F 值为 4.383，p 值为 0.000；初中阶段 F 值 5.674，p 值为 0.000。由于两个阶段的 p 值远小于 0.05，因此，青云谱区校际教师胜任力呈极不均衡状态。值得一提的是，在描述统计"均值"一栏显示，教师胜任力总分排前三位的分别是曙光小学、洪都小学和前万小学，分别得分 5.11 分、5.08 分和 5.03 分，排在后三位的分别是石马小学、楞上小学、熊坊小学，分别得分 4.35 分、4.56 分、4.64 分。这里除洪都小学是城市学校，其余均为农村学校。因此，农村学校的教师胜任力得分并不比城市学校低。但是，排在末位的却是来自农村学校的教师群体。而初中学校教师胜任力排在首位的是江铃学校，胜任力总分为 5.18 分，而唯一的一所农村九年一贯制学校——南昌三中青云谱实验学校教师胜任力得分为 4.77 分，排在倒数第二位。从描述统计中也可以看出，青云谱区教师胜任力校际差距明显，呈不均衡状态。

对城乡维度教师胜任力作独立样本 t 检验，结果如表 4-28 所示。在小学阶段，城区教师胜任力均值大于农村学校，p 值为 0.249，呈不显著差异。在初中阶段，城区教师胜任力均值也大于农村学校，p 值为 0.063，同样呈不显著差异。因此，从城乡维度来看，青云谱区中小学教师胜任力呈均衡态势。

表 4-28 青云谱区中小学教师胜任力总分的城乡差异

学校类别	学校地域	样本量	均值	标准差	差异系数	显著性检验
小学	城区	587	4.90	0.51	0.10	$t=1.154$, $p=0.249$
	农村	197	4.85	0.54	0.11	
初中	城区	150	4.91	0.46	0.09	$t=1.867$, $p=0.063$
	农村	65	4.77	0.54	0.11	

2. 教师的知识素养

同样，通过单因素方差分析，结果显示青云谱区小学阶段 F 值为 4.480，p 值为 0.000。初中阶段 F 值为 4.790，p 值为 0.000。两者 p 值均远远小于 0.05 的临界值，呈极其显著性差异。表明青云谱区教师知识素养校际间呈现极不均衡的态势。

对教师知识素养进行独立样本 t 检验（表 4-29）发现，无论是初中还是小学，城区学校教师的知识素养均高于农村学校，而且差距较大。其中小学 p 值为 0.050，在 0.1 水平上呈显著性差异。初中 p 值为 0.000，呈极其显著性差异。这也同样说明该区城乡学校间教师知识素养呈不均衡态势。

表 4-29 青云谱区中小学教师知识素养的城乡差异

学校类别	学校地域	样本量	均值	标准差	差异系数	显著性检验
小学	城区	587	4.86	0.69	0.14	$t=1.961$, $p=0.050$
	农村	197	4.75	0.78	0.16	
初中	城区	150	5.09	0.65	0.13	$t=4.223$, $p=0.000$
	农村	65	4.64	0.75	0.16	

3. 教师的教学能力

教学能力是衡量教师课堂教学效果的重要指标。通过教学能力的均衡分析，可以发现学校间教师在教学探索、教学改革、教学机制等方面的差异。单因素方差分析结果显示，小学和初中 p 值均为 0.000，青云谱区中小学校际间教师教学能力呈显著性差异。这表明学校间教师教学能力差距明显，教师教学能力呈不均衡态势。通过对比发现，教师的教学能力得分普遍比其他指标项得分高，说明青云谱各个学校更注重教师教学能力的提升。

对教师教学能力进行城乡差异分析发现（表 4-30），城区教师教学能力均高于农村学校，而且初中学校教师教学能力均值差距更大。通过显著性检验发现，小学 p 值为 0.085，城乡间虽有差距但呈均衡状态。初中 p 值等于 0.033（$p<0.05$），表明初中学校教师教学能力差距明显，呈不均衡态势。

表 4-30 青云谱区中小学教师教学能力的城乡差异

学校类别	学校地域	样本量	均值	标准差	差异系数	显著性检验
小学	城区	587	5.04	0.57	0.11	t=1.726,
	农村	197	4.95	0.65	0.13	p=0.085
初中	城区	150	5.06	0.47	0.09	t=2.145,
	农村	65	4.91	0.57	0.12	p=0.033

4. 教师的职业品格

教师的职业品格反映了教师的职业责任，还可以通过其考查教师对教学的热情度和职业的认同度。相对于知识素养和教学能力，职业品格是观察教师胜任力更为隐蔽的重要指标。

单因素方差分析结果显示，小学和初中 p 值均为 0.000，表明青云谱学校间教师职业品格呈极其显著性差异，各学校间教师职业品格极不均衡。

如表 4-31 所示，从城乡差异来看，小学 p 值为 0.861，初中 p 值为 0.602，均大于 0.05，因此，教师职业品格城乡差异不显著，呈均衡态势。值得注意的是，无论是小学还是初中，城区学校教师职业品格的均值分数均低于农村教师，这似乎与以往的观点有所不同。因此，我们对"职业品格"的三个子指标再一次进行独立样本 t 检验分析（表 4-32）。

表 4-31 青云谱区中小学教师职业品格的城乡差异

学校类别	学校地域	样本量	均值	标准差	差异系数	显著性检验
小学	城区	587	4.85	0.55	0.11	t=−0.175,
	农村	197	4.86	0.54	0.11	p=0.861
初中	城区	150	4.75	0.55	0.12	t=−0.523,
	农村	65	4.79	0.55	0.11	p=0.602

表 4-32 青云谱区中小学教师职业态度、职业情感、职业追求的城乡差异

指标	学校类别	学校地域	样本量	均值	标准差	差异系数	显著性检验
职业态度	小学	城区	587	5.10	0.65	0.13	$t=-0.962$, $p=0.337$
		农村	197	5.15	0.66	0.13	
	初中	城区	150	5.03	0.59	0.12	$t=-0.068$, $p=0.946$
		农村	65	5.04	0.61	0.12	
职业情感	小学	城区	587	4.19	0.56	0.13	$t=2.047$, $p=0.041$
		农村	197	4.09	0.58	0.14	
	初中	城区	150	4.01	0.62	0.15	$t=-1.635$, $p=0.103$
		农村	65	4.16	0.50	0.12	
职业追求	小学	城区	587	5.16	0.77	0.15	$t=-0.784$, $p=0.433$
		农村	197	5.21	0.72	0.14	
	初中	城区	150	5.08	0.69	0.14	$t=0.031$, $p=0.975$
		农村	65	5.07	0.77	0.15	

在职业态度维度上，小学和初中农村教师得分均高于城区教师，但两者 p 值均大于 0.05，呈均衡的态势。在职业情感维度上，小学阶段城区教师得分高于农村教师，且呈显著性差异；初中则有所不同，城区教师得分低于农村教师，但差异不显著。在职业追求维度上，小学阶段农村教师得分高于城区教师，而初中正好相反，但差距都不大，呈均衡态势。

值得关注的是，职业情感维度的得分相对于职业态度、职业追求来说偏低。在职业情感维度上，我们重点考察师生关系、教学热情及身份、待遇、单位的认同情况。通过查找职业情感各个题目的得分发现，在"我认为现在中小学教师的社会地位偏低"及"我的经济待遇与我工作上付出的劳动相比差距较大"这两个题目得分偏低。这正好回应了调研中教师反映的情况，表明青云谱区教师身份认同、待遇认同呈现"内卷化"的困境。至于在职业情感得分上，小学和初中在城乡维度上相反的原因，可以做出这样的解释：青云谱小学成立时间较早，城乡各方面差距较大，农村教师在经济待遇、职业发展等方面不如城区教师，因而城区教师职业情感得分要远远高于农村教师。而初中农村学校仅有南昌三中青云谱实验学校，因为刚成立不久，并加入了南昌三中的教育集团模式，近几年发展较快，

教师素质提升较明显，所以，职业情感得分高于城区教师。

5. 教师的人格特质

人格特质反映教师的自我特性及与同事、家长、学生等群体的人际关系处理状况，也是测度教师胜任力的隐性指标。单因素方差分析结果显示，小学 p 值为 0.001，初中 p 值为 0.000，均低于 0.05，表明青云谱区学校间教师人格特质呈显著性差异。

如表 4-33 所示，从城乡维度来看，城区教师在人格特质指标上得分均高于农村教师。小学教师人格特质 p 值为 0.363（$p>0.05$），呈不显著差异，而初中 p 值为 0.045（$p<0.05$），表明初中教师人格特质呈显著性差异，城乡不均衡。

表 4-33　青云谱区中小学教师人格特质的城乡差异

学校类别	学校地域	样本量	均值	标准差	差异系数	显著性检验
小学	城区	587	4.81	0.59	0.12	$t=0.909$, $p=0.363$
	农村	197	4.76	0.64	0.13	
初中	城区	150	4.83	0.57	0.12	$t=2.012$, $p=0.045$
	农村	65	4.65	0.64	0.14	

6. 尚有一定数量的代课教师

我们在进行教师问卷分析时发现，青云谱区还存在一部分无教师编制的代课教师。描述统计显示，在小学阶段共有 75 名，约占样本总量的 9.6%。其中城区学校共有 43 名，农村学校有 32 名，农村代课教师占农村教师样本量的 16.2%。从年龄分布来看，81.3%的代课教师群体年龄为 20—30 岁，从某种意义上说，这一群体已不同于传统的代课教师。农村地区整体师生比配置较低，优质教师资源匮乏且无法补充，因此，临时聘用刚刚毕业不久的学生是权宜之计。而城区教育质量较高吸引了不少学生就读。另外，二孩政策的全面放开致使部分女教师离岗。我们在调研中还发现，城区部分教师被借调进入教育局工作。这一系列因素造成城区学校同样面临师资紧缺的问题。因此，从现实理性出发，不少城区学校只能依靠聘用代课教师来缓解目前这一问题。

第五章　县域义务教育均衡发展的总体评价与对策思考

本书第二、第三、第四章分别阐述了吉安县、铜鼓县和青云谱区等三个县（区）被评为"江西省义务教育均衡发展示范县"前后几年义务教育均衡发展的基本情况。本章在此基础上进一步总结上述三个县（区）推进县域义务教育均衡发展的一般策略、基本成效与主要问题。同时，就江西省推动县域义务教育均衡发展，提出若干对策建议。

第一节　县域义务教育均衡发展的总体评价

一、县域推进义务教育均衡发展的一般策略

县域义务教育均衡发展是我国义务教育均衡发展的基础和重点。江西省在推进县域义务教育均衡发展的过程中，开展了独具特色的创建义务教育均衡发展示范县活动。吉安、铜鼓和青云谱等三个县（区）在创建义务教育均衡发展示范县活动中，积极谋划，努力探索，实施了不少有效的策略。

（一）政府主导，重在落实

美国经济学家、诺贝尔奖获得者弗里德曼认为，政府的职能主要是建立国防和外交，维护司法公正，提供公共产品，扶助社会弱势群体。义务教育是纯公共产品，应该完全由政府提供。教育这个公共产品，从表面上看受益者是个人，但实质上直接关系到民族的素质和国家的命运。政府是提供教育、实现教育公平的"第一责任人"。不管政府是否愿意，都必须履行提供公共产品的基本职能。吉安、铜鼓和青云谱等三个县（区）政府充分认识到自身在推进县域义务教育均衡发展过程中的"第一责任人"地位，切实履行"第一责任人"的职责。在保障学生入学机会、增加教育经费投入、改善教学设施设备、提高学校教育质量等方面，三个县（区）先后发布了一系列通知、实施意见或实施方案，从政策上切实引导、指导和规范义务教育的均衡发展，使义务教育的均衡发展真正得到落实。上述三个县（区）的义务教育均衡发展能够取得明显的成效，能被评为"江西省义务教育均衡发展示范县"，与充分发挥政府的主导作用密切相关。

（二）全面推进，突出重点

县域义务教育均衡发展的推进是一项系统工程。江西省教育厅下发的《关于在全省开展创建义务教育均衡发展示范县活动的通知》，提出了评选义务教育均衡发展示范县的基本要求和必备条件。其基本要求包括办学条件均衡、师资力量均衡、经费投入均衡、办学水平均衡、教育机会均衡等五个方面。必备条件包括

年度教育经费"三个增长"的比例在全省 99 个县（市、区）平均数以上；消除学校 C、D 类危房；三年内没有发生过重大安全责任事故；三年内没有严重乱收费行为。《江西省义务教育均衡发展示范县评选细则（试行）》规定的评选项目包括重视均衡发展、办学条件均衡、师资力量均衡、经费投入均衡、办学水平均衡、教育机会均衡等六个方面，其中的每个方面还包含若干测评点，共计 30 个评选要点。此外，还有 4 个迎检必备条件，分别是教育经费支出占财政总支出的比例在全省 99 个县（市、区）平均数以上；基本消除学校 C 类危房；三年内没有发生过重大安全责任事故；三年内没有严重乱收费行为。吉安、铜鼓和青云谱三个县（区）在创建义务教育均衡发展示范县的过程中，认真领会和贯彻上述两个文件的精神，从办学条件均衡、师资力量均衡、经费投入均衡、办学水平均衡、教育机会均衡等各个方面，全面推进区域内义务教育的均衡发展，每个方面的均衡发展都有明确的政策要求和具体的推进举措，确保义务教育均衡发展真正落到实处。与此同时，上述各县（区）在推进义务教育均衡发展中做到突出重点，而不是平均使用力量。毫无疑问，对于县域义务教育均衡发展来说，办学条件、师资力量、经费投入、办学水平及教育机会等各个方面的均衡都很重要，如果哪个方面处于不均衡状态，就谈不上是真正意义上的义务教育均衡发展。但是，在义务教育均衡发展中，教育经费的投入起着更为关键的作用。教育投入是教育事业发展的前提，也是实现义务教育均衡发展的基础。无论是办学条件的改善、师资队伍的建设，还是办学水平的提高、教育机会的保障，都深受教育经费投入的影响。正因为如此，吉安、铜鼓和青云谱三个县（区）在推进义务教育均衡发展的过程中，都将教育经费的投入摆在突出位置，确保财政预算内教育拨款增长高于财政经常性收入的增长，确保生均预算内公用经费和教育事业费标准城乡统一并逐年增长，确保城市教育附加费、地方教育费附加全额用于教育。

（三）公平优先，兼顾效率

义务教育属于国民基础教育和大众教育，它的本质要求是平等与公平。教育平等与公平首先应当是指义务教育的均衡发展。没有义务教育的均衡发展就没有真正意义上的教育平等与公平。在义务教育发展中，要处理好公平与效率的关系，具体来说就是要坚持公平优先、兼顾效率的原则。近年来，吉安、铜鼓和青云谱三个县（区）在推进义务教育均衡发展的过程中，较好地处理了公平与效率的关系，始终把公平放在第一位，在保证公平的前提下适当考虑效率问题。其策略主要有以下几个方面：①保障进城务工随迁子女、留守儿童、贫困家庭子女、残疾儿童等特殊群体的受教育权利，建立和完善对弱势群体的就学资助体系。②改造薄弱学校，缩小学校之间的差距，使学生享受到尽可能均衡的教育资源。③义务教育阶段实行就近入学和高中录取实行均衡招生政策。④实行校长和教师交流制度，提高农村学校、城区薄弱学校的教育管理水平和教育质量。⑤提高农村学校教师待遇，鼓励教师到农村学校任教。在保证公平的前提下，适当考虑效率问题。学校布局调整即这种政策的重要体现。上述各县（区）在调整义务教育阶段的学校布局时，除了考虑公平的因素以外，还兼顾了办学的效率，不断优化资源配置，努力提高教育的质量。

二、县域义务教育均衡发展取得的重要成效

（一）学生入学机会走向均等

吉安、铜鼓、青云谱三个县（区）均将进城务工人员随迁子女就学纳入全县教育发展规划和财政保障体系，使其与当地学生享受同等政策；明确规定进城务工人员子女不受户籍限制，以全日制公办中小学为主来接收进城务工人员随迁子女，并建立健全了进城务工人员随迁子女就学教育档案，保障了进城务工人员随迁子女的受教育权利。县城中小学对农民工随迁子女的教育也持积极的态度，随迁子女的入学机会公平基本得到了保障。三类残疾儿童、少年入学率不断提高。2014年，在三类残疾儿童、少年入学率上，吉安县达到97.8%、铜鼓县达到95.1%、青云谱区达到88.6%，均超过了省定85%的标准。

（二）教育经费投入同步增长

吉安、铜鼓、青云谱三个县（区）在被评为义务教育均衡发展示范县前后几年中均加大了教育经费的投入力度，在确保教育经费"三个增长"的同时，将城市教育附加费、地方教育费附加全额用于教育。上述三个县（区）的财政预算内

教育拨款增长均高于财政经常性收入的增长,生均预算内公用经费和教育事业费标准城乡统一并逐年增长。

(三)学校网点布局趋向合理

吉安、铜鼓、青云谱三个县(区)近年来在学校网点布局上日趋合理。三个县(区)学校布局调整的方式,包括保留学校、恢复学校、撤并学校和新建学校。学校布局的调整切实改善了农村学校和城镇薄弱学校的办学条件,缩小了城乡和学校之间的差距,学生享受到更加平等、均衡的教育资源,提高了学校的办学效益和教育质量。

(四)教学设施设备整体达标

吉安、铜鼓、青云谱三个县(区)在推进学校标准化建设方面也取得了较好的成效。各县(区)均重视校园基本建设和改善教学硬件条件,县域内城乡间和学校间的校园环境和硬件条件差距不断缩小。农村学校的某些指标,如生均校园面积、生均教学及辅助用房面积、生均体育运动场馆面积等,甚至优于城镇学校。教学仪器设备、计算机、图书等配备均已达标,并在城乡间和学校间处于相对均衡的状态。

(五)教师队伍差距不断缩小

吉安、铜鼓、青云谱三个县(区)义务教育阶段的教师具有的学历都达到了国家规定的学历要求,且具有专科以上学历的教师已经成为教师队伍的主体。调查结果显示,三个县(区)义务教育阶段教师队伍的整体实力在不断增强。农村学校和城镇薄弱学校的教师,学历结构有明显提升,职称结构也有较大的改善。从总体上来看,城乡间和校际间教师队伍的差距在逐步缩小。

(六)学校教育质量稳步提升

对义务教育阶段学校教育质量的衡量,主要从巩固率、学生体质健康合格率及录取率等方面进行考察。巩固率反映的是学校在"控辍保学"方面所取得的成效,是学校教育质量的重要体现。近年来,吉安、铜鼓、青云谱三个县(区)小学和初中学校巩固率均达 99%以上；学生体质健康合格率均达 85%以上，城乡学校间的体质健康合格率较为接近，农村学生的部分指标甚至优于城镇学生。从被高中录取的人数及录取率来看，县城初中的录取率均高于农村初中的，但由于均衡招生政策向农村倾斜，两者差距正在不断缩小。

（七）教育均衡公众满意度高

2014 年 5—10 月，江西省人民政府教育督导委员会派出省教育督导检查组，分别对铜鼓县、吉安县、青云谱区的义务教育均衡发展情况进行了督导评估，调查结果显示，上述三个县(区)义务教育均衡发展公众满意度都很高，均超过 90%，其中吉安县为 92.5%、铜鼓县为 94%、青云谱区为 92.7%。

三、县域义务教育均衡发展存在的主要问题

吉安、铜鼓和青云谱三个县（区）的义务教育均衡发展取得了明显的成效，义务教育在整体上已处于较好的均衡状态。同时，一些问题需要进一步思考和解决，城乡间和学校之间在教学设施设备与师资力量配置及学校教育质量等方面仍然有差距。

（一）教学设施设备配置不均

吉安、铜鼓和青云谱三个县（区）在学校硬件设施设备建设上成效比较明显，但城乡间和学校间的差异仍然存在。有的方面，如教学仪器设备、计算机、图书等，是城区学校优于农村学校；而有的方面，如生均校园用地面积、生均校舍建筑面积、生均体育用地面积，是农村学校优于城区学校。有的城区学校的生均校园用地面积、生均校舍建筑面积、生均体育用地面积尚未达标。

（二）教师队伍差距仍较明显

吉安、铜鼓和青云谱三个县（区）教师队伍的差距在缩小，但在城乡之间的差距仍然存在。从教师的学历结构来看，农村学校教师中专科学历占较大比例，

而城区学校教师中则以本科学历为主。从教师的职称结构来看，城乡学校之间差别较为明显，城区学校教师中拥有高级职称的人数远多于农村学校的，比例也远高于农村学校的，农村学校在高级职称的教师比例上明显处于劣势。从教师的年龄结构来看，农村学校教师"老龄化"与"年轻化"并存，中年骨干教师较为缺乏；而城区学校教师的年龄结构相对较为合理，以中年教师为主体。从教师的学科结构来看，农村学校的音、体、美等学科教师和小学英语教师的配置还存在较大的缺口，不少农村学校在安排这些课程的教学时，只能让其他学科的教师兼任。从教师的流动来看，农村学校教师向县城学校、薄弱学校向优质学校单向流动十分明显。

（三）农村教育质量亟待提升

近年来，吉安、铜鼓、青云谱三个县（区）义务教育的整体质量有了较大的提升，但城乡教育质量存在差距也需要重视和研究改进。从城乡比较的角度来看，农村学校学生只在体质健康合格率上稍优于城区学校学生，在其他方面均处于劣势。从初中升高中的升学率来看，县城学校的录取率远高于其他的乡镇中学的录取率，在重点高中非均衡生录取人数和录取率上，县城学校也比农村学校高出许多。从中考成绩来看，三个县（区）无论是小学还是初中学生的成绩差距都较大，城区学校学生的成绩明显优于农村学校学生的成绩。

第二节　进一步推动县域义务教育均衡发展的对策思考

从对吉安县、铜鼓县和青云谱区的义务教育均衡发展的阐述中可以看出，这三个县（区）在推进县域义务教育均衡发展方面既取得了重要的进展，又存在一些不容忽视的问题。从总体上来看，这些县（区）在义务教育均衡发展的层次上只能算基本均衡，离优质均衡还有较大的差距。为了将江西省县域义务教育均衡发展推向更高的层次——从基本均衡走向优质均衡,需要针对存在的问题采取相应的对策。这里就进一步推动江西省县域义务教育均衡发展,提出若干对策建议。

一、实现城乡教育服务均等化

近年来,吉安县、铜鼓县和青云谱区义务教育发展的均衡状态发生了可喜的变化,在一定程度上突破了传统的城乡二元格局。但是我们也要看到,城乡之间和学校之间仍然存在各种差异,义务教育的进一步均衡发展还面临着诸多困难和挑战。

从教育政治学的角度来看,我们在关注义务教育均衡发展时,需要思考"是谁的均衡发展""这些政策措施对谁有利"等问题。由此,政府作为义务教育资源的整合者,要突破传统单维的行政模式,协调不同群体间的利益冲突。一方面,要多方联动,在横向上整合市场、家庭、社会的不同需求,调整不同学校间的矛盾以及不同群体间的利益诉求;另一方面,要在纵向上将部分决策权下放,不应是政府和教育行政部门单一、被动地做出决策,而应是积极倾听学校、家长和学生的声音,以自下而上的方式做出科学的决策。

吉安县、铜鼓县和青云谱区的城区的随迁子女人数都较多,政府基本保障了这一特殊群体的入学机会。不过,与本地户籍的学生相比,他们中不少人入读的学校层次相对较低,出现了教育分化现象。因此,治理这一问题的关键在于实现县(区)域内教育服务均等化,建立健全农村等薄弱地域义务教育基本服务职能,实现城乡基本均衡。同时,继续加大教育资源向农村学校、薄弱学校倾斜的力度,使义务教育与县(区)城镇化进程协调发展。

二、科学评估城区教育资源承载力

调查结果显示,目前吉安县、铜鼓县和青云谱区的城区学校教育资源均面临较大的承载压力,城区学校的生均教室面积、生均体育运动场馆面积、生机比均低于农村学校。城区学生的学习空间和运动空间狭小，不利于学校教育质量的提升和学生身心的健康发展。人们对优质教育的需求与教育资源承载能力的矛盾日益凸显。尽管这几个县（区）的城区大班额现象有所缓解，但县（区）政府采用扩建（增加班级）、新建分校的办法令人存疑。有研究者指出，大量新建、扩容城镇学校，同时在释放错误的信息，认为城市可以无限制地接收农村学生，从而吸引更多的学生涌入。①

因此，必须科学地评估各县（区）城区义务教育资源的承载力。教育部门应联合当地学校规划部门，研究并计算城镇学校学生的最大承载量，并将其作为底线，严格控制班额及学校的规模。在制定学校布局方案时，还需要科学地预测未来各县（区）人口的变化情况，特别是学龄人口的变化，而不仅仅是简单地计算城镇的在籍学龄人口数量。未来随着城镇化进程的推进，各县（区）城区辐射能力也会增强，将吸引大量人口进入各县（区）城区。在流动学龄人口接近学校的承载力底线时，要适当放缓外迁学龄儿童进入的速度，避免由此带来教育质量的下降。②

三、继续优化城乡学校网点布局

当前吉安县、铜鼓县和青云谱区的学校网点布局，从整体上来说比较合理，但存在县城学校生均面积不足、超班额标准的普遍现象及部分农村学校资源浪费的情况。这说明各县（区）的学校布局还有进一步优化的必要和空间。

在优化学校布局时，要多方联动制定合理的学校布局调整方案，充分考虑入学半径并划定学区，保证学生安全和有质量地入学，若涉及小规模学校的撤并去留问题，同样需要制定撤并学校的合理方案和配套方案，充分考虑当地受教育群体的意愿，实现科学化与人本化的统一。在调整过程中应遵循"优化资源、相对集中、适度规模"的原则，确实需要撤并的学校遵循先建后撤的原则进行调整。对没有条件或没有必要撤并的学校，要进一步加强建设。

---

① 杨东平. 2015. 警惕城镇化虚火"烧伤"城乡教育. 当代教育家，（11）：77.
② 刘善槐. 2015. 我国城镇义务教育学校布局调整研究. 教育研究，（11）：109.

四、加强教学设施设备配置

学校的教学设施设备建设是影响义务教育质量的重要因素。吉安县、铜鼓县和青云谱区还存在部分学校的设施设备建设尚未达标的情况，应当采取措施予以改善。

1）要保障生均面积达标。针对各县（区）部分学校生均面积未达标的情况，可以考虑从以下几个方面进行改进。①整体规划全县（区）学校数量及其分布。针对生源数多、校园面积小的区域，可以考虑在周边建立学校分校或新学校，以保障学生生均面积。②扩展校园面积。县城中心或部分乡镇中心的学校，由于其周围是商业区或居民区，这种环境无地扩展。但部分学校可以结合县城的整体规划，搬迁学校周边的商业区或住宅区，以为学校扩大校园面积之用。此外，根据实际情况还可以考虑学校重新选址整体搬迁或举办分校。对于相对偏远且周边有余地的学校，应重新规划建设，扩大校园面积。③控制招生数量。学生数量是影响生均面积的重要因素。县城中心的中小学成班率太高，甚至出现大班额现象，这直接导致学校生均面积减少。针对这种情况，应制定相关政策合理分配学生生源，控制招生数量。当然，最根本的措施是均衡发展每所学校，尤其要大力改造薄弱学校，缩小校际差距。

2）要加大设施设备投入。学校设施设备是否达标由相关资金的投入多少决定。针对部分学校设施设备未达标的情况，应该统筹规划，进一步加大相关资金的投入，确保各个学校标准化建设的顺利实施，使办学条件得到全面改善。特别是需要向各薄弱学校予以政策倾斜，保证其学校设施设备在满足学生基本需求的基础上，再进一步缩小与其他学校在硬件设施上的差距，以保证学生享受到相对均衡的教育资源。虽然图书和计算机方面的数据显示都已达标，但是我们的目标不能只满足于此，还应进一步提高。同时，要看到县域内各个学校之间存在差距。因此，在图书和计算机配置方面，一要逐步加大投入，二要缩小校际差距。

五、强化城乡教师队伍建设

吉安、铜鼓和青云谱三个县（区）在推进义务教育均衡发展的过程中，面临的主要问题是教师资源不均衡。教师队伍的建设是一项复杂的系统工程，需要从多个方面去思考和处理。

（一）实行教师动态管理

各县（区）要继续完善学校教职工动态调整机制，构建政府、学校、社会三位一体的新型编制模式。县（区）教育局在核定本区域的教师编制时，要根据城区和农村学校布局的调整情况和不同学段学生规模的变化情况，采取动态编制计算方式，使教师配置能够满足学校教学的需要。另外，城镇化建设、二孩政策等因素导致学校教师的流动，因而可以采取"固定编＋机动编"的形式。这样一方面可以保障学校的正常教学，另一方面在因无法预测的因素导致学校教师人数的增减时，可以采用机动编制的方式保障学校教师得以补充。

（二）完善教师补充机制

目前，吉安、铜鼓和青云谱三个县（区）义务教育学校教师的学科结构都存在失衡的现象，其主要表现是小学英语学科专业教师和音、体、美等专业教师存在明显的缺口。这与当前对小学英语教学不够重视，以及教师待遇不足以吸引音、体、美专业人员从教有关。因此，要进一步做好教师补充工作，完善教师的补充机制。在现有教师补充机制的基础上，还可以考虑采取以下举措。

1）为小学配足英语专业的教师。从课程设置来看，各县（区）小学高年级英语课程的地位与语文、数学基本一致。但在教师配置上却并非如此。小学专业英语教师数量明显不足，英语教学任务不少是由非英语专业毕业的其他学科教师承担，这在农村小学尤为明显。在引进新教师的时候，应当倾向于对农村小学英语教学岗位配足英语专业毕业的教师。

2）提高音、体、美专业教师待遇。各县（区）每年都想招聘且安排了音、体、美专业的名额，但往往求而不得。造成这种现象的重要原因在于，教师待遇不足以吸引这些专业的人才。因此，在引进音、体、美等学科教师时，要打破原有政策中的单一化、标准化思维。不同专业背景的毕业生培养模式不尽相同，比如，音、体、美等专业人才在培养过程中需要进行大量的专业实践并花费高额的培养费用，这显然不同于语文和数学等传统学科人才的培养方式。因此，可以考虑适当提高此类紧缺专业教师的工资待遇，以增加其岗位吸引力。

3）建立师范生定向就业制度。通过政策鼓励的方式，让师范院校为乡村学校定向培养师资。通过提高待遇、加快职称评定速度等多种优惠政策，吸引优秀师范毕业生前往乡村学校任教。对有志于前往任教的学生提供在校全资补贴，并与其签订毕业就业任职协议，规定服务的地区和年限，以保证乡村学校教师的数量和质量。

4）加大骨干教师及大学生支教力度。近年来，大学生支教的实际效果较为显著。2005年，中共中央办公厅、国务院办公厅印发的《关于引导和鼓励高校毕业生面向基层就业的意见》要求引导和促进高校毕业生支援农村教育。大学生支教是对教师资源匮乏的暂时性的有效缓解，同时可以"在支教过程中为所在学校的当地教师的教育观念的转变、教学方法的改进、教学技能的提高做点实事"[①]。而针对骨干教师定期支教，浙江省慈溪市明确要求"面向农村学校加大支教力度，规定城区学校必须选派优秀教师到农村支教，凡未有农村工作经历的一律不得晋升高级职务"[②]。江西省各县（区）在骨干教师及大学生支教方面，还需进一步加大力度。

（三）落实教师交流机制

对于当前教师队伍存在的非均衡发展现状，各县（区）教育部门已有深刻的认识，近几年也采取了不少有效的措施。但城乡教师在学历、职称、水平等方面的差异，仅靠这些措施还远远不够，只有长效的定期交流制度才能使教师队伍更加均衡。日本在中小学教师的交流制度方面取得了较好的效果并积累了较丰富的经验，值得借鉴。这里结合日本的经验，就江西省县域教师交流问题提出以下建议。

1）明确规定流动的对象。流动的对象应当包括教师和校长在内。符合流动规定的教师和校长，在充分尊重其个人流动意愿的基础上，交流到其他学校任教。据介绍，日本公立基础学校的教师平均每六年流动一次；多数的中小学校长3—5年就要换一所学校。[③]江西省各县（区）政府在制定教师交流政策时，要坚持科学与人本的统一。一方面，在教师的调配上，规定城区的骨干教师、高级职称的

---

① 毕正宇. 2004. 论教师资源合理配置与义务教育均衡发展之关系. 天中学刊，（3）：96.
② 师玉生. 2011. 县域义务教育均衡发展的现状与对策研究——以张掖市甘州区为例. 西北师范大学硕士学位论文：69.
③ 彭新实. 2000. 日本的教师培训和教师定期流动. 外国教育研究，（5）：49-52.

教师参与教师交流轮岗，为农村学校补充力量。另一方面，要尊重交流教师的个人意愿，如考虑教师上班距离的问题，可以就近安排学校进行交流。

2）建立规范的教师流动程序。建立长效规范的流动程序，让教师流动更加明确合理。日本的流动制度遵循这样的程序：每年11月中旬研究下发流动方案、个人意愿调查、校长确定上报人选、教育部门审批、次年4月流动到位。江西省可以根据自身的实际情况，参考和借鉴日本的做法，建立合理的教师流动程序。比如，可以选派县城和乡镇中心学校的优秀教师到乡村学校和薄弱学校任教，以提高乡村学校和薄弱学校的师资质量，促进师资水平的均衡。还可以实行教师定期流动制度，即规定在某一学校工作时间满一定年限后必须调到其他学校任教。这样可以解决学校教师队伍结构不合理的问题，从制度上保证不同地区、不同基础的学校都有可能"轮流"到优秀教师，这是促进区域教师资源优化配置的一个有效办法。[①]

3）教师交流的配套措施要完善到位。首先要解决流动教师的后顾之忧，如教师住房安置到位；其次要适当提高流动到偏远地区和学校教师的福利待遇，保持这些教师的教学积极性。

调查发现，吉安、铜鼓和青云谱城区学校高级职称教师的比例明显高于农村学校的比例。从年龄段来看，城区的中坚教师（31—50岁）的比例也明显高于农村学校的比例。近几年来，上述各县（区）农村学校教师队伍呈明显的年轻化趋势，这与当前教师招考分配方式相关，即将新招录的教师重点向农村学校倾斜和分配的结果，实属推进均衡发展的无奈之举。

因此，各县（区）政府要创新目前的教师交流机制，实施教师资源的二次调配。继续推进当前学区化共同体改革，优化教育集团化办学模式，从真正意义上推进教师在学区和集团内部实现教师资源自由交流和共享。

此外，还要采取有力措施抑制教师的单向流动。近年来，各县（区）教师队伍的流动，主要是从乡村和乡镇流向县城、从经济落后的地方流向发达的地方、从薄弱学校流向优质学校。这种单向流动导致优秀教师资源过度集中，各地和各校之间师资存在差距。为了抑制这种现象，要着力消除教师的收入差距并向乡村教师倾斜。需要进一步提高乡村学校教师的津补贴，并对贫困落后地区的教师予

[①] 曲铁华，马艳芬. 2005. 义务教育师资均衡发展的对策研究. 东北师大学报（哲学社会科学版），（5）：27.

以特殊津贴。只有将乡镇学校教师的薪酬待遇提到高于城镇学校教师的薪酬待遇水平，才能真正抑制师资的单向流动，甚至形成反向流动，吸收更多的优秀教师到乡村学校任教。

（四）改进教师培训策略

教师培训应扭转"大量多样"的认识误区，即教师培训并非次数越多越好、培训形式并非越多越好，而应当注重培训的内容和质量。在调研中有不少校领导反映，当前的教师培训效果不理想，甚至部分教师有抵触情绪。教师培训应当做出必要的改进。

1）调动教师参与培训的积极性。有研究者认为，"教师对培训工作的理解和参与是决定教师培训工作成效的关键因素。只有教师本人认识到培训工作的意义而全身心投入地参与其中，才能取得培训的真正实效"[1]。因此，他们提出采取"鼓励与压力并举"的方式来提高教师参与的积极性：一方面为通过培训获得提升的教师提供工资及评聘奖励；另一方面通过制定资历标准给予资历不达标的教师在岗压力，从而使接受培训变为教师的主观需要。

2）提高培训内容的针对性。在坚持全员参与培训的基本理念的同时，提高培训内容的针对性。首先，不同任教年限的教师应有不同的培训。按照教师的专业发展规律，不同任教年限的教师会有不同的需要。因此，应根据任教年限划定培训分类并将其纳入每位教师的发展规划中，当教师达到了一定工作年限时必须参加相应类别的培训。其次，不同素质的教师应有不同的培训。利用教师胜任力问卷及平时工作情况，对教师的素质进行评估，针对教师的具体素质情况开展专项培训。

3）整合各层次培训资源，推广校本培训模式。高层次的培训资源实际上非常有限，所能培训的教师数量也有限。在利用这些资源的同时应充分发掘县域内甚至校内所具有的优质资源，丰富教师培训的层次，建立从国家到省级再到县级甚至校级的培训体系，构建区域性的教师发展支撑平台。建立自己的校本培训课堂，鼓励有能力和有经验的优秀教师承担培训课程，这种形式既具有灵活性又具有可操作性，并且与当地具体情况贴合度较高。

---

[1] 柳海明，周霖. 2007. 义务教育均衡发展的理论与对策研究. 长春：东北师范大学出版社：307.

4）探究与高校的合作。教师培训应当充分利用当地高校优质资源，探究互利双赢的合作模式。目前英国和美国都已经逐渐趋向采取高校与中小学相互合作的形式，尤其以美国的"教师发展学校"最为典型。我国在 2001 年 4 月由首都师范大学教育科学学院在北京市丰台区和朝阳区的几所中小学开始实验首批教师发展学校，但遇到了许多困惑和挫折。[①]而高校与中小学的合作重点在双方的互利共赢上，高校可以为一线中小学提供教师的学历提升、理论及科研能力的提高等培训，而一线中小学可以成为高校科研实践经验的来源及学生实习定点合作单位。教育事业确实需要一线中小学与高校之间的密切联系，更好地实现其稳步发展。中小学与高校的合作具有必要性和可能性，当前需要教育部门与高校共同探索一种具有可行性的合作模式。

六、全面提升学校教育质量

吉安县、铜鼓县和青云谱区城乡之间的教育质量依然存在一定的差距。而教育质量的提升是一项系统工程，需要多方面的协调和配合。这其中既有对硬件的投入，又有对软件的建设；既要发挥学校的主导作用，又需要社会和家庭的支持。全面提升教育质量，主要应从以下几个方面着手。①全面实施素质教育。现在有不少学校偏离了素质教育的轨道，片面强调学生的应试能力。教育管理部门、学校领导、教师及家长要转变教育观念，关注学生的全面发展，着重提升学生的全面素质。学校应加强对学生综合素质的考核，而不应只用考试分数、毕业生升学率等作为考核指标，通过全方位的考核促使学生的全面发展。即使是对学科成绩考核，也不能仅限于对语、数、英等几门课程进行评判，而要对所有科目进行综合评判，促使每个学生提高综合素质水平，实现全面和谐发展。②要缩小学校教育质量的差距。吉安县、铜鼓县和青云谱区在学生的考试成绩方面，各地和各校存在较大差距。学生的考试成绩虽然不能完全说明学校的教育质量，但毕竟是教学效果的重要反映。要科学分析导致县域内各地和各校之间学生成绩出现差距的原因，采取切实有效的措施予以改进。③要求学校、家庭和社会配合。教育事业

---

① 石金超. 2012. 高校资源在中小学教师培训中的合理利用研究. 河南大学硕士学位论文：33-34.

的推进和教育质量的提升并不只教育部门及学校的事情。学生的发展不仅仅是学校的责任，还关乎家庭和社会。应该构建起以学校为主导、家庭和社会作为辅导的教育体系。社会要为义务教育的均衡发展、素质教育的全面推进创造良好的环境。学校和教师应平等地对待每一个学生，为他们提供平等的发展机会。学校还有责任和义务去引导家长及社会各界的教育价值取向，为教育事业尤其是素质教育的推行赢得家长及社会各界的支持和认可。家庭也应多关注子女的全面和谐发展和综合素质的提高，不把成绩当作评价孩子的唯一标准。

附录　我国义务教育均衡发展研究主要文献（1994—2016年）

一、论文

1994 年

1. 苌景州. 建立有利于义务教育均衡发展的资金保障体系. 贵州社会科学, 1994, (01).
2. 安体富, 苌景州. 完善现行义务教育投资体制 促进义务教育的均衡稳定发展. 财贸经济, 1994, (04).

1997 年

李喜平. 努力使义务教育区域性均衡发展. 普教研究, 1997, (05).

2001 年

1. 文东茅. 义务教育师资配置均衡化的政策选择. 教育理论与实践, 2001, (01).
2. 张国初. 中国教育均衡发展的问题. 数量经济技术经济研究, 2001, (01).

2002 年

1. 翟博. 教育均衡发展：现代教育发展的新境界. 教育研究, 2002, (02).
2. 于建福. 教育均衡发展：一种有待普遍确立的教育理念. 教育研究, 2002, (02).
3. 曾天山. 促进义务教育均衡发展的基本思路. 教育研究, 2002, (02).
4. 蓝维, 张景斌. 义务教育均衡发展目标与学校发展模式的选择. 教育研究, 2002, (02).
5. 王保华. 目标定位 措施到位 方式创新——义务教育相对均衡发展的对策. 教育研究, 2002, (02).
6. 韩清林. 推进基础教育均衡发展在操作层面上要解决的几个问题. 人民教育, 2002, (04).
7. 顾明远. 教育均衡发展是教育平等的问题, 是人权问题. 人民教育, 2002, (04).
8. 张德祥. 关于义务教育区域内均衡发展的思考. 教育评论, 2002, (04).
9. 韩清林. 基础教育均衡发展方略的政策分析. 国家高级教育行政学院学报, 2002, (04).
10. 国家教育发展研究中心专题组. 实现基础教育均衡发展的现状分析及对策选择. 人民教育, 2002, (05).
11. 贾聚林. 区域教育均衡发展之我见. 人民教育, 2002, (06).
12. 周峰. 试论基础教育均衡发展的若干问题. 教育研究, 2002, (08).
13. 张新洲. 提高认识, 推进基础教育均衡发展. 人民教育, 2002, (08).
14. 王湛. 努力促进基础教育均衡发展. 人民教育, 2002, (09).
15. 石中英. 促进基础教育均衡发展的基本原则. 人民教育, 2002, (12).

2003 年

1. 于月萍. 信息技术与义务教育的均衡发展. 教育评论, 2003, (01).
2. 阎光才. 均衡发展：义务教育制度的底线公平. 教育科学研究, 2003, (01).
3. 宁波市北仑区教育局. 优化教育资源配置 推进基础教育均衡发展. 中国教育学刊, 2003, (01).

4. 张兴华. 义务教育均衡发展误区及其矫正. 中国教育学刊, 2003, (02).
5. 申仁洪. 教育均衡发展的困境与对策. 华南师范大学学报(社会科学版), 2003, (02).
6. 于月萍. 义务教育区域内均衡发展的对策研究. 中国教育学刊, 2003, (03).
7. 朱家存. 论义务教育均衡发展的基础与动力. 教育科学, 2003, (05).
8. 陈上仁, 田延光. 义务教育均衡性转移支付制度研究. 教育科学研究, 2003, (05).
9. 肖远军. 关于基础教育均衡发展的政策构想. 教育理论与实践, 2003, (05).
10. 朱永新. 关于基础教育均衡发展的建议. 民主, 2003, (05).
11. 王焕庆, 王淑华. 义务教育如何实现均衡发展. 河北学刊, 2003, (05).
12. 戴亦明. 论教育法制与区域义务教育的均衡发展. 教育评论, 2003, (06).
13. 张伟. 教育均衡发展再辩. 当代教育科学, 2003, (07).
14. 张绪培. 关注弱势群体 促进基础教育均衡发展. 人民教育, 2003, (08).
15. 王唯. 基础教育均衡发展研究综述. 上海教育科研, 2003, (10).
16. 毛伟宾. 关于基础教育均衡发展的几点理论思考. 当代教育科学, 2003, (10).
17. 朱家存. 论我国义务教育发展不均衡的成因及其矫正对策. 教育理论与实践, 2003, (12).
18. 王斌泰. 着力推进基础教育均衡发展. 求是, 2003, (19).

2004 年

1. 赵华栋. 全面建设小康社会与积极推进基础教育均衡发展. 兰州学刊, 2004, (01).
2. 田芬, 朱永新. 关于基础教育均衡发展的哲学思考. 苏州大学学报, 2004, (02).
3. 鲜万标. 对北京市义务教育均衡发展问题的分析与思考. 北京教育学院学报, 2004, (02).
4. 毕正宇. 论教师资源合理配置与义务教育均衡发展之关系. 天中学刊, 2004, (03).
5. 陈景来. 创新教育资金管理体制 促进义务教育均衡发展. 教育财会研究, 2004, (04).
6. 顾月华. 基础教育均衡发展的实质及其实施. 教育发展研究, 2004, (05).
7. 王焕庆, 王淑华. 实现城乡义务教育均衡发展的财政对策. 经济论坛, 2004, (06).
8. 陶志琼, 汪维民. 关于基础教育均衡发展的哲学思考. 教育探索, 2004, (07).
9. 曲正伟. 我国义务教育均衡发展中的政府责任. 教学与管理, 2004, (07).
10. 杨昌江. 基础教育均衡发展及其策略. 当代教育论坛, 2004, (08).
11. 王小柳. 思辨基础教育均衡发展. 上海教育科研, 2004, (09).
12. 卢长智, 孔超琼. "重点学校办分校"与教育均衡发展. 基础教育研究, 2004, (10).
13. 王焕庆, 王淑华. 创新投入体制是实现城乡义务教育均衡发展的根本措施. 经济师, 2004, (10).
14. 姚家群, 项志康. 地区初中教育的均衡发展. 上海教育科研, 2004, (12).
15. 戴亦明. 依法推进区域义务教育均衡刍议. 教育发展研究, 2004, (12).

2005 年

1. 丁麦秋. 制约农村教育均衡发展的四大瓶颈及对策思考. 当代教育论坛, 2005, (02).
2. 杨想森. 落实科学发展观 促进基础教育均衡发展. 人民教育, 2005, (02).
3. 杜育红. 义务教育的均衡发展: 过程、原因与对策. 中国民族教育, 2005, (04).
4. 袁振国. 教育均衡发展: 构建和谐社会的基础. 教育发展研究, 2005, (04).

5. 文喆. 义务教育的均衡与差异发展. 教育科学研究, 2005, (04).
6. 李秉中. 西部地区义务教育阶段校际均衡发展的制度建设——以贵阳市为例. 教育研究, 2005, (05).
7. 兰伊春. 落实科学发展观 促进基础教育均衡发展. 青海社会科学, 2005, (05).
8. 柳海民, 林丹. 本体论域的义务教育均衡发展. 东北师大学报(哲学社会科学版), 2005, (05).
9. 杨兆山, 金金. 建设"标准化学校"搭建义务教育均衡发展的操作平台. 东北师大学报(哲学社会科学版), 2005, (05).
10. 曲铁华, 马艳芬. 义务教育师资均衡发展的对策研究. 东北师大学报(哲学社会科学版), 2005, (05).
11. 于发友. 公平: 义务教育均衡发展的价值旨归. 当代教育科学, 2005, (07).
12. 何衡. 落实教育均衡发展的十条政策建议. 课程·教材·教法, 2005, (08).
13. 刘翠. 运用现代教育技术促进教育均衡发展. 辽宁教育研究, 2005, (11).
14. 曲绍卫, 陈东生. 区域基础教育均衡发展机制探究——济南市"教育优化升级工程"机制与效力分析. 教育研究, 2005, (11).
15. 苏君阳. 义务教育均衡发展基本策略分析. 中国教育学刊, 2005, (12).
16. 文新华. 我国义务教育均衡发展研究及政策制定中的两个理论问题. 教育科学研究, 2005, (12).
17. 向小辉. 通过教育券制度促进教育公平——基础教育均衡发展的新视角. 教育发展研究, 2005, (12).
18. 孙启林, 孔锴. 全球化视域下的基础教育均衡发展. 比较教育研究, 2005, (12).
19. 杨军. 英国促进基础教育均衡发展政策综述. 外国教育研究, 2005, (12).
20. 尹玉玲. 美国促进基础教育均衡发展的举措及启示. 上海教育科研, 2005, (12).
21. 李锋亮. 政府有义务对义务教育资源进行均衡化. 教育科学研究, 2005, (12).
22. 课题组. 杭州市基础教育均衡发展策略研究. 教育发展研究, 2005, (20).
23. 梁伟国. 办学条件标准化成为义务教育均衡发展的关注点. 人民教育, 2005, (24).

2006 年

1. 李定. 实现我国教育均衡发展的量化分析. 中共中央党校学报, 2006, (01).
2. 雷万鹏. 寻求义务教育均衡发展的新机制——基于湖北省的实证研究. 教育研究与实验, 2006, (02).
3. 司晓宏, 王华. 教育财政转移支付与义务教育均衡发展. 陕西师范大学学报(哲学社会科学版), 2006, (02).
4. 唐忠, 崔国胜. 北京义务教育非均衡发展的实证分析. 北京社会科学, 2006, (02).
5. 中国民主促进会上海市委员会课题组. 上海基础教育均衡发展研究. 教育发展研究, 2006, (02).
6. 赵泽碧. 关于实现教育均衡发展的理性思考. 教育探索, 2006, (02).
7. 翟博. 教育均衡发展: 理论、指标及测算方法. 教育研究, 2006, (03).
8. 梁清. 均衡发展: 义务教育异化的超越. 东北师大学报(哲学社会科学版), 2006, (03).
9. 马立武. 试析义务教育均衡发展及其政府责任. 现代教育论丛, 2006, (03).

10. 陆璟. 加快基础教育均衡发展, 率先实现教育现代化. 上海教育科研, 2006, (03).
11. 赵庆华, 江桂珍. 义务教育均衡发展的政府投入行为分析. 东北师大学报(哲学社会科学版), 2006, (05).
12. 杨军. 现状与对策: 西北少数民族基础教育均衡发展研究. 西北师大学报(社会科学版), 2006, (05).
13. 曲绍卫, 袁东. 论县域教育均衡发展的机制模式. 教育理论与实践, 2006, (05).
14. 徐烈辉, 李琳. 湖南基础教育均衡发展的问题成因与对策. 湖南师范大学教育科学学报, 2006, (05).
15. 杨伟. 成都市城乡义务教育均衡发展的战略规划与实践. 中国教育学刊, 2006, (06).
16. 余大水. 全面落实科学发展观 促进义务教育均衡发展. 学习月刊, 2006, (06).
17. 栗玉香. 义务教育均衡推进的财政分析与政策选择. 教育理论与实践, 2006, (08).
18. 朱向军. 名校集团化办学: 基础教育均衡发展的"杭州模式". 教育发展研究, 2006, (09).
19. 国家教育督导团. 国家教育督导报告 2005——义务教育均衡发展: 公共教育资源配置状况. 教育发展研究, 2006, (09).
20. 谭细龙. 农村义务教育均衡发展需要充分发挥政府调控职能. 江西教育科研, 2006, (11).
21. 边德明, 金岚. 我国义务教育阶段教育发展区域不均衡问题研究. 教学与管理, 2006, (11).
22. 俞云峰. 教育券: 城乡义务教育均衡发展的新思路. 现代教育科学, 2006, (6).
23. 瞿瑛. 论义务教育均衡发展与教育公平. 教育探索, 2006, (12).
24. 为每一个孩子的未来奠基——鸡西市促进城乡教育均衡发展(1). 中国教育学刊, 2006, (12).
25. 让农村孩子享受城里教育——鸡西市促进城乡教育均衡发展(2). 中国教育学刊, 2006, (12).
26. 彭世华, 谭日辉. 促进欠发达县域基础教育均衡发展的理想与现实——以湖南省慈利县为例. 中国教育学刊, 2006, (12).
27. 陈珍国. 重构教育公平形态 实现教育均衡发展. 教育发展研究, 2006, (13).
28. 许云昭. 把重心放在义务教育资源的均衡配置上. 求是, 2006, (17).
29. 徐剑波. 沿海发达地区城乡义务教育均衡发展对策研究. 教育发展研究, 2006, (23).
30. 高中兴. 实施现代远程教育工程 促进义务教育均衡发展. 人民教育, 2006, (23).

2007 年

1. 鲍传友. 义务教育均衡发展: 内涵和原则. 国家教育行政学院学报, 2007, (01).
2. 陈国庆. 保障投入 整合资源 分步实施 区域推进——县级区域推进义务教育均衡发展策略研究报告. 江西教育科研, 2007, (01).
3. 谢小波. 试述区域内基础教育均衡发展背景下的教师政策. 浙江师范大学学报(社会科学版), 2007, (01).
4. 秦素粉, 朱宛霞. 促进城市基础教育均衡发展的政策选择——英国"城市教育优异"(EiC)计划述评. 上海教育科研, 2007, (01).
5. 爱可, 等. 教育均衡发展: 和谐张家港的强音——张家港市高位推进教育均衡发展工作综述. 江苏教育研究, 2007, (01).

6. 夏建军. 夯实基础 落实措施 推进义务教育均衡发展. 基础教育研究, 2007, (02).
7. 王海英. 从"城市偏向"走向"均衡发展"——《义务教育法》改革历程的社会学思考. 湖南师范大学教育科学学报, 2007, (02).
8. 姜学中. 民主与科学思想下的教育均衡发展. 人民教育, 2007, (02).
9. 中央教育科学研究所教育政策分析中心. 义务教育均衡发展是实现教育公平的基石. 教育研究, 2007, (02).
10. 陈峰. 均衡发展取向下的义务教育教师资源配置问题. 教育导刊, 2007, (02).
11. 贾晓静. 我国基础教育均衡发展研究综述. 教育导刊, 2007, (02).
12. 丁秀棠. 南非推动义务教育均衡发展的主要机制与措施分析. 比较教育研究, 2007, (03).
13. 包金玲. "以县为主"教育管理体制与教育均衡发展——对全国地县教育局长的专题调查分析. 河北师范大学学报(教育科学版), 2007, (03).
14. 郭强. 和谐社会中的基础教育均衡发展. 中国教育学刊, 2007, (04).
15. 王为民. 透视与反思: 义务教育均衡问题二十年之研究. 现代教育论丛, 2007, (04).
16. 王勇鹏. 我们需要怎样的城乡教育公平? ——兼谈对当前我国"城乡教育均衡发展"公平性的一点思考. 湖南师范大学教育科学学报, 2007, (05).
17. 万华. 义务教育均衡发展机制的欠缺与完善——以广州地区为例. 华南师范大学学报(社会科学版), 2007, (05).
18. 王菊梅. 河南省义务教育均衡发展的战略思考. 中国教育学刊, 2007, (05).
19. 万华. 教育组团: 促进区域义务教育均衡发展的新思路. 教育研究与实验, 2007, (05).
20. 胡振凯. 教育科研促进初中教育均衡发展的策略研究. 上海教育科研, 2007, (06).
21. 李政. 北京市义务教育均衡发展的政策研究. 教育科学研究, 2007, (06).
22. 翟博. 中国基础教育均衡发展实证分析. 教育研究, 2007, (07).
23. 范国睿, 李树峰. 内涵发展: 教育均衡发展的新趋向. 上海教育科研, 2007, (07).
24. 胡红梅, 钟莉. 促进教育均衡发展的教学新探索. 当代教育科学, 2007, (07).
25. 叶丽娜. 关于基础教育均衡发展的新思考. 现代教育科学, 2007, (08).
26. 杜东东. 义务教育均衡发展问题研究. 江西教育科研, 2007, (09).
27. 王绍华. 成都市青羊区九年义务教育均衡发展的启示. 教育科学论坛, 2007, (09).
28. 马艾云, 李保江. 县域教师流动机制实施框架——城乡义务教育均衡发展的一种构想. 当代教育科学, 2007, (09).
29. 贺武华. 基础教育均衡发展的"不平等"原则及其实践. 现代教育论丛, 2007, (10).
30. 刘艳. 义务教育均衡化的误区及纠正. 现代教育论丛, 2007, (10).
31. 翟博. 教育均衡发展指数构建及其运用——中国基础教育均衡发展实证分析. 国家教育行政学院学报, 2007, (11).
32. 周军, 冯文全. 对构建和谐社会背景下农村义务教育公平的思考. 未来与发展, 2007, (11).
33. 马成永. 让教育均衡之花在文化沃土中绽放——区域基础教育均衡发展的实践与探索. 中国教育学刊, 2007, (11).
34. 戴嘉敏, 周谷平, 吴长平, 等. 全民优质教育均衡发展的区域研究——宁波市江东区的实践探索. 教育发展研究, 2007, (12).
35. 吴宏超. 义务教育均衡发展的现状与政府效能改进——基于湖北省的数据分析. 教育发展

研究, 2007, (23).

36. 程红艳, 付俊. 关于基础教育均衡发展的七个问题辨析. 教学与管理, 2007, (31).

2008 年

1. 翟博. 树立科学的教育均衡发展观. 教育研究, 2008, (01).
2. 刘宝生. 推进省域义务教育均衡发展的思考与建议. 教育科学, 2008, (01).
3. 田汉族. 县域：教育均衡发展的重点和突破口. 当代教育论坛(宏观教育研究), 2008, (01).
4. 杨兆山, 张海波. 标准化学校：教育均衡发展视角下农村义务教育的发展路径. 东北师大学报(哲学社会科学版), 2008, (01).
5. 孙玉丽, 张幸华. 县域义务教育均衡发展：政策与条件——以浙江省慈溪市为个案. 教育科学, 2008, (01).
6. 亓殿强. 城乡一体 均衡发展——威海市环翠区义务教育均衡发展的探索与实践. 当代教育科学, 2008, (02).
7. 丰向日. 义务教育均衡发展：目的、原则与核心. 学术论坛, 2008, (02).
8. 刘宝生. 省域义务教育均衡发展的制约因素分析——基于辽宁省的案例研究. 辽宁教育研究, 2008, (02).
9. 贾汇亮. 教育均衡发展呼唤学校管理变革. 教育发展研究, 2008, (02).
10. 杨银付, 韩民, 王蕊, 等. 以教师资源的均衡配置促进义务教育均衡发展——城乡义务教育教师资源均衡配置的政策与制度创新. 中小学管理, 2008, (02).
11. 张东娇. 义务教育均衡发展的社会资本障碍及其政府治理. 北京师范大学学报(社会科学版), 2008, (02).
12. 于发友. 县域义务教育均衡发展的现实路径. 基础教育, 2008, (02).
13. 王定华. 大力推进义务教育教师资源均衡配置工作. 中小学管理, 2008, (02).
14. 孟宪彬. 促进义务教育均衡发展的新探索——开展教师岗位实践培训活动. 辽宁教育研究, 2008, (02).
15. 王晋堂. 教育均衡发展 重在规范教师工资待遇. 人民教育, 2008, (02).
16. 刘宝生. 问题与对策：对辽宁省推进义务教育均衡发展的新思考. 辽宁师范大学学报(社会科学版), 2008, (03).
17. 姚继军. 教育均衡发展综合测度的原则与方法. 教育科学, 2008, (03).
18. 项志康. 为了每一所初级中学的发展——国家级课题"地区初中教育均衡发展的研究与实践"研究成果简介. 上海教育科研, 2008, (03).
19. 阮来民, 范红. 上海市基础教育经费投入差异与教育均衡发展问题研究. 教育研究与实验, 2008, (03).
20. 郭均鹏, 王涛, 李汶华. 欠发达地区教育均衡发展机制设计. 天津大学学报(社会科学版), 2008, (03).
21. 戴建春, 熊克佩. 以加大投入力度促进地区初中教育均衡发展的实践研究. 上海教育科研, 2008, (03).
22. 上海市杨浦区. 地区初中教育均衡发展的研究与实践. 上海教育科研, 2008, (03).
23. 梁文艳, 杜育红. 省际间义务教育不均衡问题的实证研究——基于生均经费的分析指标.

教育科学, 2008, (04).

24. 瞿瑛. 本世纪初我国城乡义务教育资源均衡发展的现状与对策——对城乡义务教育经费差距的思考. 现代教育论丛, 2008, (04).
25. 王丽慧. 义务教育均衡发展视野中的政府高教职能. 长白学刊, 2008, (04).
26. 张茂聪, 褚金光. 教育组团: 区域教育均衡发展的新途径——山东省广饶县教育均衡发展的实践探索. 教育研究, 2008, (04).
27. 左瑞勇, 王纬虹. 城乡统筹背景下重庆市基础教育均衡发展的思考. 中国教育学刊, 2008, (05).
28. 陈静漪, 袁桂林. 城市义务教育均衡目标下的经费配置机制研究——机制设计的理论视角. 教育科学, 2008, (05).
29. 朱正飞, 郑君. 倡导教育均衡 推进义务教育协调发展. 当代教育论坛, 2008, (05).
30. 符水波, 吴建家. 借助智能录播系统提升城乡教育均衡发展的探究. 计算机与网络, 2008, (07).
31. 叶忠. 义务教育均衡发展中的困境与制度约束. 江苏教育研究, 2008, (07).
32. 陈云龙, 卞艺杰. 统筹优质教育资源 促进教育均衡发展. 中国教育学刊, 2008, (07).
33. 成刚. 省域义务教育师资均衡研究. 教育学术月刊, 2008, (07).
34. 姚继军. 中国式分权与教育均衡发展问题的治理. 南京社会科学, 2008, (08).
35. 于发友. 义务教育均衡发展的价值追求. 当代教育科学, 2008, (08).
36. 李明华. 义务教育均衡发展政策选择与制度设计——以浙江省为案例. 中国教育学刊, 2008, (09).
37. 王晋堂. 政府的责任与社会的理念——义务教育均衡发展的两个关键问题. 人民教育, 2008, (11).
38. 梁文艳. 义务教育均衡发展与财政支出规模分析. 教育发展研究, 2008, (11).
39. 刘利民. 学习实践科学发展观 促进义务教育均衡发展. 人民教育, 2008, (24).
40. 王安全. 教育均衡发展认识上的三个误区. 教学与管理, 2008, (33).

2009 年

1. 张力. 促进城乡义务教育均衡发展 加快普及农村高中阶段教育. 人民教育, 2009, (01).
2. 龙承建, 周鸿. 论教育标准化与义务教育均衡发展. 河北师范大学学报(教育科学版), 2009, (01).
3. 杨勇. 指标到校, 促进义务教育均衡发展. 人民教育, 2009, (01).
4. 刘新波, 张丽华. 农村义务教育非均衡发展制度根源的实证分析. 云南财经大学学报, 2009, (01).
5. 甄新广, 王书芝. 农村中小学教育均衡发展现状与思考. 现代中小学教育, 2009, (01).
6. 丁飞, 周华. 公平视角下的义务教育均衡发展研究. 现代中小学教育, 2009, (01).
7. 孙启林, 周世厚. 大均衡观下的"略"与"策"——法国义务教育均衡发展政策评析. 现代教育管理, 2009, (01).
8. 柳国辉. 义务教育均衡发展问题探析——以福建省为例. 宁波大学学报(教育科学版), 2009, (01).

9. 黄慧琦. 图书馆在我国义务教育均衡发展中的作用及实现途径. 科技情报开发与经济, 2009, (01).
10. 许华琼. 和谐社会构建与基础教育均衡发展. 现代中小学教育, 2009, (01).
11. 段晓芳. 均衡发展视域下的义务教育资源配置. 基础教育, 2009, (01).
12. 王贤. 博弈论视角下城乡义务教育均衡发展中的效率与公平关系. 现代教育管理, 2009, (02).
13. 张江. 关于教育均衡发展的几点思考. 教育发展研究, 2009, (02).
14. 周元武. 义务教育均衡发展的教育政策走向. 湖北经济学院学报, 2009, (02).
15. 程红艳. 义务教育免费政策和基础教育均衡发展. 教育与经济, 2009, (02).
16. 刘厚周, 陈志明. 县域义务教育均衡发展摭谈. 教育学术月刊, 2009, (02).
17. 曾新. 农村义务教育非均衡发展状况研究——基于对四川省的实证调查. 文史哲, 2009, (02).
18. 李辉, 何文圆. 云南省义务教育区域均衡发展实证研究. 当代教育论坛(上半月刊), 2009, (02).
19. 封德. 河南省西峡县: "十大工程"助推城乡教育均衡发展. 中国农村教育, 2009, (03).
20. 汤策程. 实施"填谷"工程 促进教育均衡发展. 当代教育论坛(上半月刊), 2009, (03).
21. 薛海平, 王蓉. 我国义务教育公平研究——教育生产函数的视角. 教育与经济, 2009, (03).
22. 陈文美, 王德清. 农村义务教育均衡化过程中急需解决的问题研究. 现代中小学教育, 2009, (03).
23. 胡映兰. 从"两免一补"看农村义务教育的均衡发展——以湖南省益阳市为例. 教育与经济, 2009, (03).
24. 王璐, 孙明. 英国教育均衡发展政策理念探析. 比较教育研究, 2009, (03).
25. 杨小微. 义务教育内涵式均衡发展路径分析. 教育发展研究, 2009, (05).
26. 杨海松. 关于"教育均衡发展"的思考. 教育研究与实验, 2009, (05).
27. 王秋丽. 义务教育教师资源均衡配置的宏观政策设计. 教育学术月刊, 2009, (05).
28. 李强, 吴中伦. 教育均衡发展评价指标体系的构建. 统计与决策, 2009, (06).
29. 张红玲. 论基础教育的均衡发展. 现代教育科学, 2009, (06).
30. 师玉生. 义务教育均衡发展的价值追求与现实路径的分析. 河西学院学报, 2009, (06).
31. 金东海, 师玉生. 义务教育均衡发展与贫困地区学生就学资助的关联研究. 西北师大学报(社会科学版), 2009, (06).
32. 吴海升. 义务教育均衡发展研究——以铜陵现象为例. 江淮论坛, 2009, (06).
33. 王旭东. 构建促进北京市义务教育均衡发展的教育财政体制. 教育科学研究, 2009, (06).
34. 沈有禄, 谯欣怡. 基础教育均衡发展: 我们真的需要一个均衡发展指数吗?教育科学, 2009, (06).
35. 张群明. 全面实行乡镇集中办学 努力推进教育均衡发展. 当代教育论坛(下半月刊), 2009, (07).
36. 段景华. 优质均衡: 义务教育均衡发展的目标. 现代教育科学, 2009, (08).
37. 刘力平. 农村义务教育阶段学校均衡发展问题的研究. 当代教育论坛(上半月刊), 2009, (08).

38. 陈钢. 制度创新: 义务教育均衡发展的关键支撑. 南京社会科学, 2009, (08).
39. 邓凡. 义务教育均衡发展的生态学阐释. 教育学术月刊, 2009, (09).
40. 栗玉香. 关注校际间差异, 推进义务教育财政均衡. 上海教育科研, 2009, (10).
41. 万明钢. 以促进教育公平和教育均衡发展的名义——我国农村"撤点并校"带来的隐忧. 教育科学研究, 2009, (10).
42. 王正惠, 蒋平. 义务教育均衡发展: 免费后的考验. 教育发展研究, 2009, (11).
43. 栗玉香. 推进义务教育校际间财政均衡的策略. 中国教育学刊, 2009, (12).
44. 张茂聪, 冯永刚. 公平与均衡视域下义务教育资源有效配置的研究——以山东省农村中学生进城就读现象为例. 教育研究, 2009, (12).
45. 孙金荣, 魏平, 王世海, 等. 县域教育均衡发展的探索与思考. 人民教育, 2009, (21).
46. 胡伶. 义务教育均衡发展背景下农村教师政策的问题与改进. 教育发展研究, 2009, (22).
47. 周大平. 均衡发展义务教育的成本. 瞭望, 2009, (48).

2010 年

1. 翟博. 均衡发展: 我国义务教育发展的战略选择. 教育研究, 2010, (01).
2. 钟祯祥. 广州市义务教育均衡发展的现状、问题与对策初探. 教育导刊, 2010, (01).
3. 张翼. 制度变革与义务教育均衡发展. 教育导刊, 2010, (01).
4. 熊思远. 推进昆明市义务教育均衡发展的建言. 创造, 2010, (01).
5. 杨启亮. 底线均衡: 义务教育优质均衡发展的解释. 教育理论与实践, 2010, (01).
6. 高洪. 均衡发展是义务教育重中之重的任务. 中国农村教育, 2010, (01).
7. 魏欣, 刘加夫, 王立东. 江西省基础教育均衡发展问题与对策. 教育学术月刊, 2010, (01).
8. 陈鹏. 义务教育教师均衡配置的法理探源与法律重构. 陕西师范大学学报(哲学社会科学版), 2010, (01).
9. 薛海平, 王蓉. 教育生产函数与义务教育公平. 教育研究, 2010, (01).
10. 栗玉香. 义务教育财政均衡效果与政策选择. 中央财经大学学报, 2010, (01).
11. 栗玉香. 区域内义务教育财政均衡配置状况及政策选择——基于北京市数据的实证分析. 华中师范大学学报(人文社会科学版), 2010, (01).
12. 张力. 从国际国内两个视角看义务教育均衡发展问题. 人民教育, 2010, (01).
13. 苏娜, 黄葳. 区域义务教育校际均衡发展现状与改进——基于广州市的调研分析. 教育发展研究, 2010, (02).
14. 吴亮奎. 义务教育学校差异均衡发展研究——基于南京市栖霞区义务教育学校发展的考察. 中国教育学刊, 2010, (02).
15. 张力. 均衡发展是义务教育制度的本质要求. 中国农村教育, 2010, (02).
16. 姚继军, 张新平. 新中国教育均衡发展的测度. 华东师范大学学报(教育科学版), 2010, (02).
17. 翟博. 均衡发展: 义务教育的重中之重. 求是, 2010, (02).
18. 李志强. 促进城乡义务教育均衡发展的几点思考. 现代教育科学, 2010, (02).
19. 刘山. 关于推进河北省义务教育均衡发展的思考. 河北学刊, 2010, (02).
20. 王长乐, 王书华. 义务教育均衡发展的前提性问题. 青岛大学师范学院学报, 2010, (02).

21. 吴玲, 丁婧. 从"铜陵经验"看城乡教育均衡发展路径. 安徽师范大学学报(人文社会科学版), 2010, (03).
22. 熊丙奇. 推进义务教育均衡发展不能总是"只打雷不下雨". 探索与争鸣, 2010, (03).
23. 李宜江. 义务教育均衡发展理念走向"现实"的法律思考. 中国教育学刊, 2010, (04).
24. 王定华. 关于我国义务教育均衡发展之审视. 中国教育学刊, 2010, (04).
25. 王建容, 夏志强. 我国义务教育均衡发展的内涵及其指标体系构建. 理论与改革, 2010, (04).
26. 闫坤, 刘新波. "以县为主"教育管理体制下农村义务教育非均衡发展的测算——基于历年省级数据的实证分析. 中国社会科学院研究生院学报, 2010, (04).
27. 王建容, 夏志强. 我国省际间义务教育均衡发展状况的实证研究——基于生均经费的分析. 教育研究与实验, 2010, (05).
28. 关松林. 论基础教育发展的均衡与失衡. 教育研究与实验 2010, (05).
29. 刘新成, 苏尚峰. 义务教育均衡发展的三重意蕴及其超越性. 教育研究, 2010, (05).
30. 施媛媛, 郑友训, 周燕平. 课堂教学公平: 义务教育均衡发展的必然追求. 当代教育论坛(管理研究), 2010, (05).
31. 董泽芳, 杨海松, 陈文娇. 区域内义务教育均衡发展的阻碍因素分析. 教育研究与实验, 2010, (05).
32. 孔令帅. 教育均衡发展与政府责任——试论印度政府在基础教育均衡发展中的作用比较. 教育研究, 2010, (05).
33. 阚阅. 推进基础教育均衡发展的新尝试: 英国"连锁学校"的政策与实践比较. 教育研究, 2010, (05).
34. 段云华. 义务教育均衡发展研究述评. 湖北大学成人教育学院学报, 2010, (06).
35. 褚宏启, 高莉. 义务教育均衡发展评估指标与标准的制订. 教育发展研究, 2010, (06).
36. 胡耀宗. 后免费时代的义务教育均等化发展. 河北师范大学学报(教育科学版), 2010, (06).
37. 陶西平. 树立科学的均衡发展观. 中国教育学刊, 2010, (07).
38. 熊川武, 江玲. 论义务教育内涵性均衡发展的三大战略. 教育研究, 2010, (08).
39. 肖昌斌, 柳萍. 均衡·规范·特色——湖北省宜昌市西陵区义务教育发展纪实. 人民教育, 2010, (08).
40. 李文英, 史景轩. 日本义务教育均衡发展的实现途径. 比较教育研究, 2010, (09).
41. 苏尚锋. 基础教育均衡发展的政策视角和政策工具的比较分析. 比较教育研究, 2010, (09).
42. 赖俊明. 义务教育校际均衡发展研究. 基础教育研究, 2010, (09).
43. 王凤玲. 落实责任 应对挑战 推进义务教育均衡发展. 教育研究, 2010, (09).
44. 李孔珍. 对义务教育均衡发展评价的思考. 教育发展研究, 2010, (09).
45. 彭世华. 区域内义务教育均衡发展省级目标和标准研究的概念探讨. 当代教育论坛(综合研究), 2010, (09).
46. 阮成武, 庞波. 义务教育县域均衡背景下县级政府的职能定位——基于安徽省郎溪县的调查与思考. 教育发展研究, 2010, (10).
47. 刘国荣. 关于推进长三角义务教育高位均衡发展的思考与建议. 上海教育科研, 2010, (11).
48. 李继星. 关于义务教育均衡发展指标体系的初步思考. 人民教育, 2010, (11).

49. 朱家存, 阮成武, 刘宝根. 区域义务教育均衡发展监测指标体系研究——基于安徽省义务教育政策实践. 教育研究, 2010, (11).
50. 张雷. 均衡视野下义务教育教师流动机制探究. 现代教育科学, 2010, (11).
51. 关松林. 基础教育均衡发展：正视矛盾与理论澄清. 中国教育学刊, 2010, (12).
52. 黄伟. 关于义务教育教师资源均衡配置的若干思考. 中小学管理, 2010, (12).
53. 严秋菊. 义务教育非均衡发展原因分析及解决对策. 中国教育学刊, 2010, (12).
54. 许建国. 教育均衡发展背景下特色学校建设的思考. 教育发展研究, 2010, (12).
55. 朱云福, 郭云凤. "名校托管、一校两区"：城乡教育均衡发展的助推器——浙江衢州市柯城区促进区域教育均衡发展的探索. 中小学管理, 2010, (12).
56. 沈雁. 城乡义务教育师资非均衡配置的原因及对策. 教育与职业, 2010, (12).
57. 黄家骅. 义务教育均衡发展的公平、效率和质量——兼析择校行为的引导与规范. 教育发展研究, 2010, (18).
58. 许丽英. 论教育补偿机制的构建——义务教育资源均衡配置的实现路径探讨. 教育发展研究, 2010, (19).
59. 潘军昌, 陈东平. 协作互动促进城乡义务教育均衡发展模式分析. 教育发展研究, 2010, (20).
60. 赖秀龙. 义务教育师资均衡配置的政策工具分析. 教育发展研究, 2010, (23).
61. 李华. 制约义务教育均衡发展的瓶颈及对策分析. 教育理论与实践, 2010, (25).
62. 周大平. 义务教育均衡发展的"制度瓶颈". 瞭望, 2010, (Z1).
63. 张天雪. 区域教育均衡发展的实践模式、路径与政策理路. 教育发展研究, 2010, (Z2).

2011 年

1. 李星云. 义务教育优质均衡发展保障研究——以江苏省为例. 教育与经济, 2011, (01).
2. 韩明. 关于教育均衡发展的几点思考. 江苏教育研究, 2011, (01).
3. 丁生东. 青海区域内基础教育均衡发展探析. 青海社会科学, 2011, (01).
4. 王娟涓, 徐辉. 国外城乡义务教育均衡发展的经验及启示. 外国中小学教育, 2011, (01).
5. 郭荣学, 杨昌江, 彭介润. 推进县域内义务教育均衡发展的模式研究. 教育评论, 2011, (01).
6. 刘耀明, 熊川武. 论义务教育内涵性均衡发展的边界. 华东师范大学学报(教育科学版), 2011, (01).
7. 王正青. 国外推进城乡教育均衡发展新趋势——社会生态系统的理论框架. 中国教育学刊, 2011, (01).
8. 李星云. 论义务教育优质均衡发展之中国模式. 南京理工大学学报(社会科学版), 2011, (01).
9. 付智. 从择校现象看基础教育均衡发展. 内蒙古师范大学学报(教育科学版), 2011, (02).
10. 王小兵. 反梯度推进：区域教育均衡发展的战略选择——兼与"区域教育梯度推进论"商榷. 湖南师范大学社会科学学报, 2011, (02).
11. 李燕燕. 教育督导促进义务教育均衡发展的范式分析. 当代教育科学, 2011, (02).
12. 王智超. 义务教育均衡发展与质量保障的现实思考. 东北师大学报(哲学社会科学版), 2011, (02).

13. 张侃. 制度视角下的我国义务教育均衡发展. 教育科学, 2011, (03).
14. 肖军虎. 城乡义务教育均衡发展实证研究——以山西省临汾市隰县为例. 教育与经济, 2011, (03).
15. 刘小强, 王德清, 伍小兵. 学龄人口变动对教育均衡发展的影响. 教育与经济, 2011, (03).
16. 孔令帅. 发展中国家大都市基础教育均衡发展中的政府作用——以印度德里为例. 外国教育研究, 2011, (03).
17. 蔡定基. 基于资源的学区集群管理模式探讨. 现代教育论丛, 2011, (03).
18. 赖俊明. 北京市义务教育区域均衡发展的财政制度改革研究. 现代教育论丛, 2011, (03).
19. 杨挺, 马永军. 县域义务教育师资均衡配置中的政策责任. 中国教育学刊, 2011, (03).
20. 田汉族. 促进区域基础教育均衡发展的国际经验及其启示. 当代教育论坛(综合研究), 2011, (04).
21. 于发友, 赵慧玲, 赵承福. 县域义务教育均衡发展的指标体系和标准建构. 教育研究, 2011, (04).
22. 王予波. 调整学校布局 推进农牧区基础教育均衡发展. 教育研究, 2011, (04).
23. 金家新. 以教师专业化发展求解区域教育均衡发展之路. 教学与管理, 2011, (04).
24. 杨启亮. 转向"兜底": 义务教育优质均衡发展的重心. 教育研究, 2011, (04).
25. 栗洪武. 影响区域学校教育均衡发展的基本要素及其相关性——以西安市实施"316"工程为例. 教育研究, 2011, (04).
26. 郝文武. 义务教育均衡发展的本质特征和量化测评. 教育与经济, 2011, (04).
27. 刘旭东. 青藏地区义务教育公平发展的质量诉求. 青海师范大学学报(哲学社会科学版), 2011, (04).
28. 蔡丽红. 台湾义务教育均衡发展状况及评述. 东北师大学报(哲学社会科学版), 2011, (05).
29. 严伯霓. 台湾义务教育均衡发展考察报告. 当代教育论坛, 2011, (05).
30. 孙杰. 论文化资本对农村义务教育均衡发展的影响——布迪厄文化资本理论的启示. 山西大学学报(哲学社会科学版), 2011, (05).
31. 龙文佳, 薛海平, 王颖. "新机制"政策对城乡义务教育财政资源均衡配置影响的实证研究. 首都师范大学学报(社会科学版), 2011, (05).
32. 董玲玲. 义务教育均衡发展的必然选择——师资配置均衡的对策探寻. 天津市教科院学报, 2011, (05).
33. 王传毅. 从均衡的视角看我国省域间义务教育的发展——基于1999~2008年的义务教育生均经费的实证研究. 教育探索, 2011, (05).
34. 李军超, 樊慧玲. 实现中国义务教育均衡发展的模式构建——战略部署、路径选择与机制创新. 教育学术月刊, 2011, (06).
35. 沈有禄, 谯欣怡. 论义务教育均衡发展. 现代教育管理, 2011, (06).
36. 张旺, 郭喜永. 省域义务教育均衡发展研究——基于吉林省40个县(市)义务教育发展的比较分析. 东北师大学报(哲学社会科学版), 2011, (06).
37. 武秀霞. 公平视野下义务教育均衡发展的理论与实践探寻. 教育发展研究, 2011, (06).
38. 冯建军. 优质均衡: 义务教育均衡发展的新目标. 教育发展研究, 2011, (06).
39. 张放平. 区域内义务教育均衡发展的制度瓶颈及其破解. 中国教育学刊, 2011, (06).

40. 林藩. 以义务教育均衡化推进城镇化的健康发展. 福建师范大学学报(哲学社会科学版), 2011, (06).
41. 李楠. 中美义务教育均衡的政策比较. 河北师范大学学报(教育科学版), 2011, (06).
42. 蒋平. 论公平视域下义务教育均衡发展的价值诉求. 教学与管理, 2011, (06).
43. 蒋平. 《规划纲要》视域下义务教育均衡发展的公平性论析. 教育理论与实践, 2011, (06).
44. 李坤, 李芳. 对义务教育优质均衡发展的解读. 现代教育论丛, 2011, (6).
45. 蔡定基. 基于知识管理的学区联盟模式探讨. 教育导刊, 2011, (07).
46. 黄树生. 日本教师"定期流动制"对我国义务教育教师配置均衡化的启示. 上海教育科研, 2011, (07).
47. 阚阅. 公平与积极的反歧视: 印度义务教育均衡发展策略透析. 比较教育研究, 2011, (08).
48. 高益民. 消解均衡?——日本义务教育改革动向分析. 外国教育研究, 2011, (08).
49. 钟平. 共生视野下桂林市义务教育的内涵式均衡发展. 社会科学家, 2011, (08).
50. 刘楠, 肖甦. 21世纪以来俄罗斯推动义务教育城乡均衡发展的政策述评. 比较教育研究, 2011, (08).
51. 董世华, 范先佐. 我国县域义务教育均衡发展监测指标体系的构建——基于教育学理论的视角. 教育发展研究, 2011, (09).
52. 任春荣. 县域义务教育均衡发展评估指标的选择方法. 中国教育学刊, 2011, (09).
53. 范先佐, 郭清扬. 义务教育均衡发展与农村教学点的建设. 教育研究, 2011, (09).
54. 王彦明. 教学正义: 义务教育均衡发展内蕴价值. 中国教育学刊, 2011, (09).
55. 肖军虎. 我国县域义务教育均衡发展指标体系的构建. 教育理论与实践, 2011, (09).
56. 荣雷. 推进义务教育均衡发展 促进公共教育服务均等化. 学校党建与思想教育月刊, 2011, (09).
57. 孙德芳. 试析名校集团化促进义务教育均衡发展——基于杭州名校集团化的分析. 中国教育学刊, 2011, (09).
58. 刘光余. 论我国县域义务教育均衡发展的取向、范式与路径. 教育理论与实践, 2011, (09).
59. 赖秀龙. 谁主沉浮: 国外义务教育师资均衡配置政策的影响因素分析. 外国中小学教育, 2011, (10).
60. 王建民. 城镇化进程中城乡教育均衡发展对策研究. 湖北社会科学, 2011, (10).
61. 高益民. 《义务教育标准法》与日本义务教育的均衡发展. 比较教育研究, 2011, (10).
62. 丰向日, 杨宝忠. 校际合作: 义务教育均衡发展机制探讨——基于天津市河西区小学"教育发展联合学区"调查. 中国教育学刊, 2011, (10).
63. 蔡定基, 黄威. 义务教育均衡发展视野下的学区集团管理模式探析. 全球教育展望, 2011, (11).
64. 吕寿伟. 从均衡到优质均衡: 义务教育均衡发展目标的转换. 教育导刊, 2011, (12).
65. 庞晶, 毕鹏波, 鲁瑞娟. 义务教育均衡发展评价指标体系的评述与构建. 当代教育科学, 2011, (16).
66. 冯建军. 义务教育质量均衡内涵、特征及指标体系的建构. 教育发展研究, 2011, (18).
67. 上海市金山区教育局. 学校组团: 教育优质均衡发展的有效路径——金山区推动义务教育均衡发展的实践与思考. 教育发展研究, 2011, (20).

68. 肖军虎. 我国县域义务教育均衡发展指标体系的构建. 教育理论与实践, 2011, (25).
69. 刘光余. 论我国县域义务教育均衡发展的取向、范式与路径. 教育理论与实践, 2011, (25).
70. 刘明成, 张洪亮. 区域教育均衡发展的社会制约因素及对策. 教育理论与实践, 2011, (35).

2012 年

1. 李潮海. 走出失衡的怪圈: 义务教育学校均衡发展的多种模式分析. 辽宁教育行政学院学报, 2012, (01).
2. 曹锡康. 基础教育均衡发展研究——以浦东新区为例. 教育学术月刊, 2012, (01).
3. 钱玲, 王锐. 以学校文化引领内涵式义务教育均衡发展. 河北大学学报(哲学社会科学版), 2012, (01).
4. 李宜江. 义务教育均衡发展研究 10 年: 回顾与展望. 宁波大学学报(教育科学版), 2012, (01).
5. 杨令平, 司晓宏. 西部地方政府履行义务教育均衡发展责任状况的调查研究. 教育探索, 2012, (01).
6. 王定华. 关于我国义务教育均衡发展之再审视. 中国教育学刊, 2012, (01).
7. 杨民, 宋晓霞. 教育券理论对我国义务教育均衡发展的启示. 辽宁师范大学学报(社会科学版), 2012, (01).
8. 冯建军. 内涵发展: 推进义务教育优质均衡的路向选择. 南京社会科学, 2012, (01).
9. 罗兰, 黄道主. "教育发展协作区": 推进区域义务教育均衡发展的新举措——以湖北省丹江口市为例. 教育探索, 2012, (02).
10. 耿申. 义务教育均衡发展的三个假设. 教育科学研究, 2012, (02).
11. 周兴国. 农村义务教育均衡发展: 概念重构与困境突破. 宁波大学学报(教育科学版), 2012, (03).
12. 许杰. 重心下移: 义务教育均衡发展政策走势. 中国教育学刊, 2012, (03).
13. 刘晨晨, 陈威. 教育均衡发展过程中教师流动的现状及其合理化策略. 教学与管理, 2012, (03).
14. 冯建军. 义务教育均衡发展方式的转变. 中国教育学刊, 2012, (03).
15. 杨令平, 司晓宏. 西部县域义务教育均衡发展现状调研报告. 教育研究, 2012, (04).
16. 蔡定基. 区域义务教育均衡发展的学区管理模式现状、问题及建议——基于广州市越秀区的调查分析. 教育导刊, 2012, (04).
17. 岳建军. 教育均衡发展视阈下"重点学校"的反思与其转型. 教育探索, 2012, (04).
18. 崔慧广. 基于公众需求的义务教育均衡发展财政政策研究: 一个理论框架的构建. 现代教育管理, 2012, (04).
19. 杜育红, 卢珂. 关于区县内义务教育均衡发展监测与评价体系的思考. 上海教育评估研究, 2012, (04).
20. 杨晓霞. 城乡差异: 县域内义务教育均衡发展的现实困境. 教育与经济, 2012, (04).
21. 郭喜永. 义务教育均衡发展实证研究——基于吉林省义务教育发展现状的统计分析. 现代教育科学, 2012, (04).
22. 翟博, 孙百才. 中国基础教育均衡发展实证研究报告. 教育研究, 2012, (05).

23. 孙进. 教育均衡发展政策的"结果困境"——德国义务教育均衡发展的现状、问题与启示. 复旦教育论坛, 2012, (05).
24. 赵丹. 农村教学点在义务教育均衡发展中的作用、问题与对策. 华中师范大学学报(人文社会科学版), 2012, (05).
25. 刘哈兰. 试析义务教育区域均衡化发展中的制度排斥与消解. 教育探索, 2012, (05).
26. 李慧勤, 刘虹. 县域间义务教育均衡发展的影响因素及对策思考——以云南省为例. 教育研究, 2012, (06).
27. 胡钦太. 信息化视野中的教育均衡发展: 关系、命题与对策. 华南师范大学学报(社会科学版), 2012, (06).
28. 李云星, 李宜江. 教育均衡发展的实践反思. 教育发展研究, 2012, (06).
29. 孙素英. 区域义务教育均衡发展影响因素. 中国教育学刊, 2012, (06).
30. 周国华, 华巧红. "海宁模式": 义务教育均衡发展的新试验. 当代教育论坛, 2012, (06).
31. 冯婉桢, 吴建涛. 我国县域内义务教育均衡发展的帕累托路径研究——基于增量教育资源配置的视角. 教育学术月刊, 2012, (06).
32. 皮军功, 彭世华. 县域内义务教育均衡发展省级目标选择的研究——以 2020 年湖南省为例. 首都师范大学学报(社会科学版), 2012, (06).
33. 翟洪江, 朱志猛. 黑龙江省农村义务教育均衡发展的问题与对策. 东北农业大学学报(社会科学版), 2012, (06).
34. 张新海. 中原地区农村义务教育均衡发展调查: 问题与对策. 西北师大学报(社会科学版), 2012, (06).
35. 教育部义务教育均衡发展考察团. 美国和加拿大义务教育均衡发展情况分析及其启示. 世界教育信息, 2012, (07).
36. 曾国华. 缩小差距 力戒趋同 走向优质 大连西岗区义务教育均衡发展的"三步走". 中小学管理, 2012, (07).
37. 孙进. 德国促进基础教育均衡发展的政策分析. 教育发展研究, 2012, (07).
38. 谢凡. 督导监测: 为义务教育均衡发展定"标尺". 中小学管理, 2012, (08).
39. 杨江峰. 义务教育均衡发展的历史回顾与改革建议. 教学与管理, 2012, (09).
40. 伍悦生, 秦磊毅. 普通高中均衡招生对中小学择校现象影响分析——兼论义务教育均衡发展的策略. 教育学术月刊, 2012, (09).
41. 林苏红, 马志荣. 和谐社会视阈下的广东义务教育均衡发展问题研究. 教育探索, 2012, (09).
42. 马春晖. 山区农村义务教育均衡发展模式的实践研究. 教育实践与研究, 2012, (09).
43. 师玉生, 王进才, 安桂花. 县域城乡义务教育均衡发展情况比较研究——基于甘肃省张掖市甘州区 2006—2010 年的数据分析. 长春理工大学学报(社会科学版), 2012, (10).
44. 李星云. 城乡义务教育优质均衡发展进程中的问题研究——以江苏省为例. 内蒙古师范大学学报(教育科学版), 2012, (10).
45. 何君. 对促进城乡义务教育均衡发展的几点思考. 学术研究, 2012, (11).
46. 龚春燕. 对义务教育均衡发展系数模型与评估的思考. 人民教育, 2012, (12).
47. 张燕. 论农村中小学"空巢化"问题——义务教育均衡发展的视角. 内蒙古师范大学学报

(教育科学版), 2012, (12).

48. 赖秀龙, 周翠萍. 论国外义务教育师资均衡配置的政策支持系统. 外国中小学教育, 2012, (12).

49. 李炯, 汪丞. 联校办学: 义务教育均衡发展的新探索——以潜江为例. 教学与管理, 2012, (12).

50. 秦小平. 信息技术: 义务教育优质均衡发展的助推器. 江苏教育研究, 2012, (13).

51. 解光穆, 马青, 杨文芳. 省域义务教育师资均衡发展的现状与对策——以N省小学阶段为例. 教育理论与实践, 2012, (20).

52. 陈学军. 义务教育优质均衡发展究竟是什么?教育发展研究, 2012, (22).

53. 喻小琴. 江苏义务教育优质均衡发展现状研究——基于示范区政策文本的分析. 教育发展研究, 2012, (22).

54. 王一军. 优质均衡发展: 义务教育现代化的质量范型. 教育发展研究, 2012, (22).

55. 姚继军. 省域义务教育优质均衡发展量化测度指标体系的构建——以江苏省为例. 教育发展研究, 2012, (22).

56. 焦小峰, 倪闽景. 论如何推进上海义务教育高位均衡发展. 教育发展研究, 2012, (22).

57. 张路. 教育公正理念下的教育均衡发展层级设想. 基础教育研究, 2012, (23).

58. 伍新德, 张人崧. 韩、日推进义务教育均衡发展的经验及其启示. 教学与管理, 2012, (24).

59. 刘群. 以最大的责任心办教育——山东省青岛市四方区推进义务教育均衡发展纪实. 人民教育, 2012, (24).

60. 金海清. 区域推进义务教育优质均衡发展的探索与实践. 江苏教育研究, 2012, (25).

61. 杨宝忠, 丰向日. 科学发展观视域下的义务教育质量均衡. 教学与管理, 2012, (36).

2013 年

1. 郭清扬. 义务教育均衡发展与农村薄弱学校建设. 华中师范大学学报(人文社会科学版), 2013, (01).

2. 郭少榕, 黄仁贤. 城镇化加速背景下福建县域基础教育均衡发展刍议. 福建师范大学学报(哲学社会科学版), 2013, (01).

3. 李克军, 刘憬遐. 河北省县域义务教育均衡发展的困境及对策. 河北大学学报(哲学社会科学版), 2013, (01).

4. 姬秉新, 王从华. 西部地区义务教育阶段城乡学校均衡发展研究——以西部某省为样本. 西北师大学报(社会科学版), 2013, (01).

5. 冯建军. 义务教育优质均衡发展的理论研究. 全球教育展望, 2013, (01).

6. 张建华. 农村义务教育师资均衡配置的困境与策略——以苏北地区农村义务教育为例. 现代中小学教育, 2013, (01).

7. 王善迈, 董俊燕, 赵佳音. 义务教育县域内校际均衡发展评价指标体系. 教育研究, 2013, (02).

8. 王凯. 名校集团化: 区域义务教育均衡发展策略. 基础教育, 2013, (02).

9. 肖浩宇. 以"示范区"推进"优质均衡"——江苏省推进义务教育均衡发展的区域战略探析. 基础教育, 2013, (02).

10. 王璐. 国际视野下的义务教育均衡发展研究: 理论基础、对象层次与任务内容. 比较教育研究, 2013, (02).
11. 姚永强, 范先佐. 论义务教育均衡发展方式的转变. 教育研究, 2013, (02).
12. 范先佐. 义务教育均衡发展与农村教育难点问题的破解. 华中师范大学学报(人文社会科学版), 2013, (02).
13. 薛海平, 李岩. 中国城乡义务教育均衡发展预警机制研究. 首都师范大学学报(社会科学版), 2013, (02).
14. 周兴国. 义务教育均衡发展: 从资源配置到资源激活. 教育发展研究, 2013, (02).
15. 杨晓霞, 刘晖. 生均教育经费: 义务教育均衡发展核心指标及其修正. 教育发展研究, 2013, (02).
16. 汤林春. 上海小学教育均衡发展程度的研究——基于综合教育基尼系数的方法. 教育发展研究, 2013, (02).
17. 晋银峰. 基础教育均衡发展: 模式与反思. 教育探索, 2013, (02).
18. 薛海平. 我国义务教育均衡发展预警机制探讨. 教育科学, 2013, (03).
19. 任永泽. 教育均衡发展的理论思考——从十八大报告看中国教育改革与发展的战略. 天津师范大学学报(基础教育版), 2013, (3).
20. 陈昕, 史建民, 闻德美. 我国财政分权与义务教育均衡关系的实证分析. 统计与决策, 2013, (03).
21. 李丽桦. 国外义务教育均衡程度测评的趋势与实例. 外国中小学教育, 2013, (03).
22. 段云华. 美国义务教育均衡的财政变革及启示. 湖北大学学报(哲学社会科学版), 2013, (04).
23. 刘远碧, 邓泽军. 近十年来我国城乡义务教育均衡发展研究述评. 成都大学学报(社会科学版), 2013, (04).
24. 严平. 均衡发展视野下的日本义务教育学校标准化研究. 比较教育研究, 2013, (04).
25. 史根林, 邱白丽. 支点和着力点的选择——对县域义务教育优质均衡发展评估指标设计的思考. 教育理论与实践, 2013, (04).
26. 薛二勇. 区域内义务教育均衡发展指标体系的构建——当前我国深入推进义务教育均衡发展的政策评估指标. 北京师范大学学报(社会科学版), 2013, (04).
27. 李子华, 李宜江. 城乡义务教育均衡发展的法律保障: 举措、成就与问题. 湖南师范大学教育科学学报, 2013, (04).
28. 杨小微. 公平取向下义务教育发展的评价指标探究. 华中师范大学学报(人文社会科学版), 2013, (04).
29. 黄龙威, 李华君. 均衡发展共同体: 背景、意蕴与构建策略——以长株潭城市群义务教育均衡发展为例. 当代教育论坛, 2013, (05).
30. 沈有禄, 郑晓华. 县域义务教育均衡发展: 理想与现实——来自广西武鸣县的报告. 教育学术月刊, 2013, (05).
31. 中国教科院"义务教育均衡发展标准研究"课题组. 义务教育均衡发展国家标准研究. 教育研究, 2013, (05).
32. 莫运佳. 基础教育均衡发展视域下广西农村教师专业化水平的提升路径. 学术论坛, 2013,

(05).

33. 姜晓萍, 黄静. 构建城乡基础教育均衡发展的制度体系: 以成都实验区为例. 中国行政管理, 2013, (06).
34. 许杰. 试析均衡发展进程下公共教育权力变迁. 中国教育学刊, 2013, (06).
35. 涂咏梅, 袁洋. 义务教育质量均衡及影响因素研究. 教育研究与实验, 2013, (06).
36. 范先佐, 曾新, 郭清扬. 义务教育均衡发展与农村中小学教师队伍建设. 教育与经济, 2013, (06).
37. 刘晖, 钟斌. 修正义务教育均衡发展指标体系的论证——以广州市为例. 教育学术月刊, 2013, (06).
38. 邱昆树, 阎亚军. 义务教育均衡发展: 政府与学校的职责"边界"——兼议示范性学校政策. 教育导刊, 2013, (06).
39. 李士萍, 张学仁. 对城乡义务教育均衡发展的建议. 教学与管理, 2013, (06).
40. 李宜江, 朱家存. 均衡发展义务教育的理论内涵及实践意蕴. 教育研究, 2013, (06).
41. 姚永强. 非均衡推进: 义务教育均衡发展的战略选择. 当代教育科学, 2013, (06).
42. 王新奎, 巫志刚. 县域义务教育教师资源均衡配置的法律制度设计. 教育学术月刊, 2013, (6).
43. 叶春生, 史根林, 邱白丽. 义务教育优质均衡发展: 江苏县域评估指标体系的主体架构及核心要素分析. 江苏教育研究, 2013, (10).
44. 明庆华, 王传毅. 亟待关注的中心城市城区义务教育发展不均衡问题. 教育理论与实践, 2013, (07).
45. 武向荣. 义务教育经费均衡现状调查与对策分析. 教育研究, 2013, (07).
46. 阮成武. 我国义务教育均衡发展政策的演进逻辑与未来走向. 教育研究, 2013, (07).
47. 吕星宇. 论义务教育均衡发展评价的复杂性. 教育科学研究, 2013, (08).
48. 丁伟明. 以综合改革的思路推进义务教育均衡发展. 人民教育, 2013, (09).
49. 胡学亮. 日本经济高速增长期义务教育均衡发展状况的考察. 世界教育信息, 2013, (10).
50. 伍红林. 论当前我国义务教育均衡发展的多重转向. 教育科学研究, 2013, (10).
51. 陈法宝. 促进教育均衡发展的另一种力量: 非政府教育组织——以英国"以教为先"为例. 外国教育研究, 2013, (10).
52. 付卫东, 范先佐. 学校教师绩效工资制度改革与义务教育均衡发展——基于我国8省40个县市的调查. 当代教育科学, 2013, (10).
53. 李官, 王凌. 云南民族自治县农村义务教育均衡发展的成效及经验. 学术探索, 2013, (10).
54. 叶春生, 史根林, 邱白丽. 义务教育优质均衡发展: 江苏县域评估指标体系的主体架构及核心要素分析. 江苏教育研究, 2013, (10).
55. 杨志成. 义务教育均衡发展阶段性的价值归因及实施策略. 中国教育学刊, 2013, (11).
56. 周蜜, 管晓乐, 郑卫刚. 荆门市掇刀区城乡义务教育均衡发展评估研究. 基础教育研究, 2013, (11).
57. 张耒. 县域义务教育均衡发展政策指向及战略选择. 中国教育学刊, 2013, (11).
58. 姚永强. 非均衡发展惯性与义务教育均衡发展. 现代中小学教育, 2013, (11).
59. 刘秀峰. 十年来我国义务教育均衡发展理念的六大转向. 现代教育管理, 2013, (11).

60. 张天雪. 区域教育均衡发展：立场与路线. 教育发展研究, 2013, (11).
61. 冯建军. 义务教育均衡发展必须实现重心转移. 教育发展研究, 2013, (12).
62. 杨琳. "超级中学"现象：基于教育均衡发展的视角. 现代教育科学, 2013, (12).
63. 阮成武. 中部地区农村义务教育均衡发展的政策路径. 中国教育学刊, 2013, (12).
64. 教育部. 把义务教育均衡发展摆在更加突出位置. 教育发展研究, 2013, (12).
65. 刘方林. 标准化学校：城乡义务教育均衡发展的应然选择. 基础教育研究, 2013, (14).
66. 唐彪. 县域义务教育均衡发展的理论基础. 基础教育研究, 2013, (22).
67. 徐冬青. 遭遇瓶颈的义务教育均衡化实践. 教育发展研究, 2013, (22).

2014年

1. 凡勇昆, 邬志辉. 义务教育均衡发展的三个基本理论问题探讨——基于联合国开发计划署《人类发展报告》的省思. 教育科学研究, 2014, (01).
2. 周序, 杜菲菲, 杨振海. 从"均等"到"适合"——义务教育均衡发展研究的现状与趋势. 教育学术月刊, 2014, (01).
3. 陈庆文. 我国代课教师问题反思——基于教育均衡发展的视角. 当代教育论坛, 2014, (01).
4. 吴永军. 学校共同体建设：推进区域教育均衡发展的实践与思考. 江苏教育研究, 2014, (01).
5. 陈丰. 我国城乡义务教育非均衡发展的原因及对策. 齐鲁学刊, 2014, (02).
6. 李芝兰, 杨振杰. 香港基础教育均衡发展的路径研究. 港澳研究, 2014, (02).
7. 曾新. 学校布局调整后县域义务教育非均衡发展状况研究. 华中师范大学学报（人文社会科学版）, 2014, (02).
8. 高庆彦. 我国义务教育均衡发展预警研究. 教育导刊, 2014, (02).
9. 吴小蕾. 宁波义务教育均衡发展研究. 宁波大学学报（教育科学版）, 2014, (02).
10. 姚永强. 内生均衡：义务教育均衡发展方式转变的路径选择. 现代教育管理, 2014, (02).
11. 王定华. 以改革精神统领我国义务教育均衡发展. 人民教育, 2014, (02).
12. 彭泽平, 姚琳. "分割"与"统筹"——城乡义务教育失衡的制度与政策根源及其重构. 西南大学学报（社会科学版）, 2014, (03).
13. 王方全. 名校集团化：区域教育均衡发展的现实路径. 教育导刊, 2014, (03).
14. 胡耀宗, 郅庭瑾. 新型城镇化背景下的义务教育均衡发展. 教育研究, 2014, (03).
15. 倪胜利. 民族地区基础教育均衡发展与多元文化教师培养. 民族教育研究, 2014, (03).
16. 吴昊, 温天力. 完善义务教育均衡发展机制探讨. 东北师大学报（哲学社会科学版）, 2014, (04).
17. 张莹. 义务教育均衡发展研究综述. 教育导刊, 2014, (04).
18. 李艳丽. 城市校际间义务教育发展的失衡动因与均衡措施. 现代中小学教育, 2014, (04).
19. 李素敏. 城乡义务教育发展不均衡的成因及对策——以天津市为例. 天津师范大学学报（社会科学版）, 2014, (04).
20. 杨旻旻. 从伦理和心理视角看教育均衡——兼论海西基础教育的均衡发展. 教育评论, 2014, (04).
21. 郭清扬. 义务教育均衡发展与农村寄宿制学校建设. 教育与经济, 2014, (04).

22. 赵丹. 县域义务教育均衡发展：公众满意度评价及问题透视——基于西北五县的实证调查. 华中师范大学学报(人文社会科学版), 2014, (04).
23. 陈雨亭, 王志辉, 杨春芳, 等. 义务教育均衡发展的评价指标与监测方法研究——以天津市为例. 天津市教科院学报, 2014, (04).
24. 王珍. "名校集团化"办学对义务教育均衡发展的影响——以南昌地区为例. 江西科技师范大学学报, 2014, (04).
25. 陈巧云, 蒋平, 张乐天. 城乡统筹背景下义务教育均衡发展研究热点述评. 上海教育科研, 2014, (05).
26. 刘雍潜, 杨现民. 大数据时代区域教育均衡发展新思路. 电化教育研究, 2014, (05).
27. 葛锦文, 王家法. 把正确的事做久, 把有用的事做实——宁海县义务教育"一核三环"式均衡发展十年纪实. 浙江教育科学, 2014, (05).
28. 邢可. 论义务教育均衡发展方式的转变. 长春理工大学学报(社会科学版), 2014, (05).
29. 张卉. 实行大学区管理 促进教育均衡发展. 现代教育科学, 2014, (06).
30. 杨春芳, 翟艳. 天津市义务教育均衡发展政策分析——基于教育学理论的视角. 天津市教科院学报, 2014, (06).
31. 叶忠. 教育均衡发展中的政府财政角色冲突与协调. 教育研究与实验, 2014, (06).
32. 郑玉莲, 陈霜叶. 促进教育均衡发展的校长培训机构改革：现状与政策评估. 教育研究与实验, 2014, (06).
33. 吴佳妮. 大都市郊区化进程中的人口变迁与义务教育均衡政策探析——以纽约市为例. 比较教育研究, 2014, (07).
34. 翟晓磊, 姚松. 义务教育均衡化发展的制度保障与创新. 教育科学研究, 2014, (07).
35. 杨春芳, 王志辉, 陈雨亭, 等. 天津市义务教育均衡发展监测的实证研究. 上海教育科研, 2014, (07).
36. 郭翠兰. 河南省义务教育非均衡发展的原因与对策. 中国教育学刊, 2014, (07).
37. 薛二勇. 基础教育名校办分校的政策分析——基于北京市基础教育均衡发展政策的调查研究. 教育科学研究, 2014, (07).
38. 高贤美, 李曼. 义务教育均衡发展主要问题归因及对策. 现代教育科学, 2014, (08).
39. 汤繁华. 浅谈支教对义务教育均衡发展的现实意义. 教育探索, 2014, (08).
40. 张侃. 以城镇化发展推进城乡基础教育均衡发展研究. 教育理论与实践, 2014, (08).
41. 施飞. 教师有序流动是发挥教育人力资源效能的有效途径. 现代中小学教育, 2014, (09).
42. 薛海平. 我国义务教育均衡发展预警制度研究. 教育理论与实践, 2014, (10).
43. 王欢. 区域推进教育均衡发展的探索之路. 中国教育学刊, 2014, (10).
44. 宋金洪, 乔晖. 义务教育均衡发展：政策保障与专业引领. 教育理论与实践, 2014, (11).
45. 杨玲, 叶忠. 近二十年来关于我国教育均衡发展研究的文献综述. 基础教育研究, 2014, (11).
46. 张忠华, 王伟. 我国区域内义务教育均衡发展研究综述与反思. 教育科学研究, 2014, (11).
47. 靖东阁, 谢德新. 从量化到质性教育均衡发展研究范式的转向. 当代教育科学, 2014, (11).
48. 吴徐莉. 论义务教育优质均衡发展的价值取向调整. 教育导刊, 2014, (11).
49. 刘黎明, 刘博宇, 黄恒君. 义务教育发展不均衡程度的度量. 教育学术月刊, 2014, (11).

50. 刘艳芳, 温晓东. 农村义务教育教师均衡配置困境及优化策略. 教育学术月刊, 2014, (12).
51. 刘信阳, 张茂聪. 基于内发式发展的县域义务教育均衡路径. 当代教育科学, 2014, (23).
52. 吴宝瑞, 苗培周. 区域义务教育均衡发展面临的主要问题与推进策略——基于河北省石家庄市的调研. 教育理论与实践, 2014, (29).
53. 杨登伟, 刘义兵. 英国基础教育均衡发展的政策透视. 教学与管理, 2014, (31).
54. 吴晓英, 朱德全. 均衡与信息化: 区域义务教育均衡发展的有效路径. 教学与管理, 2014, (33).

2015 年

1. 熊筱燕, 徐耀缤. 中国义务教育发展均衡性测度. 统计与决策, 2015, (22).
2. 李军超. 诊断与策略: 城乡义务教育的非均衡发展——基于湖北省的实证分析. 湖北科技学院学报, 2015, (09).
3. 高庆蓬, 孙继红. 义务教育均衡发展备忘录的政策分析. 中国教育学刊, 2015, (12).
4. 司晓宏. 义务教育均衡发展研究热点的统计分析与展望. 教育学报, 2015, (06).
5. 宋乃庆. 我国义务教育均衡发展任重道远. 中国教育学刊, 2015, (09).
6. 张茂聪, 刘信阳. 县域义务教育优质均衡发展: 基于内发发展理论的构想. 教育研究, 2015, (12).
7. 毛寿龙, 王猛. 地方义务教育公共服务标准化指标体系构建——基于多中心的视角. 教育发展研究, 2015, (22).
8. 王定华. 我国义务教育均衡发展之进展课程. 课程·教材·教法, 2015, (11).
9. 王正青. 国外促进城乡学校师资均衡配置的政策与举措. 现代中小学教育, 2015, (01).
10. 刘珺. 县域义务教育均衡发展的不同向度与路径选择. 中国教育学刊, 2015, (01).
11. 李潮海, 徐文娜. 校长教师交流的困境分析与实践建构. 中国教育学刊, 2015, (01).
12. 朱亚丽. 让薄弱学校改造监管问责有法可依. 中国教育学刊, 2015, (01).
13. 孙宽宁, 徐继存. 义务教育城乡差异的现状与反思——基于山东省义务教育状况的调查. 河北师范大学学报(教育科学版), 2015, (02).
14. 张绍荣, 朱德全. 区域义务教育均衡发展的政策设计与路径选择. 教育与经济, 2015, (01).
15. 赵丹, 曾新. 义务教育均衡发展背景下农村学校规模对教育质量的影响. 现代教育管理, 2015, (03).
16. 吴晓英, 朱德全. 区域义务教育均衡发展研究的现状与展望. 现代教育管理, 2015, (03).
17. 宗晓华, 陈静漪. 义务教育投入的县际差距与影响因素研究——以东部某省为例. 教育科学, 2015, (01).
18. 李建辉, 李智英. 港澳台地区义务教育均衡发展及其对祖国大陆的启示. 教育评论, 2015, (02).
19. 张侠, 刘小川. 义务教育均等化: 基于省际数据的实证考察. 现代管理科学, 2015, (04).
20. 马文起. 县域内城乡义务教育公办学校教师交流轮岗障碍与对策. 教育导刊, 2015, (03).
21. 习勇生. 县域义务教育学区制改革: 从政策到实践. 教育导刊, 2015, (04).
22. 秦勇, 薛蔚. 中国义务教育均等化的法律保障. 中国石油大学学报(社会科学版), 2015, (02).
23. 吴康宁. 及早谋划省域义务教育基本均衡发展的国家战略. 教育研究与实验, 2015, (02).

24. 丁建福, 萧今, 王绍光. 中国县级义务教育投入差异的空间格局及收敛性. 教育科学, 2015, (02).
25. 范先佐, 郭清扬, 付卫东. 义务教育均衡发展与省级统筹. 教育研究, 2015, (02).
26. 赵永辉. 各级政府在义务教育均衡发展中的责任及履责成效. 教育学术月刊, 2015, (07).
27. 李素敏, 杨玉茗. 推进城乡义务教育高位均衡发展——基于天津市义务教育均衡发展现状的调查. 教学与管理, 2015, (18).
28. 吴建涛. 义务教育教师流动政策及其实践的批判性研究——基于自由权利的视角. 教育导刊, 2015, (06).
29. 朱茂勇. 省域间义务教育发展水平的比较研究. 现代教育科学, 2015, (06).
30. 曾贤杰, 彭正德. 论义务教育县域均衡发展. 现代教育科学, 2015, (06).
31. 王忠惠. "新型城镇化"背景下义务教育均衡发展的创新机制. 教学与管理, 2015, (06).
32. 曾继耘, 高宁波, 许爱红. 山东省义务教育均衡发展的问题及对策研究. 当代教育科学, 2015, (11).
33. 赵琦. 基于 DEA 的义务教育资源配置效率实证研究——以东部某市小学为例. 教育研究, 2015, (03).
34. 任建波. 义务教育均衡发展中优质学校的吸收与转化. 现代中小学教育, 2015, (06).
35. 霍雨佳. 依法推进学校标准化建设刻不容缓. 中国教育学刊, 2015, (01).
36. 高延龙, 贾茹. 义务教育均衡发展的制度瓶颈及解决路径——陕西省延安市义务教育均衡发展的实践探索. 现代教育科学, 2015, (02).
37. 李宏君, 何双梅. 县域内义务教育校际均衡发展监测评估指标体系构建. 教育探索, 2015, (06).
38. 司晓宏, 杨令平. 义务教育均衡发展进程中"政府悖论"现象透视. 陕西师范大学学报(哲学社会科学版), 2015, (04).
39. 常宝宁. 法国义务教育扶持政策与我国教育均衡发展的政策选择比较. 教育研究, 2015, (04).
40. 彭波. 义务教育质量均衡发展：内涵要求及路径选择——兼论义务教育质量的特性. 教育理论与实践, 2015, (23).
41. 安富海, 常建锁. 我国义务教育学校教师交流研究：进展与反思. 教育理论与实践, 2015, (23).
42. 薛二勇, 李廷洲. 义务教育师资城乡均衡配置政策评估. 教育研究, 2015, (08).
43. 李恺, 罗丹. 义务教育均衡发展的收敛性分析——基于我国 31 个省(市)面板数据的实证研究. 教育发展研究, 2015, (10).
44. 胡国勇. 日本义务教育均衡发展的法制保障——以东京都为例. 外国中小学教育, 2015, (10).
45. 李桂荣, 尤莉. 县域义务教育均衡发展指标的优先性鉴别——基于对不同类型利益相关者的调查. 教育发展研究, 2015, (18).

2016 年

1. 檀慧玲, 刘艳. 国家义务教育质量监测：实现有质量的教育公平的有效途径. 中国教育学刊,

2016, (01).
2. 吴孝. 试论城乡义务教育一体化师资配置政策路径. 教育评论, 2016, (01).
3. 江楠. 教师交流轮岗要关注内生动力的形成. 中国教育学刊, 2016, (01).
4. 夏茂林. 非正式制度视角下义务教育教师流动问题分析. 教师教育研究, 2016, (01).
5. 李鹏, 朱德全. 义务教育学校标准化建设: 进程、问题与反思——基于 2010—2014 年全国义务教育办学条件数据的测度分析. 清华大学教育研究, 2016, (01).
6. 鲁子箫. 新时期统筹城乡义务教育均衡发展的问题与对策研究——以青海省为例. 现代教育论丛, 2016, (01).
7. 刘晖, 钟斌. 广州市义务教育均衡发展现状、问题与对策——基于县域义务教育均衡发展督导评估结果的分析. 教育导刊, 2016, (01).
8. 付卫东. 发展中国家农村偏僻地区学校教师资源配置的启示. 河北师范大学学报(教育科学版), 2016, (02).
9. 范先佐, 郭清扬. 当前我国义务教育均衡发展改革的重点和难点. 教师教育学报, 2016, (02).
10. 杨秀琴. 城镇化进程中农村义务教育均衡发展实证研究——基于乡镇教育管理中心的视角. 教育探索, 2016, (02).
11. 王智超. 权力视角下义务教育均衡发展实施的滞后分析. 当代教育科学, 2016, (02).
12. 丁亚东, 薛海平. 博弈论视角下义务教育均衡发展中公平与效率的关系. 教育导刊, 2016, (02).
13. 何齐宗, 李健. 县域义务教育均衡发展的推进策略与成效——基于江西省吉安县的调查研究. 现代教育论丛, 2016, (02).
14. 胡绍雨. 加快我国义务教育均衡化发展的财政对策探讨. 教育财会研究, 2016, (03).
15. 卢尚建. 城乡教师教学交流互助机制的构架. 教育评论, 2016, (03).
16. 李杰. 区域义务教育均衡发展的联动机制构建——基于整合性分析模型的思考. 现代中小学教育, 2016, (03).
17. 夏仕武, 姚计海. 试点区县义务教育学校教师流动政策实施的实证研究. 教师教育研究, 2016, (03).
18. 范先佐. 义务教育均衡发展改革的若干反思. 教育研究与实验, 2016, (03).
19. 杨晓霞. 义务教育均衡发展: 利益冲突及整合. 教育研究, 2016, (04).
20. 刘信阳. 由外源及内发: 义务教育均衡发展路径选择. 当代教育科学, 2016, (04).
21. 张虹. 全科小学教师教育促进城乡义务教育均衡发展的路径分析. 教育导刊, 2016, (04).
22. 赵新亮, 张彦通. 我国义务教育均衡发展研究的回顾与展望——基于 2003—2013 年 CNKI 期刊数据的分析. 现代教育管理, 2016, (04).
23. 赵海利. 强县扩权改革对地区义务教育投入差距的影响——基于河南省的改革实践. 教育发展研究, 2016, (04).
24. 赵丹. 教育均衡视角下农村教师资源配置的现实困境及改革对策——小规模和大规模学校的对比研究. 华中师范大学学报(人文社会科学版), 2016, (05).
25. 刘丽英, 郝英. 河北省义务教育资源配置的城乡差异研究. 统计与管理, 2016, (05).
26. 李毅, 宋乃庆, 江楠. 义务教育阶段教师交流的问题及对策分析——以国家统筹城乡改革试验区为例. 湖南师范大学教育科学学报, 2016, (05).
27. 田汉族, 戚瑜杰. 政府在义务教育均衡发展中的责任及其限度. 湖南师范大学教育科学学报, 2016, (05).
28. 付卫东, 王继新, 左明章. 信息化助推农村教学点发展的成效、问题及对策. 华中师范大学学报(人文社会科学版), 2016, (05).
29. 任园园. 区域义务教育均衡发展的"三位一体"模式推进. 现代中小学教育, 2016, (05).
30. 赵红霞, 谢红荣. 义务教育均衡发展中的精准扶贫研究. 湖南师范大学教育科学学报, 2016, (05).
31. 田晓婧. 我国义务教育均衡发展问题及对策研究——以辽宁省为例. 教育探索, 2016, (06).
32. 张亚丽, 徐辉. 我国义务教育资源配置效率初探. 教育评论, 2016, (06).
33. 王建. 城乡一体化义务教育发展战略和机制——基于苏州和成都的实践模式研究. 教育研究, 2016, (06).
34. 林晓健. 新型城镇化中福建省县域公共资源均衡配置研究. 福建论坛(人文社会科学版), 2016, (06).
35. 秦玉友. 城乡义务教育师资配置均衡化: 巩固成就与跨越陷阱. 教育与经济, 2016, (06).
36. 陈武林, 苏娜, 谭美瑶. 均衡发展视域下"学区制"实施的制度隐忧与突围. 中国教育学刊, 2016, (07).
37. 张宇峰, 方红. 日本义务教育师资均衡配置制度对我国的启示. 现代中小学教育, 2016, (07).
38. 张茂聪, 刘信阳. 县域义务教育均衡发展研究的回顾与展望——基于 CNKI 文献数据的分析. 教育科学研究, 2016, (08).
39. 何齐宗, 朱重旺. 县域义务教育均衡发展推进机制与绩效——基于江西省铜鼓县的调查研究. 教育探索, 2016, (08).
40. 杨柳. 教育生态学视阈下农村中小学教师流失问题的探索. 广西社会科学, 2016, (08).
41. 方征, 谢辰. "县管校聘"教师流动政策的实施困境与改进. 教育发展研究, 2016, (08).
42. 肖秀平. "精准托底": 义务教育均衡优质发展路径探索——基于广州市义务教育均衡优质发展的实践. 教育导刊, 2016, (09).
43. 陈璐. 近五年来我国义务教育师资均衡配置与发展的研究现状述评. 教育导刊, 2016, (09).
44. 尤莉. 义务教育均衡发展指数设计的国际经验与借鉴. 中国教育学刊, 2016, (10).
45. 胡娇. 义务教育均衡发展关键在于教师发展——基于教育供给侧改革的研究. 中国教育学刊, 2016, (10).
46. 王永刚. 上海义务教育均衡发展改革政策研究与思考. 现代中小学教育, 2016, (11).
47. 苏德, 袁梅, 罗正鹏. 教育均衡发展背景下民族地区"小微学校"建设. 教育研究, 2016, (11).
48. 马萍. 学校布局调整中城乡义务教育资源配置的变动态势——基于新疆 2002—2013 年统计数据的实证分析. 教育评论, 2016, (11).
49. 徐莉莉. 欠发达县域农村小学校际均衡发展策略探析. 教育评论, 2016, (11).
50. 黄娥. 义务教育就近入学政策价值的嬗变. 教学与管理, 2016, (12).
51. 刘元芹. "政府悖论"解读下的城市义务教育均衡发展. 教学与管理, 2016, (12).

52. 党志平. 关于农村义务教育阶段学校布局调整问题的思考. 教学与管理, 2016, (15).
53. 钟秉林. 特大城市义务教育均衡发展的成功探索. 人民教育, 2016, (16).
54. 李永奎. 让县域义务教育均衡发展"血脉相连". 教学与管理, 2016, (17).
55. 李妤. 我国义务教育阶段校际发展不均衡的成因及对策. 教学与管理, 2016, (21).
56. 马慕青, 杜燕红. 义务教育均衡发展视域下中美农村教师在职培训的比较研究. 职教论坛, 2016, (22).
57. 王银峰. 新时期城乡基础教育均衡发展策略研究. 教育理论与实践, 2016, (23).
58. 王景. 农村中小学布局调整中寄宿制学校建设的思考. 教育理论与实践, 2016, (25).
59. 张胜利, 丁娟, 平和光. 城乡义务教育高位均衡发展模式探析——上海市城乡义务教育一体化发展的路径及启示. 教育理论与实践, 2016, (34).

二、著作

1. 柳海民, 杨颖秀. 中国基础教育改革与发展年度报告（2005）：义务教育均衡发展研究. 长春: 东北师范大学出版社, 2007.
2. 柳海民. 我国义务教育均衡发展问题研究. 长春: 东北师范大学出版社, 2007.
3. 罗明东, 潘玉君, 华红莲, 等. 区域教育发展及其差距实证研究. 北京: 北京大学出版社, 2007.
4. 潘玉君, 罗明东. 义务教育发展区域均衡系统研究. 北京: 北京大学出版社, 2007.
5. 潘玉君, 罗明东. 区域教育发展及其均衡对策研究. 北京: 北京大学出版社, 2007.
6. 郭建军. 农村教育城市化战略实践探索. 济南: 山东大学出版社, 2007.
7. 谢维和, 李乐夫, 孙凤, 等. 中国的教育公平与教育发展——关于教育公平的一种新的理论假令及其初步证明. 北京: 教育科学出版社, 2008.
8. 中央教育科学研究所教育督导评估研究中心. 义务教育均衡发展报告·2010. 北京: 教育科学出版社, 2010.
9. 瞿瑛. 义务教育均衡发展政策问题研究：教育公平的视角. 杭州: 浙江大学出版社, 2010.
10. 周谷平, 戴嘉敏. 全民优质教育均衡发展的区域探索——基于宁波市江东区的实践. 济南: 山东教育出版社, 2010.
11. 马华威. 义务教育高位均衡发展行动研究. 北京: 光明日报出版社, 2011.
12. 鲍传友. 教育公平与政府责任. 北京: 北京师范大学出版社, 2011.
13. 杨军. 义务教育高位均衡发展实证研究. 北京: 光明日报出版社, 2011.
14. 李宜章. 义务教育均衡发展的法律保障. 芜湖: 安徽师范大学出版社, 2011.
15. 李敏. 义务教育非均衡发展动力机制研究. 北京: 中国社会科学出版社, 2011.
16. 沈有禄. 中国基础教育公平——基于区域资源配置的比较视角. 北京: 教育科学出版社, 2011.
17. 王定华. 全面推进义务教育均衡发展. 北京: 人民教育出版社, 2012.
18. 教育部基础教育一司, 中国教育科学研究院, 国家教育咨询委员会义务教育均衡发展工作组. 2010—2012 义务教育均衡发展·省域统筹. 北京: 教育科学出版社, 2012.
19. 教育部基础教育一司, 中国教育科学研究院, 国家教育咨询委员会义务教育均衡发展工作组. 2010—2012 义务教育均衡发展·市域推进. 北京: 教育科学出版社, 2012.
20. 教育部基础教育一司, 中国教育科学研究院, 国家教育咨询委员会义务教育均衡发展工作组. 2010—2012 义务教育均衡发展·县域实施. 北京: 教育科学出版社, 2012.
21. 教育部基础教育一司, 中国教育科学研究院, 国家教育咨询委员会义务教育均衡发展工作组. 2010—2012 义务教育均衡发展·高端视点. 北京: 教育科学出版社, 2012.
22. 教育部基础教育一司. 共同书写新篇章: 义务教育均衡发展备忘录. 上海: 上海交通大学出版社, 2012.
23. 陶继新. 走近公平与均衡: 陶继新区域教育采风. 上海: 华东师范大学出版社, 2012.
24. 黄家骅, 黄丽萍, 张祥明. 福建省义务教育均衡发展研究. 厦门: 厦门大学出版社, 2012.
25. 彭世华, 伍春晖, 张晓春. 义务教育均衡发展目标与标准研究. 北京: 教育科学出版社, 2012.
26. 翟博. 基础教育均衡发展理论与实践: 中国基础教育均衡发展研究报告. 北京: 教育科学出版社, 2013.
27. 周守军. 县域义务教育均衡发展研究. 北京: 光明日报出版社, 2013.
28. 傅禄建, 汤林春. 义务教育均衡发展程度测评: 综合基尼系数方法. 上海: 华东师范大学出版社, 2013.
29. 杨晓霞. 义务教育均衡发展改革中的利益整合研究. 北京: 中国社会科学出版社, 2013.
30. 郭荣学, 杨昌江. 区域内义务教育均衡发展模式研究. 北京: 教育科学出版社, 2014.
31. 宋乃庆, 李森, 朱德全. 中国义务教育发展报告·2012. 北京: 教育科学出版社, 2013.
32. 宋乃庆, 李森, 朱德全. 中国义务教育发展报告·2013. 重庆: 西南师范大学出版社, 2014.
33. 潘玉君, 罗明东, 施红星. 义务教育均衡发展监测、评价与预警(上、下卷). 北京: 北京大学出版社, 2014.